作者简介

史祝云　云南曲靖医学高等专科学校思政部主任，副教授。兼任曲靖市哲学研究会常务理事、曲靖高校社科联副秘书长。主要研究方向：高职院校党建及思想政治教育。近年来，主持校级以上科研项目14项，主编、副主编教材5部，出版个人学术专著1部，公开发表论文近40篇。荣获省教育厅教学成果奖4项、曲靖市哲学社会科学成果奖3项。

高职院校思想政治工作专题研究

以云南曲靖医学高等专科学校为例

史祝云◎著

人民日报学术文库

人民日报出版社

图书在版编目（CIP）数据

高职院校思想政治工作专题研究：以云南曲靖医学
高等专科学校为例／史祝云著．—北京：人民日报
出版社，2018.6
ISBN 978－7－5115－5545－8

Ⅰ.①高… Ⅱ.①史… Ⅲ.①高等职业教育—思想
政治教育—教育工作—研究—中国 Ⅳ.①G718.5

中国版本图书馆 CIP 数据核字（2018）第 138992 号

书　　　名：高职院校思想政治工作专题研究：以云南曲靖医学高等专科学校为例
著　　　者：史祝云

出 版 人：董　伟
责任编辑：万方正
装帧设计：中联学林

出版发行：人民日报出版社

社　　　址：北京金台西路 2 号
邮政编码：100733
发行热线：（010）65369509　65369846　65363528　65369512
邮购热线：（010）65369530　65363527
编辑热线：（010）65369533
网　　　址：www.peopledailypress.com
经　　　销：新华书店
印　　　刷：三河市华东印刷有限公司

开　　　本：710mm×1000mm　1/16
字　　　数：222 千字
印　　　张：14.5
印　　　次：2018 年 7 月第 1 版　　2018 年 7 月第 1 次印刷

书　　　号：ISBN 978－7－5115－5545－8
定　　　价：68.00 元

序　言

　　思想政治工作是我们党的生命线,是党领导人民在革命战争和社会主义建设中克敌制胜、攻坚克难的法宝。我国各级各类学校是思想政治工作的主阵地。我们党的教育方针是培养"有理想有道德有文化有纪律""理想信念坚定、品德高尚、知识扎实、技能过硬"的社会主义合格建设者和接班人。贯彻落实党的教育方针一刻也离不开思想政治工作。

　　高职院校是我国高等教育的重要组成部分。近年来,我国高职院校发展迅速,招生规模、在校人数、教学仪器设备等资产总量已经占据高等教育"半壁江山"。2014 年全国高等职业院校共 1297 所,高等职业院校招生数和在校生数分别达 338 万人和 1006 万人,高等职业院校招生数已占高等教育总数的 46.8% ;高职生毕业半年后就业率达90% 、就业对口率达 75.98% 。① 高职院校毕业生就业形势好于本科院校,学生就业满意度较高。国家出台加快现代职业教育体系建设的政策,高职院校初步构建起中、高衔接,高职与普高交叉的办学格局。高职院校学生毕业后升学的直升通道正在形成,高职学生正成为普通本科院校新的生源。

---

① 周稽裘. 面向第一个百年:职业教育的攻坚与现代转型发展[N]. 光明日报,2016 - 02 -
26.

　　高职院校在取得显著成绩的同时,发展中的深层次矛盾和新问题接踵而至。高职院校办学经费不足,负债高;高职院校师资配备总体不强,教师教学任务较重、科研水平总体较低;高职院校学生入学基础较差,学生管理难度较大;高职院校领导班子管理治校水平总体不高;社会对高职院校认可度不高;等等。影响高职院校发展的因素既有政策方面的,也有办学经费投入方面的,还有社会对高职教育的历史偏见等,更重要的是一些高职院校领导和教职工对自身存在问题认识不到位、自我革新和自我发展的自觉意识和自信心不强。

　　牵牛要牵牛鼻子,抓问题要抓关键。破解高职院校发展中遇到的种种困难,关键是要找准问题。进入 21 世纪,高职院校的办学条件得到了极大改善。国家高度重视高职教育,出台了系列促进政策,中央和地方加大了对高职教育的财政投入。2017 年全国公办高职院校生均拨款基本达到或接近本科院校水平,地方和行业、企业对高职教育的投入也不断增加。国家重视和发展实体经济,急需大批实用型、技能型人才,高职院校毕业生适应能力强、用得上、留得住,受到用人单位青睐,就业形势总体好于一些本科院校。学生家长和社会对高职教育的偏见度有所降低,社会对高职院校的认可度有所提高。社会环境总体上有利于高职发展。当前,制约高职院校提质增速的主要因素是学校办学理念和师生教育学习观念保守陈旧,缺乏改革创新意识,需要加强思想政治工作,为深化高职院校教育教学改革、提高高职院校教学质量提供坚强有力的思想保障。

　　高职院校思想政治工作是一切工作的核心和灵魂。高职院校思想政治工作首先要做好领导干部的思想工作,使领导干部树立新的办学理念,创新管理模式,做学习型、服务型、创新型领导干部,成为促进学校改革发展的中坚;其次要做好教职工的思想工作,使教职工主动更新教育观念,创新育人模式,做学习型、实干型、引领型教育工作者,成为推动学校教育教学改革发展的骨干;再次要做好学生思想政治工作,使学生转变学习观念,适应现代职业发展要求,成长为学习型、实践型、开拓型的人才。高职院校思想政治工作是一项系统工程,需要学校各部门协同配合、形成合力;需要全体师生员工共同参与,构建人人育人、事事育人、时时育人的大思政格局;需要全社会关心理解支持,改变对高职教育的偏见,营造有利于高职院校发展的外部环境;需要高职院校党政工青妇各司其职、各尽其责,校院系二级党政领导班子机构主要负责人要切实履行第一责任人职责,抓紧抓实抓细各项工作。

抓好高职院校思想政治工作要发挥思想政治理论课主渠道作用。高职院校思想政治理论课教学要深化思想政治理论课教学改革,着力思想政治理论课教学内容改革,把党的创新理论、思想政治工作理论与学生专业思想教育、职业能力训练等结合起来,不断推进思想政治理论课课程改革、教学改革、评价模式改革,更加注重把理论学习与实践运用结合起来,把思想教育与素质教育结合起来,把理论修养与职业技能培训结合起来,强化学生实践能力的培养;要着力加强学生理想信念教育,帮助学生树立科学的世界观、人生观、价值观,自觉培育和践行社会主义核心价值观,自觉增强职业意识、敬业精神;要着力于学生学习能力的培养,夯实学生发展基础,鼓足学生升学深造勇气和信心,把学生培养成好学上进的知识型、能力型、实干型的现代职业人。

抓好高职院校思想政治工作要建设一支听党指挥、服务师生、率先垂范的专兼结合政工队伍。高职院校要加大投入,完善制度,规范管理,从严治党,建立健全高职院校思想政治工作保障机制;要紧跟时代发展步伐,聚焦学校改革发展难题,补齐发展短板,夯实发展基础,打造活动品牌,增强发展动力,不断创新高职院校思想政治工作方式方法;要完善高职院校思想政治工作责任机制,明确各自职责,加强监督考核,切实实现全员育人、全过程育人、全方位育人、全课程育人;要加强高职院校意识形态工作,加强舆论宣传阵地建设,掌控校园舆论导向,营造有利于学校发展、教师教学科研、学生成长成才的良好氛围。

高职院校思想政治工作要常做常新,常抓不懈。新形势下,加强和改进高职院校思想政治工作,高职院校领导干部、教职员工要自觉加强理论学习,用马克思主义基本理论、党的创新理论武装头脑,遵循教育教学基本规律、思想政治工作基本规律、学生成长特殊规律,善于发现和研究工作中遇到的新问题,不断总结新经验,尝试新办法,适时推出新成果,为做好新形势下高职院校思想政治工作提供理论和方法指导、成功范式。

本书所研究的问题是笔者在总结曲靖医学高等专科学校多年来思想政治工作经验基础上的一些理论思考和实践探索。由于本人才疏学浅,研究视野有一定的局限性,一些观点还不够全面和深刻,亟待学界的批评指正。

2017 年 11 月

目　录
CONTENTS

专题一　高职院校思想政治工作形势研判 ·········· 1

一、高职院校学生主动学习党的创新理论 ·········· 1

二、高职院校各部门协同抓好学生思想政治教育工作 ·········· 5

三、不良政治生态对高职院校思想政治工作的冲击 ·········· 8

四、增强高职院校思想政治工作实效性思考 ·········· 13

专题二　高职院校社会主义核心价值观教育探析 ·········· 24

一、高职院校社会主义核心价值观培育现状调研 ·········· 24

二、高职院校思想政治理论课社会主义核心价值观主题教育 ·········· 33

三、发挥高职院校社会主义核心价值观教育示范带头作用 ·········· 40

专题三　高职院校思想政治理论教育创新探究 ·········· 45

一、用马克思主义中国化的最新理论成果武装当代大学生 ·········· 45

二、用习近平新时代中国特色社会主义思想指导思想政治理论课教学改革 ·········· 54

三、创新高职院校思想政治理论课教学方法 ·········· 58

四、创新高职院校思想政治理论课实践教学 ·········· 66

五、建立完善高职院校思想政治理论课教学质量评价机制 ·········· 70

六、建设学生真心喜爱终身受益的思想政治理论课 ·········· 73

专题四　高职院校宣传思想与校园文化建设刍议 ················· 78

　　一、用习近平新时代中国特色社会主义思想指导高职院校宣传思想工作 ··· 78

　　二、加强高职院校宣传舆论阵地规范化管理 ················· 84

　　三、加强高职院校校园文化建设 ················· 88

专题五　高职院校学生管理工作若干问题探讨 ················· 111

　　一、高职院校学生党课教育 ················· 111

　　二、加强学生人本思想教育 ················· 115

　　三、在禁毒防艾教育中增强学生的社会责任感 ················· 118

　　四、高职院校学生就业创业创新教育 ················· 120

　　五、高职院校贫困生生源地贷款资助途径 ················· 123

专题六　高职院校加强和改进党建工作对策 ················· 128

　　一、加强高职院校基层党组织规范化建设 ················· 128

　　二、加强高职院校服务型党组织建设 ················· 133

　　三、高职院校创建一流基层党组织 ················· 138

　　四、加强高职院校领导干部作风建设 ················· 146

　　五、高职院校开展"创先争优"主题教育 ················· 152

　　六、高职院校帮扶贫困地区加强基层党建工作 ················· 157

　　七、高职院校坚持党要管党、从严治党 ················· 164

　　八、高职院校标准化基层党组织建设 ················· 172

专题七　切实加强高职院校思想政治工作队伍建设 ················· 176

　　一、培养学习型、服务型、创新型党员干部队伍 ················· 176

　　二、思想政治理论课教师队伍建设的着力点 ················· 180

　　三、加强高职院校辅导员队伍建设 ················· 185

　　四、加强高职院校班主任队伍建设 ················· 189

专题八　建立健全高职院校思想政治工作机制 ……………… 196

　一、全面加强高职院校思想政治工作 ………………………… 196

　二、建立健全思想政治工作机制 ……………………………… 199

　三、建立和完善思想政治工作责任制 ………………………… 211

参考书目 ………………………………………………………… 216

专题一

高职院校思想政治工作形势研判

当前,我国正处于社会转型时期。经济发展进入新常态,社会思潮呈现多元化、个性化等特点。社会思潮对高职院校思想政治工作造成了一定影响。做好新形势下高职院校思想政治工作必须对高职院校面临的新形势做出准确研判。胡锦涛同志指出,"面对新的形势,我们的思想政治工作必须加强而不可有任何削弱,必须进行创新而不可裹足不前。我们要深入研究当前形势下做好思想政治工作的内容、形式、方法、手段、机制,研究如何增强思想政治工作时代感、针对性、实效性,更好发挥思想政治工作对于澄清模糊认识、分清原则是非、坚定理想信念、增强前进信心、推动改革建设的巨大作用。"[1]有学者指出,"高校思想政治工作既要坚定政治立场,也要深刻把握时代环境的变化,创新方式方法,更接地气、更顺应时代、更有成效"。[2] 高职院校是社会的一个组成部分,思想政治工作必然受到社会思潮的影响。做好新形势下高职院校思想政治工作就需要研判社会经济发展新形势、国家意识形态工作提出的新要求,不断增强思想政治工作的针对性和实效性。

一、高职院校学生主动学习党的创新理论

据国内一些高校教师调查和媒体网络调查显示,当代高职院校大学生思想政治状况的主流积极、健康、向上,他们热爱党,热爱祖国,热爱社会主义,坚决拥护党的路线方针政策,高度认同马列主义、毛泽东思想和中国特色社会主义理论体

---

① 胡锦涛文选[M].第一卷.北京:人民出版社,2016:459.

② 葛慧君.做好高校思想政治工作的着力点[N].人民日报,2016-01-25.

系。党的十八大以来,以习近平同志为核心的党中央提出了习近平新时代中国特色社会主义思想。高职院校对党的创新理论学习状况如何,我们对云南部分高职院校学生进行了问卷调查。

习近平新时代中国特色社会主义思想,深刻回答了新形势下党和国家事业发展的一系列重大理论和现实问题,创造性地提出一系列新思想、新观点、新要求。云南一些高职院校把学习习近平新时代中国特色社会主义思想作为党员干部重点学习内容。思想政治理论课教师按照省委高校工委和学校党委要求,把习近平新时代中国特色社会主义思想融入思想政治理论课教学中,丰富了教学内容,增强了思想政治理论课教育教学实效性和针对性,受到大学生欢迎,得到学校党委的充分肯定,取得了阶段性成效。

(一)部门和教师重视系列重要讲话精神融入教学工作

曲靖医学高等专科学校各部门按照学校党委"两学一做"学习教育实施方案要求,组织党员干部参加了党委中心组学习活动和党总支政治理论学习活动,系统学习了《习近平总书记系列重要讲话读本》(2016年版)、《习近平谈治国理政》(一、二卷)、《党的十九大报告》等文献,安排教师参加省委宣传部等部门举办的2016年全省哲学社会科学教学科研骨干学习习近平总书记"5.17"讲话和"七一"讲话专题研修班,安排教师参加了地州市委宣传部组织的学习习近平总书记在哲学社会科学座谈会上的讲话精神座谈会。教师带头撰写学习系列重要讲话精神心得体会和理论文章,参加相关学术研讨会、理论座谈会征文活动,取得可喜成绩。召开专题会议研究部署学习贯彻习近平总书记系列重要讲话精神进课堂工作。分管领导参加会议并要求思想政治理论课教师认真学习上级文件,统一思想,提高认识,高度重视习近平总书记系列重要讲话精神进课堂工作的重大意义;学校建议思政部"概论"课、"基础"课、"形势与政策"课教研室按照教育部和省委高校工委提出的教学建议,把习近平总书记系列重要讲话精神相关内容纳入教材体系,转化为教学内容,备好课,讲好课;邀请领导、专家到校为师生作习近平总书记系列重要讲话精神专题讲座,通过校内外各种媒体营造"学系列讲话、做合格党员、做合格师生"浓厚氛围;组织教师以习近平总书记系列重要讲话精神为研究对象开展教学科研活动,积极申报各级课题、项目,争取出一批科研成果。学校各部门及时按照学校党委领导要求,组织教师以教研室为单位开展集体备课活动,研究习近平总书记系列重要讲话精神融入思想政治理论课教学内容和方式,列入学生平时作业和期末考试内容,增强了学习教育活动和思想政治理论课教学的针对性和实效性。

曲靖医学高等专科学校马克思主义学院等部门组织学生开展学习党的十九大精神专题社会实践活动。为了深入学习贯彻党的十九大精神,全面贯彻落实"四个全面"战略布局,增强大学生对中国特色社会主义的理论自信、道路自信、制度自信和文化自信,推进大学生走基层、转学风、察民情,组织学生开展"学习十八届四中全会精神、深入基层看法治建设",深入生源所在地的农村或城镇社区开展了"打好扶贫攻坚战、同步全面建小康","学系列讲话精神、学党章跟党走、学党员争先进","学习十九大精神、深入基层看发展"等主题社会实践活动。把课堂讲授和社会实践活动相得益彰,丰富了学习系列重要讲话精神,党的十九大精神的形式和内容,增强了大学生学习贯彻习近平新时代中国特色社会主义思想的学习自觉和行动自觉。

(二)学生主动学习、高度认同系列重要讲话精神

学生在老师的指导下,主动学习习近平系列重要讲话精神。调查问卷显示:曲靖医学高等专科学校 55.7% 的学生读过《习近平总书记系列重要讲话读本》(2016 年版),100% 的学生收看或收听了十九大开幕式,95% 的学生认为思想政治理论课教学有必要融入习近平总书记系列重要讲话精神,86.5% 的学生认为思想政治理论课教学中教师讲述了习近平总书记系列重要讲话精神,62.6% 的学生参加过学校举办的有关习近平总书记系列重要讲话精神的专题讲座或形势报告会,82.6% 的学生参加过学校组织的学习习近平总书记系列重要讲话精神社会实践活动,89.8% 的学生主张将习近平总书记系列重要讲话列入思想政治理论课作业或考试。

学生对习近平总书记系列重要讲话内容理解和把握较好。调查显示,曲靖医学高等专科学校 84.6% 的学生认为习近平总书记系列重要讲话是对马列主义、毛泽东思想和中国特色社会主义理论体系的继承和发展,87.7% 的学生认为系列重要讲话是对中国特色社会主义理论体系的丰富,87.7% 的学生认为系列重要讲话是对新世纪改革开放和社会主义现代化建设经验的总结,66.7% 的学生认为系列重要讲话推进了马克思主义中国化进程;77.5% 的学生认为"习近平总书记系列

重要讲话就是当代中国马克思主义",75%的学生认为党的十八大提出到2020年将实现的目标是"全面建成小康社会",69.8%的学生认为一定能实现"两个一百年"奋斗目标,84.5%的学生认为必须从严治党,70.3%的学生认为全面依法治国十分必要;对党的十八届五中全会提出的五大发展理念,54.9%的学生了解"创新",73.8%学生了解"协调",59.5%学生了解"绿色",60.5%的学生了解"开放",55.9%的学生了解"共享";对中国特色社会主义的构成,82.6%的学生认为包括中国特色社会主义制度,81%学生认为包括中国特色社会主义道路,89.2%的学生认为包括中国特色社会主义理论体系,39.5%的学生认为包括中国特色社会主义文化。

学生普遍认为学习习近平系列重要讲话精神十分必要。曲靖医学高等专科学校85.6%学生认为学习习近平系列重要讲话精神有助于增强道路自信,80%学生认为有助于增强理论自信,76.9%的学生认为有助于增强制度自信,78.9%的学生认为有助于增强文化自信,74.9%的学生认为有助于提高理论思维能力,53.8%的学生认为有助于提高理论学习兴趣,90.3%的学生认为有助于提高政治思想,74.4%学生认为有助于提高个人道德水平,25.6%的学生认为有助于提高就业能力。

学生总结了学习习近平总书记系列重要讲话精神的有效方法。81%的学生认为最有效的途径是阅读习近平总书记讲话原文,85.6%的学生认为是听讲座,75.9%的学生认为是通过思想政治理论课学习,78.5%的学生认为是观看视频资料,78.5%的学生认为是参加相关社会实践活动。

学生把学习习近平总书记系列重要讲话精神与解决当前实际问题联系起来,体现了当代大学生对现实问题的关注。74.9%的学生认为当前社会的突出问题是贫困,84.6%的学生认为是"看病贵、看病难",60.5%的学生认为是交通,78.5%的学生认为是教育质量,81%的学生认为是就业,63.1%的学生认为是社会治安,87%学生认为是反腐败等。一些学生建议思想政治理论课教师应采取适当方法将习近平总书记系列重要讲话精神融入教学,63.1%的学生建议应将讲话写进教材、教案,56.4%的学生认为应开展专题教学,69.2%的学生认为应开展专题讲座,52.3%的学生认为应指导学生阅读原著,65.1%的学生认为应组织开展社会实践活动,48.2%的学生认为应开展知识竞赛等活动。

学生就如何指导学生自觉学深学透习近平总书记系列重要讲话精神提出了一些意见和建议。比如:应当多读关于习近平总书记系列重要讲话精神的书籍,观看相关的视频,加深对系列重要讲话精神的理解;应当重点学习习近平总书记在纪念中国共产党成立95周年大会上讲话;应当将个人梦想融入中国梦,为实现中国梦凝聚青春力量;应当提高学习兴趣,学会自主学习,积极参加相关学习教育活动;应当通过学习系列重要讲话精神,增强理论自信、道路自信、制度自信和文化自信;应当认真阅读习近平《之江新语》等著作,学习习近平的学习精神和思考方法;应当通过学习系列重要讲话,把思想认识统一到党的十九大精神上来,坚决拥护以习近平同志为核心的党中央从严治党、反腐倡廉、实现中华民族的伟大复兴;应当在老师的指导下,组建学生理论学习社团,开展学习活动;应当坚持理论联系实际,把理论学习融入社会实践活动中,通过学习系列重要讲话精神提高创新能力。

二、高职院校各部门协同抓好学生思想政治教育工作

思想政治教育是大学生思想政治素质的最重要影响因素。根据中央文件的精神及有关的资料,思想政治教育主要包括思想政治理论课教学、党团组织、辅导员和班主任教育、校园活动和社会实践及其他等几个方面。

(一)思想政治理论课发挥了主渠道作用

思想政治理论课肩负着对大学生进行马克思主义理论教育的使命,是高校大学生的必修课程。思想政治理论课教学状况的好坏,直接影响到学校的人才培养质量,关系到社会主义建设人才的身心健康成长。

高职院校思想政治理论课出勤率较好。曲靖医学高等专科学校教学管理及学生的出勤管理到位,学生逃课的现象不明显,学生迟到、旷课的现象不明显。学生来源是文科生的班级,上课的积极性和主动性比纯理科的学生好,因为他们在高中阶段已经对相关的理论知识有了系统认识,加之学生对社会政治的关注度高,所以课堂出勤率较高,课堂表现较好。

(二)辅导员、班主任思想政治工作富有成效

高职院校辅导员、班主任队伍年轻化程度较高。他们有朝气、有活力、有现代气息,多数辅导员所学专业是思想政治教育,非思想政治教育专业的老师能坚持

边做边学。辅导员的工作得到学生主管部门和学生认可。班主任基本按照学生所学专业进行匹配,有助于促进学生专业学习和职业能力训练。

(三)党团组织积极参与思想政治教育工作

高职院校党团组织覆盖面广,党员团员基本能深入到学生,了解学生思想状况,主动承担大学生思想政治教育任务,具有开展思想政治教育工作的明显优势。多数学生认可学校党团组织进行的思想政治教育工作。高职院校党组织主要是对大学生进行党的纲领、章程、基本理论与指导思想的教育,让大学生树立共产主义远大理想。

(四)校园文化活动渗透着思想政治教育

良好的校园文化,可以为思想政治教育创造良好的氛围。积极向上的学术、科技、体育、艺术和娱乐活动,可以使德育、体育、美育有机结合起来,寓教育于文化活动之中,使思想政治教育真正具有效果。"校园文化对大学生的思想观念、价值取向和行为方式有着潜移默化的影响。优秀的校园文化,可以塑造人的思想品格、提升人的人文修养、陶冶人的道德情操。推进高校校园文化建设改革创新,能使大学生在日常生活和各种活动中感受到思想和文化的力量,起到春风化雨、润物无声的效果。"①高职院校校园文化活动内容丰富,为学生的锻炼成才提供了许多机会,促进了学生之间的交流,丰富了校园文化生活,以活动为载体对学生进行思想政治教育成效明显。

(五)高职院校思想政治工作存在的问题及解决对策

调查发现,当前云南高职院校在思想政治工作方面还存在以下问题:一是个别部门的少数干部、教师认为思想政治工作是党委的事、党总支的事,与己无关;少数教师在教学中注重学生专业知识的传授和专业技能的培训,没有把思想政治工作融入课堂教学中,只教书、不育人,实践中存在"两张皮"的现象。二是个别党总支是多个系部联合体,不利于开展工作;有的党员干部工作岗位与组织关系不协调,不利于统领部门工作;干部职数有限;专职辅导员没有达到国家规定的1:200比例,编制内辅导员较少,辅导员缺乏发展的空间,流动性较大。三是学校信息化建设还不能满足新媒体技术的要求,"互联网+思想政治工作"等方面还有待

---

① 葛慧君.做好高校思想政治工作的着力点[N].人民日报,2016-01-25.

加强,微信、微博等新媒体在做好学校思想政治工作方面作用发挥得还不够。四是由于学校教师主要是医学学科教师,哲学社会科学学科不健全,从事哲学社会科学研究的力量薄弱,对大学生思想政治工作中存在的问题研究不够。

针对存在的问题,建议采取以下对策和措施:

1. 坚持开展政治理论学习,着力提升学校师生的思想政治素质,引导师生坚定中国特色社会主义道路自信、理论自信、制度自信、文化自信,树立中国特色社会主义共同理想和共产主义远大理想;引导师生党员、共青团员、入党积极分子坚定共产主义信仰。

2. 构建组织网络,形成大思政工作格局,在校内形成党委统一领导,各级干部为主体,专职政工为骨干,党、政、工、团密切配合,党、团员共同参与,任务明确,责任到人的思想政治工作网络;完善"十育人"考核评价实施办法,把部门、领导干部开展育人工作作为年终考核的重要内容,把完成思想政治工作任务的情况,同职务晋升、职称评定、工作业绩考核、奖金发放等挂钩,实行思想政治工作一票否决制,充分调动全校教职工做思想政治工作的积极性。

3. 建立健全党委宣传部对思想政治工作具体负责制度,加大思想政治工作专项经费投入,加强新闻中心建设,加大对外宣传力度,加大校园思想舆论的管控力度。

4. 积极参与中华文化传承工程,推进中华优秀传统文化融入教育教学,组织大学生学习中华文化重要典籍活动;加强革命文化和社会主义先进文化教育,深化党史、国史、改革开放史和社会主义发展史的学习教育;充分利用国家省市改革发展的伟大成就、重大历史事件纪念活动、爱国主义教育基地等组织开展主题教育;加强心理健康教育与咨询示范中心建设,健全学生心理危机预防和干预体系;开展好"校长课堂""思政大讲堂""道德讲堂""青年志愿者"等品牌活动;抓住重要节日、重大事件、重大活动的契机,开展特色鲜明的主题教育和主题校园文化活动,创新"润物无声、教育无痕"的思想政治工作手段。

5. 按照政治强、业务精、在师生中有威望的要求,选配好院系党总支、党支部书记,推行院系党政班子交叉任职;按照精简、高效、优选的原则选拔配备政工干部,加强思想政治理论课教师队伍、辅导员队伍、党团学专任工作人队伍建设,达到国家规定的比例标准;积极向分管部门反映学校干部、机构设置等存在的困难和问题,配合上级部门,尽快解决内设机构职数和干部教职工编制等问题;建立表彰奖励制度,定期对思想政治工作先进单位和个人进行表彰和奖励。

6. 以马克思主义学院、各党总支为主,加强大学生思想政治工作研究。在校级科研项目中,每年至少设立一项思想政治工作课题,鼓励教师积极申报哲学社会科学类思想政治工作研究项目;每年召开一次学校思想政治工作研讨会,要求学校领导干部、教师撰写思想政治工作理论文章,进行工作经验交流和学术研讨。

三、不良政治生态对高职院校思想政治工作的冲击

2015 年年初,习近平总书记到云南来视察工作时,殷切希望云南"用全面建成小康社会、全面深化改革、全面依法治国、全面从严治党引领各项工作,主动服务和融入国家发展战略,闯出一条跨越式发展的路子来,努力成为我国民族团结进步示范区、生态文明建设排头兵、面向南亚东南亚辐射中心,谱写好中国梦的云南篇章"。这是习近平总书记着眼于新的时代背景和全国战略布局,为云南确定的新坐标,明确的新定位,赋予的新使命。云南省委号召全省领导干部、各族人民群众,要深入学习习近平总书记重要讲话精神,全面深化改革,扩大对外开放,振奋精神,克服困难,实现跨越发展。①

实现云南跨越发展,关键在党,关键看领导干部。但是,随着云南省一些领导干部因发生严重违纪违法行为,受到党纪国法的严惩,特别是白恩培、仇和、沈培平、张田欣等严重违纪违法案件,在云南各族人民群众中造成了恶劣的影响,对云南政治生态和发展环境造成了严重破坏。

大学生是祖国的未来,是建设中国特色社会主义事业的生力军。引导大学生正确看待云南政治生态,事关重塑云南领导干部的群众形象,事关大学生对建设七彩云南、美丽中国的信心,事关中国特色社会主义建设者和接班人的培养。大学生会怎么看待云南政治生态? 他们还会不会信任我们的党和政府? 是否还对中国特色社会主义道路、中国特色社会主义制度和中国特色社会主义理论体系充满自信? 如何引导大学生正确看待云南的政治生态? 这是云南高职院校一项十

---

① 中国共产党云南省第九届委员会第十一次全体会议公报 [EB/OL]. http://politics. yunnan. cn/html/2015 – 08/23/content_3878216. htm.

分紧迫、特别重要的任务。

（一）引导大学生正确分析云南政治生态

习近平总书记强调，高校肩负着学习研究宣传马克思主义、培养中国特色社会主义建设者和接班人的重大任务；大学生是青年中的佼佼者；他们思想活跃，学习接收新思想、新知识能力强，但他们缺乏社会阅历和实践历炼，世界观、人生观、价值观尚处于形成、巩固时期，独立分析判断的能力不及社会职业人员。云南高职院校要提高大学生科学分析各种社会热点、复杂矛盾的能力，正确分析云南政治生态"危机"，不为表象所迷惑。

据调查，云南高职院校大学生总体上对党中央、云南省委做出的反腐倡廉决策和部署是坚决拥护的。我们认为，教育引导大学生正确认识云南反腐败斗争的新特点，客观看待云南政治生态出现，应把握好以下几点：

一是引导大学生充分认识到修复云南政治生态的长期性、复杂性和艰巨性。腐败问题是人类进入阶级社会后和当今世界各国普遍存在的历史性问题。中国共产党自成立之日起，就与腐败不容，就把反腐败斗争作为党的建设一项常抓不懈的任务。党的十八大以来，党中央、省委坚持党要管党、从严治党，加大了反腐败的力度，一批大案要案得到查处。云南地处祖国西南边陲，生产力不发达，一些群众的民主法治意识较为淡薄，一些领导干部不注意加强政治理论学习，不严于律己，不严格约束亲属和身边的工作人员，上行下效，铤而走险，堕落为行贿受贿的腐败分子，破坏了云南的政治生态。云南反腐败斗争具有长期性、复杂性和艰巨性；修复因腐败破坏的云南政治生态也必将是一个长期的、艰难的过程。

二是引导大学生看到中央和云南各级党组织反腐败的决心和信心。白恩培、仇和等严重违纪违法案件和干部队伍建设中的突出问题对云南政治生态造成的严重破坏，这是云南党建工作的一大失误。我们欣喜地看到，全省广大党员干部坚决拥护和执行中央和云南各级党组织对腐败分子做出的处理决定；中央、云南各级党组织和云南广大人民群众对腐败的态度是零容忍的，反腐败的决心和信心是坚定不移的；云南反腐败斗争已经取得了阶段性胜利，云南的党风、政风、作风已经明显好转。云南高职院校应教育引导大学生对中央和云南各级党组织从严治党、坚决反腐的信心和决心。

三是引导大学生正确看待"反腐过头"论、"反腐自黑"论和"反腐无用"论等杂音。自中央纪委查处白恩培、仇和等严重违纪违法案件以来,国内外一些反华组织和反动分子,在一些媒体上发出了"反腐过头"论、"反腐自黑"论、"反腐无用"论等另类声音,歪曲实事,颠倒是非,混淆视听,对高校大学生造成了负面影响。云南高职院校要引导大学生自觉抵制各种不良舆论的干扰和破坏,识破国内外敌对势力"西化""分化""丑化"中国政府和党员干部形象的阴谋,排查杂音干扰,把思想和认识统一到中央和云南省委的决策部署上来,把注意力和精力集中到刻苦学习、成长成才上去。

四是引导大学生学会用马克思主义的立场、观点、方法看待云南干部队伍建设。云南各级领导干部在各自的工作岗位上,带领人民群众深化改革,扩大开放,发展经济,构建和谐,增强了云南的发展实力,提升了云南在全国的地位和影响力,维护了云南边疆稳定、社会和谐、民族团结,涌现出了杨善洲、高德荣和受中央表彰的优秀县委书记等优秀党员干部。我们应当充分肯定云南干部队伍主流始终是好的,云南的干部队伍建设成绩是第一位的。但是,我们也不能轻视因白恩培、仇和等少数领导干部败坏了云南的政治生态,造成了恶劣影响,暴露了云南干部队伍建设存在的不足。云南高职院校要教育大学生学会用马克思主义的立场、观点、方法正确看待云南干部队伍建设取得的成绩和存在的问题,要把少数腐败分子与广大党员干部区分开来,把班子个别成员腐败与领导班子集体区分开来,把严重违纪违法案件造成的恶劣影响与广大党员干部共同奋斗取得的成绩区分开来,紧紧依靠云南各级领导干部发挥带头示范作用,加强自身建设,推进经济、政治、文化、社会、生态建设。

(二)引导大学生高度认识净化云南政治生态的紧迫性和重要性

政治生态是党风、政风、社会风气的综合体现。云南政治生态出现的问题对云南经济社会造成了严重影响。我们要实现习近平总书记对云南提出的跨越发展的期望,必须把全省党员干部、各族人民群众的思想行动统一到中央和省委的决策部署上来。全员全面反思问题,明确目标方向,重构风清气正的云南政治生态,重塑云南领导干部的良好形象。这是落实习近平总书记管党治党新要求的当务之急,也是全省党员干部和各族人民群众的共同期望,也是高校引导大学生正确看待云南政治生态的目的和归宿。

净化云南政治生态,是坚定全省干部群众干事创业信心的迫切需要,是云南闯出一条跨越式发展路子的迫切需要。在全面深化改革发展的关键时期,云南需要正本清源、匡正风气,提振精神、树立信心,让广大党员干部轻装上阵、奋勇前行。云南省委指出,重构风清气正的云南政治生态,必将进一步推动党的十八大和十九大精神在全省全面贯彻落实,必将进一步把学习贯彻习近平总书记系列重要讲话和考察云南重要讲话精神在全省引向深入,必将进一步统一全省党员干部群众思想,坚定信心、振奋精神,凝聚协调推进"四个全面"战略布局强大力量,推动全省经济社会发展实现新跨越。① 化解云南政治生态"危机",必将为云南闯出一条跨越式发展路子,为全国同步全面建成小康社会提供了坚强保证。云南高校要从理论上,向大学生讲清、讲透云南腐败的产生、发展、危害,让大学生认清当前反腐败斗争的严峻形势;要在日常学习和生活中,向学生宣讲中央、省委反腐倡廉的方针政策和工作部署以及取得的明显成效,消除学生在一些腐败认知上的模糊认识;要通过讲解反腐倡廉法制制度建设、不敢腐不能腐不想腐的有效机制,引导学生树立纪律意识、法治意识,做到遵规守纪、严格自律,把纪律和法律作为日常学习和生活不可触碰的底线,成长为有益国家建设和云南发展的有用之才。

(三)引导大学生积极参与修复云南政治生态的伟大工程

按照习近平总书记系列重要讲话和考察云南时重要讲话精神要求,修复云南政治生态,要以问题为导向,全面从严治党,践行"三严三实",建设"忠诚干净担当"干部队伍。云南高职院校要组织大学生认真学习贯彻习近平总书记考察云南重要讲话精神,引导他们积极参与修复云南政治生态的伟大工程,推动云南实现跨越式发展。

首先,修复云南政治生态,要加强理想信念教育。理想是人生的阶梯,信念是实现理想的不竭动力和根本保证。高职院校要用马克思主义基本理论教育引导学生坚定共产主义和中国特色社会主义理想信念,用党的奋斗历程、改革开放取得的伟大成就坚定大学生对党的信任、对实现"两个一百年"奋斗目标的信心,更加勤奋学习,苦练本领,以高度的思想自觉推动行动自觉,把个人的理想融入习近

① 中共云南省委关于深入贯彻落实习近平总书记考察云南重要讲话精神闯出跨越式发展路子的决定. [EB/OL]. http://yn.yunnan.cn/html/2015 – 04/03/content_3675052_14. htm.

平总书记对云南发展的目标定位中,振奋精神,凝聚力量,在闯出跨越式发展路子的征程中争当先锋。

其次,修复云南政治生态,要坚持正确的用人导向。扭转云南的不正之风,祛除云南政治生态中的诟病,关键和核心是要树立正确的用人导向,培养选拔党和人民需要的好干部。① 要让云南高职院校的大学生看到云南各级党组织在选人、用人上是阳光的,不存在"猫腻";要选树一批优秀党员干部作为典范,大力宣传学习,努力营造"任人唯贤""有才必用"的氛围;要加强对权力运行的制约和监督,用制度管权管事管人,加大从严从实管理干部力度,加强对"一把手"权力的制约和监督,进一步畅通民主监督渠道,让大学生们愿意到基层锻炼,对国家和自己的未来充满希望,对云南重构风清气正的政治生态充满信心。

再次,修复云南政治生态,要强化纪律和规矩意识。云南各级党组织必须按照习近平总书记提出的全面从严治党新要求,严明党的纪律,严格要求各级党员干部必须严格遵守党的政治纪律和政治规矩,严格执行民主集中制,严格按照党内政治生活准则和党的各项规定办事,努力在全省营造守纪律、讲规矩的良好氛围,为云南高职院校加强校风、教风、学风建设营造健康向上的外部环境,为云南的大学生健康成长成才培育新风尚、释放正能量。

再次,修复云南政治生态,要加大云南反腐倡廉的力度。要按照中央和省委提出的对腐败分子和腐败行为"零容忍",无论是谁,无论最终牵涉到谁,都要一查到底,决不避讳,决不姑息,决不畏缩;要完善、贯彻执行反腐倡廉的有关制度,把权力关进制度的笼子里,让权力在阳光下运行;要加大对"为官不为"的惩治力度,不仅要惩治乱用权、以权谋私的贪污腐败分子,还要对在其位不谋其政者采取措施,监督各级领导干部正确行使权力、有效行使权力、为民谋福祉,要让大学生对云南反腐倡廉的前景充满信心。

最后,修复云南政治生态,要培育大学生的担当精神。要引导大学生认识到反腐败斗争的长期性、艰巨性、复杂性;要教育大学生认识到反腐败是全体社会成员的共同任务,大学生不能做旁观者;大学生作为一名社会公民,要正确行使宪法

---

① 云南省中国特色社会主义理论体系宣传调研组.推动云南跨越式发展的科学指南[J].社会主义论坛.2015,3.

赋予的监督权利,发现腐败行为和腐败分子要大胆检举,要把反腐倡廉、扭转云南等党风、政风和社会风气,重构云南风清气正的政治生态作为自己分内的事,要有一种一代接着一代反的打持久战的思想准备,直到彻底清除云南的腐败毒瘤、营造出风清气正的政治生态活动。

青年是祖国的未来,大学生是中国特色社会主义的建设者和接班人。习近平总书记指出,办好中国特色社会主义大学,要强化思想引领,牢牢把握高校意识形态工作领导权,全面推进党的建设各项工作。云南高职院校学习习近平总书记考察云南重要讲话精神,推动云南跨越发展,要坚持党的教育方针,坚持社会主义办学方向,加强和改进大学生思想政治教育工作,引导大学生正确看待云南政治生态建设上出现的问题,增强大学生对中国特色社会主义、对云南党员领导干部、对云南未来发展前景的信心,切实把党要管党、从严治党落到实处,确保习近平总书记考察云南重要讲话精神落地生根开花结果,激励高职院校师生为实现云南跨越式发展、谱写好中国梦云南篇章而奋斗。

四、增强高职院校思想政治工作实效性思考

思想政治工作是凝聚人心、调动人的积极性、激发人的创造性的工作,是我们党的光荣传统和重要政治优势。胡耀邦同志指出:"思想政治工作最根本的目的和任务,用一句话说,就是提高人们对世界的认识和改造能力。更详细一点说,就是用革命思想和革命精神,也就是用共产主义思想,用马克思主义的基本理论,用马克思主义的普遍原理同中国革命和建设的具体实践相结合的毛泽东思想,教育党员和干部,教育广大群众,教育整工人阶级以至全体人民,启发和提高人们的革命自觉性,使人民确立正确的立场、观点,掌握正确的思想方法和工作方法,并通过反复的实践提高人们认识和改造世界的能力。"①搞好工作,发展事业,关键在人,关键在党,要通过党的思想政治工作去贯通、提高和实现。党的十八大以来,云南高职院校党委认真学习党的十八大精神,深入开展党的群众路线实践教育活动、"三严三实"专题教育和"两学一做"学习教育,高度重视思想政治工作,用优秀的思想政治工作凝聚全校教育发展的力量,用社会主义核心价值观统领学校思

---

① 胡耀邦. 胡耀邦文选[M]. 北京:人民出版社,2015:399.

想政治工作,以立德树人为目标,着力加强大学生思想政治教育工作,用现代理念推动学校思想政治工作不断创新,用思想政治教育工作促进学校各项工作辟新路、上台阶、见实效、出质量、呈亮点、显特色,浇灌出了发展硕果。

（一）重视思想政治工作地位和作用,聚教育发展之力

思想政治工作是党的优良传统和政治优势,是学校党建工作的重点内容和突出任务,也是学校其他一切工作的生命线。学校思想政治工作统领学校发展全局,引领学校发展未来,融入贯穿人才培养全过程,渗透到学校各个环节、各个方面,为其他工作提供了思想保证、精神动力和智力支持。思想政治工作的地位是不可撼动的,其作用是不可低估的。

一是从培养社会主义合格建设者和接班人的政治高度认识思想政治工作。"培养什么样的人"是高职院校党委必须思考的问题。社会主义大学必须培养忠于党、忠于国家、服务人民的社会主义合格建设者和可靠接班人。云南高职院校将培养"拥护党的基本路线,适应行业第一线需要的德、智、体、美等方面全面发展的高素质、高技能专门人才"作为人才培养目标,将思想政治工作贯彻人才培养的全过程,融入行政管理、教学科研、后勤服务、学生活动、队伍建设等各项具体工作中,渗透到思想教育、知识传授、习惯养成、技能训练等各方面,不断巩固思想政治工作的统领地位,发挥思想政治工作的引领作用。

二是从巩固党的执政地位、维护社会稳定的大局出发做实思想政治工作。面对复杂多变的国际国内形势,为了有效应对国内外敌对势力和敌对分子"分化"、"西化"阴谋,巩固党的执政地位,维护社会和谐稳定,云南高职院校党委把思想政治工作作为首要任务、中心工作抓紧抓实。一些学校每年至少开展一次学生思想状况调研,深入了解学生思想动态,密切监控校园舆情,建立校园突发事故应急机制,及时疏导学生情绪,化解各种矛盾和危机,把学生的注意力引导到专业学习和健康活动上;通过举办形势报告会、召开学生代表座谈会,宣讲党和国家大政方针政策,将学生的爱国情怀、仇敌情绪转为刻苦学习、建设国家的动力。

三是从保证学校全面协调可持续健康发展的长远利益着眼思想政治工作。思想政治工作是高职院校发展的基础,是凝魂聚气、强基固本的基本工程,是学校加强内涵建设、苦练内功的重要方面。高职院校要在新的起点上再创伟业,再铸辉煌,要实现发展发目标,就必须做好党员干部和师生员工的思想政治工作。加

强和改进思想政治工作才能统一思想认识,凝聚人力、物力和精神力,促进学校内涵建设、深化改革与发展。思想政治工作具有了生命力和生机活力,才能为学校全面协调可持续发展提供不竭动力。

四是从建立健全机制、明确任务责任、提供保障条件等具体措施强化思想政治工作。一些高职院校党委成立了思想政治工作领导小组,统一指挥学校思想政治工作;设立宣传统战部、学生工作部、思政部等部门具体负责思想政治工作;建构起了"党委—中层干部、党(总)支部委员—党员(教工)—学生"自上而下的工作机制,形成了党委统一领导、党政共同负责、党政工团齐抓共管、职工群众共同参与的思想政治工作生动局面。一些高职院校根据部门工作性质和对象,分片划区,明确了各自的思想政治工作任务,建立了领导责任制和目标责任制;党委书记是学校落实思想政治工作责任制的第一责任人,其他领导成员也必须按照各自分工明确任务,负起责任;各职能部门是思想政治工作的具体实施者,部门的主要负责人是本部门思想政治工作的第一责任人;各处(室)、院系部负责人,负责各自区域的思想政治工作和德育工作,要分片划区,责任到人;各党支部党员负责本支部所在部门的入党积极分子和群众;其他部门职工,把思想政治工作与本职工作结合起来,在日常工作中,处处发挥思想政治工作的作用。一些高职院校思想政治工作和行政管理工作相互融合,在工作目标上,实行"双责",在工作任务上,实行"双下",在工作总结、评估上,实行"双考",在工作奖惩上,实行"双奖""双罚",把思想政治工作责任制的落实情况与干部晋升、部门及个人先进评比、工资晋级、职称评定、年终奖发放等挂钩,实行思想政治工作一票否决制;有的高职院校党委一般一年召开一次党建工作、思想政治工作及德育工作会议,在总结的基础上,表彰思想政治工作先进个人和单位,激励先进,形成全校重视和加强思想政治工作的良好氛围。一些高职院校做到思想政治工作"人员、经费、阵地、活动、管理"五落实;建立起来一支包括党群政工人员、思想政治理论课教师、班主任辅导员、团学干部在内的思想政治工作队伍,每年都要对思想政治工作人员进行业务培训、考察考核、评选表彰等;每年都按党员、教职工、学生人均提取思想政治工作专项经费;建起了"职工之家""学生课余活动中心""党建陈列室""校史展览室""思想政治理论课实践教学基地"等思想政治工作活动阵地;每年都要召开教职工思想政治理论学习研讨会、班主任工作经验交流会,举办师德讲座,开展学生文明校园行、学雷锋树新风等活动,不断建立健全思想政治工作管理规章制度,做到管理权力、管理任务、管理投入、管理利益、管理效益责任到人。

(二)落实学校思想政治工作任务,谋教育发展之路

进入新时代,面对形势,高职院校思想政治工作必须以马列主义、毛泽东思想、邓小平理论、"三个代表"重要思想科学发展观、习近平新时代中国特色社会主义思想为指导,坚持党的基本路线和基本方针,用社会主义核心价值体系和核心价值观统领思想政治工作全局,引导广大师生树立中国特色社会主义的共同理想,大力弘扬民族精神和时代精神,切实践行社会主义荣辱观,做让党放心、单位称心、人民舒心的合格建设者和可靠接班人。

一是深刻理解社会主义核心价值体系和核心价值观的科学内涵。社会主义核心价值体系和社会主义核心价值观是社会主义的本质体现,是新时期引领社会思潮的指南。学校通过举办社会主义核心价值体系专家讲座等形式和途径,深入开展中国特色社会主义理论体系的宣传和普及工作,唱响时代主旋律,使党的理论创新成果更加深入人心;深入开展社会主义核心价值观学习教育,坚决抵制各种错误思想的影响;深入开展形势政策宣传教育,帮助干部教职工认清形势,坚定信心。要始终坚持马列主义、毛泽东思想邓小平理论、"三个代表"重要思想、科学发展观和习近平新时代中国特色社会主义思想作为学校各项工作的指导思想,绝不搞指导思想的多元化,坚决防止各种不良思潮对师生的误导。要开展共同理想教育,着力坚定党员干部的社会主义、共产主义理想信念,着力培育广大教职工爱党情怀、爱国精神,确定学校近期、中长期发展目标,统一思想认识,协调行动,师生员工谋事有方向、干事有劲头、成事有奔头。要用"爱党爱国、立身做人、勤学善思、立志成才、历练本领、立业为民"大学生核心价值观引领当代大学生思潮,推进核心价值观进校园、进班级、进课堂,上墙、上板报,入脑、入心、化行,帮助学生树立正确的世界观、人生观和价值观,自觉养成文明行为习惯。要大力弘扬以爱国主义为核心的民族精神和以改革创新为核心的时代精神,提出了"敢为人先、永争第一,抢抓机遇、知难而上,团结协作、全力以赴,精益求精、质量第一"的学校精神,开展民族精神进校园系列活动,举办民族大团结专题讲座、创业之星报告会,大力宣扬浩然正气、昂扬锐气。要以"八荣八耻"为主要内容的社会主义荣辱观作为加强师德建设、推进"四风"建设的总体要求,确立了"和谐进取、务实求真"的

校风、"博学善导、治学严谨"的教风、"勤学善思、立志奋进"的学风和"以人为本、服务师生"的工作作风,开展"知荣辱、树新风"系列活动,高扬时代主旋律,践行社会主义荣辱观,实施"建文明校园、文明处室、文明班级、文明寝室,争做文明师生"工程。

二是充分发挥思想政治理论课主渠道作用。思想政治理论课是高职院校对学生进行马克思主义基本理论知识教育,加强社会主义核心价值体系教育,赢得青年,巩固党的执政群众基础的主渠道、主阵地。云南高职院校要按照《中共中央国务院关于进一步加强和改进大学生思想政治教育的意见》(中发[2004]16号)文件要求,以教育部思想政治理论课建设标准和云南省高职院校思想政治理论课建设评估指标为依据,举全校之力加强思想政治理论课课程建设,深化思想政治理论课教学改革,建设思想政治理论课实践教学基地,改进思想政治理论课教学方法和教学模式。

三是落实思想政治工作具体工作任务。高职院校要按照中央提出的"高举旗帜、坚定信念、践行宗旨","个人形象一面旗、工作热情一团火、谋事布局一盘棋""领导当楷模,党员做榜样、支部树形象"的要求,切实加强党组织的自身建设;制定《标准化党支部建设实施办法》《学习型党组织建设实施方案》,开展"授旗评星""为党徽添彩、为党旗争光"系列活动,建立健全党支部,加大党员发展力度;坚持开展党委民主生活会、支部组织生活会,组织党员参观会泽扩红基地、麒麟区社会主义新农村等。要以理想信念教育为核心,大力开展党的基本理论、基本路线、基本纲领的教育,大力开展爱国主义、集体主义、社会主义的教育,大力开展正确的世界观、人生观、价值观的教育,大力开展科学知识、科学思想、科学方法、科学精神的教育,进一步坚定广大师生对马克思主义的信仰,对中国特色社会主义的信念,增强对改革开放的信心。要坚持以人为本,依靠群众,服务群众,准确把握群众普遍关心的热点、难点问题,把师生的首创精神作为思想政治工作的源泉,把师生的广泛参与,作为思想政治工作的基础,把群众是否满意,作为判断思想政治工作是否取得成效的标准;动员师生自愿参与、自我教育、自我管理。学校坚持领导接待日制,开通书记、校长网上信箱,解决了师生普遍关心的"乘车难""午休难""洗澡难""午餐难"等实际困难;制定与完善校务公开制度,落实校务公开各项规定,切实加强教职工的民主管理意识。要以创建文明学校、文明校园为契机,寓德育于各学科教学之中,加强社会实践环节,重视心理健康教育和法治教育,强化学生日常行为规范的教育与培养,有针对性地解决学生的思想和实际问题;制定实施《德育工作纲要》,实施德育工作"全面育人、全员育人、全过程育人",加强德育工作队伍的建设,改善德育工作条件。要加强校园网站、校报、宣传橱窗、广播站、校园无线网络、电子显示屏等宣传媒介建设,加强对舆情和宣传媒介的监管,通过社会媒体宣传学校好人好事,始终把师生的注意力吸引到国家建设、学校发展的正确道路上。要加强校园文化的硬件建设,开展了大学生科技艺术节、"团旗飘扬、团徽闪光"活动,动员青年学生参加志愿者服务活动、"三下乡"社会实践活动,内容积极健康、活泼高雅、丰富多彩的校园文化活动,寓理于情,寓理于乐,寓教于美,在潜移默化中陶冶师生的情趣,提高师生的精神生活质量;要实施"美化、绿化、亮化"校园工程,用优美的、文明的环境塑造人、引导人、规范人,使人们的精神面貌发生变化。要成立思想政治工作研究会,党委书记、副书记挂帅,由党、政、工、团、学生处、保卫处、院系部等部门具有一定思想政治工作经验的同志参加;思想政治工作研究会要定期对师生的思想状况进行调查分析,及时做好群众意见、呼声、要求的收集、整理和反馈工作,掌握情况、剖析问题,及时提出思路和对策,为党委加强和改进思想政治工作提供决策依据。要按照提高素质、优化结构、相对稳定的要求,加强思想政治工作队伍建设,选拔中、青年干部充实到这支队伍中来;按照精简、高效的原则,确保思想政治工作有部门管,有专人做;制定教育培训计划,每年都对思想政治工作人员进行培训、轮训,创造条件帮助政工干部解决工作、生活、学习上的实际问题,认真做好政工干部职称、提干、晋升的各项工作。

(三)着力抓好大学生思想政治工作,强教育发展之基

大学生是民族的未来和祖国的希望,加强和改进大学生思想政治工作是全党、全社会一项重大而紧迫的任务。高职院校要认真贯彻落实《中共中央国务院关于进一步加强和改进大学生思想政治教育的意见》(中发[2004]16号)文件精神,坚持以立德树人为目标,牢固树立"育人为本、德育为先"的育人理念,采取多种措施扎实开展大学生思想政治教育工作,进一步推动立德树人工作的深入化、系统化,不断增强思想政治教育工作的针对性和实效性。

一是紧紧围绕"一条主线、双向渗透",切实抓好大学生思想政治教育工作。

大力实施素质教育,是我国各级各类学校新世纪深化教育改革的总方向。高职院校抓好大学生思想政治教育工作,要做到坚持"一条主线、双向渗透"的指导思想,以培养学生四大素质为目标,以大学生社团为重要载体,以培养学生综合素质、创新精神和实践能力为工作重点,以考评认证为动力杠杆,创造性地实施大学生素质拓展计划,有力地促进了学生综合素质的提高;要紧紧围绕大学生全面发展、成人成才成功实际需求,将教学工作向思想政治工作渗透,思想政治工作向教学工作渗透,把立德树人工作融入素质拓展工作之中,以就业为导向,以能力为本位,以提高学生综合素质为目标,培养适应现代化要求的、具有人文精神、职业精神和实践能力的高素质、技能型、应用型人才。

二是确立工作重点,统领大学生思想政治教育工作全局。要用科学的理论武装学生,坚持"主渠道与多渠道合流、主课堂与大课堂交融",对大学生加强马克思主义基本理论、社会主义核心价值体系社会主义核心价值观和党的路线方针政策教育;深化思政理论课教学改革,加强实践教学,强化职业道德教育,在紧密结合院校和学生思想实际上、实践环节上创新,实现党的政策理论精神"进课堂、进教材、进头脑",使思想政治理论课教学的实效性真正实现"入耳、入脑、入心"。要通过丰富多彩的校园文化活动、大学生科技创新活动、"三下乡"活动、职业技能培训等,丰富拓展学生的综合素质。要大力加强学生党建工作,高度重视发展大学生入党工作,充分发挥业余党校在培训学生入党积极分子的主导作用,对入党积极分子进行系统的理论教育,把党建和团建工作结合起来,以党建带团建,以团建促党建,充分发挥共青团党的助手后备军作用。要强学生管理工作,建立校院系两级管理体制,完善帮扶助困体制;设立学生宿舍指导教师制度,引导学生自尊、自律,自我教育和管理,参与监督,反映学生的建议和要求;高度重视贫困学生的生活需求,构建了"以勤工助学为主导,助学贷款为主体,奖学金为导向,奖、贷、助、补、减五位一体,校内外资助相结合的资助体系",有专门机构,有专人分管,有专项经费,不断完善贫困生档案并进行动态管理。要切实加强师德建设,深入开展"强师德、练师能、正师风、铸师魂"活动,充分发挥广大教职工教书育人、管理育人、服务育人作用;牢固树立"学为人师,行为世范"的良好职业观念和作风,身教为主,言教为辅,教育者身体力行对学生进行潜移默化的影响。要坚持不懈地开展大学生社团活动、青年志愿者活动和社会实践活动,引导大学生自我教育、自我锻炼、自我服务。要"树典型",坚持"以优秀校友事迹教育在校大学生",在校园学生活动场所教学楼、图书馆、文化广场宣传优秀校友事迹,用先进的力量鼓舞在校大学生;通过身边的退休老教师、优秀毕业生的道德模范先进事迹感召大学生,把社会主义道德观念传播于校园,在全校中树立正确的价值导向。要高度重视校园稳定工作,积极探索稳定工作长效机制建设,扎扎实实做好日常思想政治工作,贯彻"质量立校、育人为本、突出特色、服务社会、科学发展"的办学理念,不断增进学生满意度;要制定《创建平安校园实施方案》等指导性文件,强化内部安全管理,严格执行安全大检查、领导带班综合值班、安全责任制等,整改和消除安全隐患,建立矛盾纠纷排查机制,完善突发事件应急预案,加强校园周边环境的综合治理,为和谐校园建设创造良好的校内外环境。

(四)以现代理念改进思想政治工作,创教育发展之先

高职院校在继承和发扬思想政治工作优良传统的基础上,要不断研究新情况、新问题,在实践中不断探索解决问题的新途径、新方法,以观念转变为先导,使学校思想政治工作体现时代性、把握规律性、富于创造性。

一是勇于转变观念,增强思想政治工作科学性。一切创新,观念先行。胡锦涛同志指出,"思想是行动的先导。要使广大党员、干部在行动上做到求真务实,首先要使广大党员、干部在思想上深刻认识坚持求真务实的极端重要性,打牢求真务实的思想基础。"①要充分解放思想,把思想政治工作作为凝心聚力、推动学校科学发展、加强学校内涵建设的一项重要工程来抓,不断突破传统思想和固有思维模式的束缚,确立有利于思想政治工作科学发展的"三大理念"。要确立"以人为本理念",强调思想政治工作是做人的工作,是解决人的思想、立场、观点的问题,主体、客体是人,出发点和归宿点也是人,思想政治工作要揭示自身的规律,必须研究人,必须坚持以人为本;确立"发展理念",强调思想政治工作应与时俱进,其内容、方法、形式都要随时代变化、实际情况变动而不断发展变化,要始终站在理论和实践的前沿,既关注思想政治工作的承前启后,又要关注思想政治工作的兼容并蓄;确立"大政工理念",强调思想政治工作要全校一盘棋,形成过程化、全员化、立体化的大政工格局,在校内构建党委统一领导,各级干部为主体,专职政

---

① 胡锦涛. 胡锦涛文选. 第二卷[M]. 北京:人民出版社,2016:156.

工为骨干,党、政、工、团密切配合、齐抓共管,党、团员共同参与,任务明确,责任到人的思想政治工作网络。

二是善于把握规律,提高思想政治工作针对性。要坚持以科学辩证的方法贯彻以人为本理念,充分顺应人自身的发展规律,顺应人思想道德发展循序渐进的规律,尊重人的个性发展,分层次、分阶段开展思想政治教育工作。要尊重人个性发展,分层次进行思想政治教育。通过学校党委理论中心组集中学习,提高领导班子及学校党员干部的政治理论水平,建设学习型党组织;加强标准化党支部建设,发挥党支部战斗堡垒作用和引领广大党员进行思想政治学习的带动作用;建立健全无党派人士政治引导长效机制,加强与无党派人士的思想交流、政治引导和培训力度,发挥统一战线作用;发挥思想政治工作教育人、帮助人的功能,把工作重点放在提升大学生思想政治觉悟、增强专业技能和职业素养上,积极促进学生全面素质的提高;坚持共性与个性相统一,着眼增强学生的首创精神和创新能力,在充分调动"个体"积极性的前提下促进"群体"素质的提高和进步。要尊重人认知能力的发展规律,分阶段进行思想政治教育,针对不同年级学生制定不同的思想和政治教育目标,一年级学生侧重明确学习目的,树立正确的人生观、价值观和社会责任感,树立较强的道德观念、法治观念;二年级学生侧重坚定中国特色社会主义信念;具有高尚的道德情操和分析、解决问题的能力,具有健康文明的生活方式和科学的思想方法;三年级学生要树立正确的世界观,形成正确的职业观、良好的职业态度,具有自尊自爱、自立自强、与时俱进、不怕挫折、不怕困难、坚强勇敢的心理品质。

三要精于深化内容,增强思想政治工作时代性。当今世界经济政治格局深刻变化,中国社会处于转型期,各种政治思想和文化思想急剧碰撞,另外,现代科学技术迅猛发展,要求高职院校要站在培养社会主义现代化建设所需的合格人才的高度,对思想政治工作内容进行深刻变革。胡锦涛同志指出,"从思想文化层面看,改革开放以来,我国思想文化领域发生了深刻变化,人们思想活动的独立性、选择性、多变性、差异性明显增强"。① 要充分发挥思想政治课的主渠道功能,紧密联系国内外形势发展,紧密结合学校发展建设实际,突出高职院校鲜明特色,紧

---

① 胡锦涛. 胡锦涛文选. 第三卷[M]. 北京:人民出版社,2016:497.

跟时代发展步伐,创新教学内容,凸显时代性;要充分利用主渠道、主阵地、主课堂,集中宣讲党的十八大、十八届三中、四中、五中、六中全会精神和党的十九大精神,弘扬社会主义核心价值体系,培育和践行社会主义核心价值观,弘扬中国特色社会主义共同理想、民族精神、时代精神,弘扬社会主义荣辱观以及人的生命观、生存观、生活观,及职业道德,把党的与时俱进的新理论、新观念融入各门课程教学之中,加强中国特色社会主义理论体系"三进"工作,使思想政治工作内容新颖,富有时代气息,充满昂扬生机。

四是勤于实践探索,保持思想政治工作创造性。要通过不断的积累总结,建立一套贴近学校实际,符合时代要求的工作体系,在思想政治工作体制建设、方法手段上实现突破和创新。制定高职院校思想政治工作制度,明确思想政治工作职责划分,确保思想政治工作经费投入,建立思想政治工作组织网络和反馈体系,严格思想政治工作考核监督,确立思想政治工作奖惩措施,加强思想政治工作队伍建设,实现思想政治工作规范化、科学化和制度化。要通过"六个结合",探索思想政治教育的有效途径,创新"润物无声、教育无痕"的思想政治工作手段,在坚持利用主渠道、主阵地、主课堂进行思想教育的同时,注重开展调研、座谈、面谈和心理疏导等工作;抓住五四青年节、建党节、国庆节等重要节日、重大事件、重大活动的契机,开展特色鲜明的主题教育和主题校园文化活动,寓教育于活动之中;在列举一般事例进行思想政治教育的同时,利用报告会、座谈会等形式,集中学习典型,大力宣传先进事迹,用榜样的力量感动人、感染人、感化人;利用计算机网络技术建立思想政治工作调研网络和信息网络,形成立体式宣传教育体系和信息反馈体系,扩大覆盖面,增强影响力;坚持以正面宣传为主,通过观看警示片、组织警示教育活动等形式适当进行反面警示教育,精神鼓励与物质鼓励相结合,以多种鼓励手段全面激励思想政治工作出成果,出先进;充分利用现代传输媒介和网络技术,大力拓展思想政治工作渠道、载体,主动占领思想政治工作阵地;运用校园网站以及教务、办公系统等软件及时发布与学校发展建设密切相关的新闻信息,坚持以正面宣传为主,增强舆论引导能力;运用网络传播媒体,如电子邮件、飞信、QQ 群等,实现学校各项措施、决策的上传下达,加强各职能部门交流沟通和信息反馈,促进思想政治工作进程一体化,实施同步化;运用手机短信进行相关信息发布,拓展思想政治工作的时间、空间,扩大思想政治工作覆盖面,增强渗透力,提高时效性;运用各种校园文化设施,如文化广场、景观、雕塑等,传播健康向上、高品位、高格调的文化,营造浓厚的育人氛围;及时更新校园网内容,增强网上的正面宣传和影响力,不断扩大覆盖面,增强影响力和渗透力。

(五)用思想政治工作,筑教育发展之基

高职院校要不断改革和创新思想政治工作理念,夯实思想政治工作基础,推动了学校各项工作又好又快地发展。

一是要以思想政治工作推动思想解放辟新路。要大发展必须解放思想,转变观念,深化改革,把转变学校发展理念、理清学校发展思路、创新学校发展举措、破解学校发展难题贯穿于学校发展的各项工作中,通过抓思想政治工作促党员干部、教职工员工思想大解放,以思想大解放求学校发展。

二是要以思想政治工作助推党建工作上台阶。要抓好思想政治工作有助于推动党建工作,定期召开学校党建暨思想政治工作会议,总结成绩和经验,部署工作任务,评选表彰思想政治工作先进集体和个人。要在思想政治工作强有力的推动下,促进班子建设出凝聚力、战斗力、生产力,决策更加民主、科学、务实,纪律更加严明,作风更加朴实亲民;促成党员干部"谋事布局一盘棋、工作热情一团火、个人形象一面旗",全局意识、危机意识、责任意识明显增强;促使师生党员满怀爱校之情,倡导爱岗敬业奉献精神,带头示范作用充分发挥;推动学校基层党组织建设、党员教育培养发展工作、干部队伍和人才队伍建设等方面取得新实效。

三是要以思想政治工作推动教育教学见实效。要以思想政治工作团结带领广大教职员工实现学校的升格转型,不断扩大办学规模,不断深化教育教学改革,不断提高各层次教育教学质量;改善基础设施建设,加大校园绿化、美化、亮化、净化工作,构建以文化体系,营造健康向上的文化氛围,最大限度优化校园环境育人功能;积极开展社会实践、青年志愿者服务、社团活动和主题鲜明的校园文化主体活动,促进学生全面发展。

专题二

高职院校社会主义核心价值观教育探析

　　社会主义核心价值观是对社会主义核心价值体系的高度概括和凝练结晶,是社会主义意识形态本质的集中体现。中共中央办公厅印发的《关于培育和践行社会主义核心价值观的意见》指出,"培育和践行社会主义核心价值观要从小抓起、从学校抓起。学校是培育社会主义核心价值观的主阵地、主战场"。高职院校主要面向生产、服务一线培养技能型专业技术人才。高职院校培养人才的思想道德素质、科学文化素质、专业技能素质、身体心理素质,关系学生就业和升学的实力和基础,关系学校的办学声誉,关系到用人单位生产、服务的质量和效益。有学者指出,大学生不仅要"从我做起,从现在做起",让社会主义核心价值观成为自觉的人生追求,还要积极用良好的言行影响和带动周围的人,弘扬真善美,鞭笞假恶丑,在全社会树立起良好的道德风尚,推动社会主义核心价值观成为每个人的行为准则,努力将对国家民族的责任意识外化为建设富强社会主义国家的自觉行动。① 因此,社会主义核心价值观教育是高职院校思想政治教育和德育教育的主线,决定着学生素质的养成和能力的训练。

一、高职院校社会主义核心价值观培育现状调研

　　为了较为全面了解和把握高职社会主义核心价值观培育的现状,发现存在的问题,提出解决问题的对策和建议,2016 年,我们采取问卷、走访、座谈等形式,选择曲靖医学高等专科学校、云南能源职业技术学院、云南工业技师学院等高职院校,就社会主义核心价值观培育情况进行了调研。

---

　　① 李小川. 把核心价值观内化为大学生的精神追求[N]. 光明日报,2015 - 09 - 09.

(一)高职院校社会主义核心价值观教育现状

1. 大多数学生基本了解社会主义核心价值观的内涵。86%的学生知晓"社会主义核心价值观是对社会主义核心价值体系的高度凝练和集中表达",88%的学生知晓"富强、民主、文明、和谐是国家层面的价值准则",84.9%的学生知晓"自由、平等、公正、法治是社会层面的价值准则",94.2%的学生知晓"爱国、敬业、诚信、友善是公民层面的价值准则"。这说明,学校对社会主义核心价值观的宣传教育工作落到了实处,大多数学生了解社会主义核心价值观的基本内涵。

2. 多数学生认同学校社会主义核心价值观教育工作。87.3%的学生认为"学校的根本任务是立德树人",也有11.9%的学生认为"教学是学校的首要任务",但有0.8%的认为学校根本任务是"赚钱";62%的学生认为学校培育社会主义核心价值观的主阵地是"思想政治理论课",14.7%的学生认为是"讲座、报告",10.1%的学生认为是"实践活动",2.3%和4.7%的学生认为党、团组织也很重要;74%的学生认为"学生是学校培育社会主义核心价值观的实践主体",其次是"教职工"占16.1%、"学校领导"占9.8%、"其他人员"占2.7%;89.8%的学生认为"学校将社会主义核心价值观融入思想政治理论课教育教学中",75.9%的学生认为"学校将社会主义核心价值观贯穿到校园文化建设中",78.6%的学生认为"学校邀请了校外专家到校作社会主义核心价值观专题讲座、报告",83.2%的学生认为"学校组织学生开展了社会主义核心价值观主题教育活动或社会实践活动";73.3%的学生认为"学校将社会主义核心价值观列入思想政治理论课考试或学生综合素质测评"。座谈中,一些学生肯定了学校开展社会主义核心价值观教育活动取得的成绩:提高了学生对社会主义核心价值观的认同度;增强了学生辨别是非、善恶的能力;学生参加思想政治教育实践活动的积极性显著提高;教师带头践行社会主义核心价值观,把社会主义核心价值观融入到专业、课程教学中,构建全员育人、全过程育人体系;校风、教风、学风明鲜好转。

3. 学生认为加强学校社会主义核心价值观教育工作意义重大,并建议采取有效措施加强落实。66.9%的学生认为加强学校社会主义核心价值观培育工作有助于"巩固马克思主义在意识形态领域的指导地位",66.%的学生认为"有助于巩固全党全国各族人民团结奋斗的共同思想基础",63.6%学生认为"有助于促进学生全面发展",46.6%学生认为"有助于引领社会全面进步",55.9%学生认为"有助于实现中华民族伟大复兴的中国梦",39.8%学生认为"有助于增强辨别是非、善恶的能力",21.2%学生认为"有助于就业和升学",18.6%的学生认为"有助于抵制西方'分化'、'西化'的思潮影响"。对青年加强社会主义核心价值观教育的有效途径,75.4%认为是社会实践活动,69.5%的学生认为是专题讲座、报告,64.4%的学生认为是思想政治理论课教学,55.9%的学生认为是知识竞赛、演讲比赛等,40.7%的学生认为是参加学生社团活动,37.3%的学生认为是参加理论学习,33.9%学生认为是观看文艺演出、影视作品等。思想政治理论课是学校培育社会主义核心价值观的主渠道,但是个别高职院校不同程度存在着弱化思想政治理论课工作现象,思想政治理论课的主渠道、主阵地作用发挥得还不够。

4. 学生指出了学校社会主义核心价值观教育存在的不足。这些不足主要有:一是缺乏制度保障,如学校德育、思想政治教育制度不健全,没有建立社会主义核心价值观教育工作的组织机构;二是宣传不到位,一些学生认为教师没有将社会主义核心价值观内容融入思想政治理论课教学或专业课教学中;三是开展实践活动较少,有的学校只注重理论灌输教育,没有做深入分析和讲解,只在课堂上讲授社会主义核心价值观,学生对价值观的认识不充分,或者因为课堂教学方式陈旧,没有创新,没有吸引力,导致学生对社会主义核心价值观不了解、不认同、不践行;社会主义核心价值观教育社会实践不够,有的学校没有组织开展社会主义核心价值观主题教育活动,也没有将社会主义核心价值观列入思想政治理论课考试或学生综合素质测评,导致学生不重视参加社会主义核心价值观教育活动;学校对社会主义核心价值观教育宣传力度不大,导致部分学生对社会主义核心价值观基本内涵不熟悉。

5. 关于社会主义核心价值观教育工作的影响因素分析。49%的学生认为"家庭教育对价值观影响较大",42.1%的学生认为"学校教育和朋友圈的影响比较大"。19%的学生认为"朋友圈子"影响较大,8%的学生认为"媒体影响较大"。(如下图)

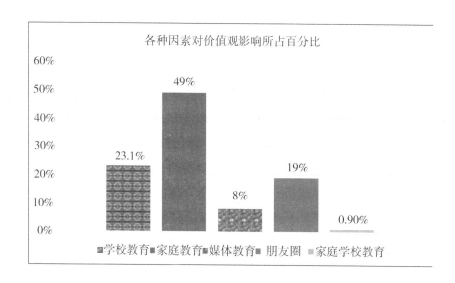

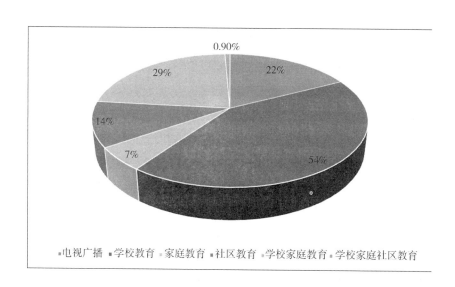

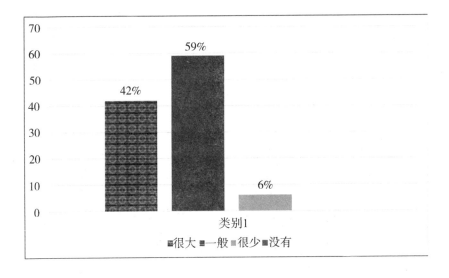

学校应该加强对社会主义核心价值观的宣传教育,号召全校上下高度重视、认真组织、采取各种有效措施,扎扎实实推进社会主义核心价值观的建设;应通过电视广播、学校教育、家庭教育、社区教育等途径促进学生学习社会主义核心价值观;学生应积极响应学校号召,认真学习社会主义核心价值观相关理论知识,并积极参加实践活动来完善对核心价值观的理解,深刻领会其内涵及实质,把社会主义道德实践融入社会生活中。

(二)高职院校社会主义核心价值观教育取得的成绩和存在的问题

1. 高职院校社会主义核心价值观教育工作成绩突出、特色明显。高职院校在推进社会主义核心价值观培育工作中,坚持把培育和践行社会主义核心价值观贯穿教育全过程,把社会主义核心价值观教育纳入学校教育教学计划之中,贯穿于学校教育的各个领域,落实到教育教学和管理服务的各个环节,覆盖所有教师和学生;有的高职院校组织师生开展"立校规、定校训、树校风"活动,把社会主义核心价值观的要求有机融入其中,用校训立德、用校训励志,引导学生明大德、守公德、严私德;有的高职院校积极营造培育和践行社会主义核心价值观的校园文化氛围,因地制宜在教学楼、教室、图书馆、宿舍楼、饭堂、运动场等场所醒目位置制作悬挂宣传展示社会主义核心价值观的宣传栏和宣传标语,让师生时时处处能受到社会主义核心价值观的熏陶和教育;有的高职院校充分利用升国旗、入党入团等仪式和重大纪念日、民族传统节日等契机,开展主题教育活动,传播主流价值。

高职院校在推进社会主义核心价值观培育工作中,弘扬传统美德,选树先进典型,动员社会力量,形成德育工作的合力。有的高职院校不断完善中华优秀传统文化教育,在学生中开展"少年传承中华传统美德"系列教育活动、"我的书屋、我的梦"阅读实践活动,重点围绕传统文化中的"仁""信""礼""孝""廉"五方面内容,结合现有的课程资源和青少年的认知规律,进行重点教育,引导他们品味、感知、接受优秀传统文化;有的高职院校开展"为美德点赞"活动,利用知识讲座、主题演讲、座谈问答、实地调查等多种形式,广泛宣传普及社会礼仪、生活礼仪、学生礼仪常识,帮助师生树立注重礼仪、热情友善、文明礼貌的良好风尚,提高文明素养,努力践行社会主义核心价值观;有的高职院校建立了"爱学习、爱劳动、爱祖国"活动的有效形式和长效机制,努力培养德智体美全面发展的社会主义建设者和接班人;有的高职院校为了适应青少年身心特点和成长规律,深化未成年人思想道德建设和大学生思想政治教育,创新思想政治理论课教育教学,推动社会主义核心价值观进教材、进课堂、进学生头脑;有的高职院校不断完善学校、家庭、社会三结合的教育网络,引导广大家庭和社会各方面主动配合学校教育,以良好的家庭氛围和社会风气巩固学校教育成果,形成家庭、社会与学校携手育人的强大合力。

2. 高职院校开展社会主义核心价值观教育工作还存在忽视或弱视现象。首先,忽视或弱视了不良社会风气在学校蔓延的程度。有的学校存在着功利主义和实用主义等不良社会风气,同时还伴有其他形式的不良风气,比如相互攀比、入党动机不纯、学生社会实践活动只是为了走形式等等;受多元价值观的影响,有些学生把对事物价值的评定准则定位于能否获得经济效益、是否有利于个人生存与发展,导致功利主义、享乐主义、实用主义滋长,"一切向钱看"成为部分学生的行为准则,存在"前途前途,有钱就图,理想理想,有利就想"的价值取向。其次,忽视或弱视了核心价值观教育,偏重职业价值观教育。随着就业难形势的不断加剧和用人单位录用标准的逐步提高,高职院校学生在校期间有意识或者无意识地就有了"参照物",这种"参照物"为他们毕业面临的就业提供了方向。学好专业课,这是对学生学习的基本要求,也为他们今后的就业打下扎实的专业基础。但是,有些学生一进入大学就只注重专业课而忽视思想政治理论课。他们以用人单位的录用标准为准则,只树立与之相关的职业责任感、培养与之相关的职业价值观。把职业价值观教育放在突出位置,忽视了社会主义核心价值观教育。职业价值观虽然在一定程度上反映了社会主义核心价值观的部分内容,但职业价值观并不等于社会主义核心价值观。最后,忽视或弱视了网络对大学生主流意识形态的负面影响。高职阶段是学生世界观、人生观、价值观形成的关键时期,对学生社会主义核心价值观教育来说,网络内容庞杂不一、良莠不齐,是一把"双刃剑"。从正面来看:网络为学生提供了如免费的名校名师专业教学视频、优质课件、论文、科学及管理前沿讲座、名家论坛等优质学习资料;大量网络招聘信息、商业及商品价格信息等均为易于接受新信息的大学生的就业创业提供了极大的方便。同时网络连接全世界,为当今学生放眼世界、了解古今提供了便捷的途径,增强了学生认识世界的能力,易于形成正确的世界观、人生观、价值观。从负面来看:由于学生信息鉴别能力较成人相对较弱,容易受到不良信息的影响。而在网络上,不同国家、民族之间的思想观念、文化传统、宗教信仰、生活方式等方面的内容庞杂不一、良莠不齐,甚至有些极端思想也因披上民主、自由、民族主义、时尚主义等外衣而迅速传播,为一些鉴别能力差的年轻人所接受。这些负面因素容易对学生的马克思主义的世界观、人生观和价值观形成冲击;对优秀传统文化、民族精神传承起到潜移默化的侵蚀和消磨作用,容易造成学生价值取向的紊乱和对现实社会主流意识形态认可的动摇,在思想上成为"迷失的一代"。

(三)加强和改进高职院校社会主义核心价值观教育工作的对策和建议

社会主义核心价值观培育是一个长期过程。高职院校培育社会主义核心价值观要从小抓起,从现在抓起,把社会主义核心价值观教育融入思想政治理论课教学中,融入德育活动中,融入专业思想教育中,融入校园文化建设中,融入学校管理过程中,营造人人学习、践行社会主义核心价值观的氛围,建立社会主义核心价值观培育的领导组织和考评机制,使社会主义核心价值观培育工作常态化。

1. 加强社会主义核心价值观的宣传教育,提高学生对社会主义核心价值观的认知度与认同度

高职院校要充分利用课堂教学、网络平台、各种报告、研讨、座谈会等形式,对

社会主义核心价值观进行深入的分析和解读,讲清楚这些理念的基本内涵,发展脉络和实践要求,让学生更好地理解和把握;要积极引导学生走出校门参加社会实践和公益活动,了解社会、体验生活、认知自我,使社会主义核心价值观内化为自身的世界观、人生观、价值观,努力成为社会主义核心价值观的积极传播者和忠实践行者;要引导学生掌握社会主义核心价值观的主要内容,自觉践行社会主义核心价值观,坚定改革开放和现代化建设的信心,增强民族文化自信和价值观自信,坚持崇高理想,弘扬中国精神,塑造文明道德、劳动光荣、技能宝贵、创造伟大的时代风尚,促进形成"崇尚一技之长,不唯学历凭能力"的社会氛围,具有重要现实意义和深远历史意义;要充分利用宣传院报、橱窗、电子屏、板报等常规媒体展示社会主义核心价值观 24 字内容,只有采取多样的、立体式宣传载体,才能让学校师生员工充分理解社会主义核心价值观的内涵,增强践行社会主义核心价值观的自觉性和坚定性;要营造良好的校园文化活动教育阵地,发挥校园文化的人格塑造功能,要通过通俗易懂、寓教于乐的、学生喜闻乐见的多种活动形式,通过学生易于接受的社团活动、歌舞表演、戏剧小品、征文比赛、演讲、辩论赛等载体,用丰富的实践活动鼓舞人、感染人;要加强学生对社会主义核心价值观的理论认同和行为认同教育。有学者指出,要增强学生对社会主义核心价值观的行为认同,必须抓好以下三个环节:一要注重理论内涵,增强社会主义核心价值观的说服力,要让理论内化为人民群众内心坚定不移的信念;二要注重行为引导,增强社会主义核心价值观的导向力;三要注重活动参与,增强社会主义核心价值观的感染力。[①]

2. 找准切入点,突出重点,整体推进社会主义核心价值观教育工作

职业教育的思想政治教育的重要内容之一就是对学生进行职业、专业思想教育。高职院校进行社会主义核心价值观培育,应以职业道德建设为重点,努力提高教师的道德素质,打造积极向上的教职工团队精神;加强师德师风建设,制定、完善学院教师职业道德和行为规范,引导教师自觉加强社会主义荣辱观的学习和示范,使教师自觉履行职责和义务,树立和践行全心全意为人民服务的道德观;在政治思想上、道德品质上、学识学风上以身作则,率先垂范,为人师表,强化教师思

---

① 周鹏. 增强核心价值观行为认同的基本途径[N]. 光明日报,2015 - 07 - 22。

想和职业道德教育;树立学校的教育阵地意识和教师的示范意识,充分发挥课堂、讲坛在社会主义精神文明建设、加强和改进思想政治工作和德育工作中的作用,引导教师用正确的理论和观点教育学生;在教师岗位工作中,要把师德作为培训的重要内容之一;在职称晋升和工资评优等方面实行师德一票否决制;在师资管理工作中,要把社会主义荣辱观教育作为教师工作考核的重要内容;树立骨干教师中的先进典型,鼓励教师努力工作。高职院校要大力倡导"爱国守法、明礼诚信、团结友善、勤俭自强、敬业奉献"的基本道德规范。通过贯彻落实《公民道德建设实施纲要》,紧紧围绕"三个主义"、"三观"、"三德"、"三风"和"四有",组织开展系列主题教育活动;通过实行自学与集中学习相结合、理论考核与实绩考核相结合等办法,把道德教育的各项措施落到实处;要充分尊重学生的主体性,积极为学生营造实践教育、自我教育的氛围和环境,使学生在自我认识、自我体验中提高道德认知能力、判断能力和选择能力,主动选择和认同社会主义核心价值观。有学者在认为,增强学生对社会主义核心价值观的认同,就是要增强青年学生对民族文化的认同、对国家的认同、对中国道路的认同和对中国特色社会主义制度的认同,要按照习近平总书记对青年提出的"勤学、修德、明辨、笃实"要求,加强学生社会主义核心价值观教育①;要从体察学生心、善解学生意上入手,关心学生需求,解除学生忧患,信任和尊重学生、增强学生的自尊心和自信心;要遵循学生身心发展规律,促使行为习惯的养成和基本道德修养的培养逐步深化,使马克思主义理论、信仰,社会主义信念,内化于广大师生之心,外化于师生之行。

3. 加强领导,建立健全社会主义核心价值观教育考评机制

高职院校要加强领导,高度重视,制定具体可行的规划实施方案,明确职责,强化管理,做到活动开展扎实有效;加大对活动开展过程的检查和指导,把过程抓实,把管理抓细,推动工作持续、稳步开展;建立以主要领导为组长的社会主义核心价值观教育工作领导小组,定期召开宣传思想工作大会,总结经验,表彰先进,部署任务,明确要求,研究部署社会主义核心价值观教育的落实工作,保持常态;建立和健全"党政一把手亲自抓、班子成员共同抓,部门领导分工负责,全体员工

---

① 周靖. 争做社会主义核心价值观的自觉践行者[N]. 光明日报,2014 – 05 – 21。

人人参与"的管理体制,加强经费保障,不断完善社会主义核心价值观培育工作考评制度,使践行活动制度化、规范化;根据学校实际采取定性与定量相结合、重点抽查和全面考核相结合、管理部门考核和群众评议相结合的方法,组织定期检查、专项检查,推动工作不断深化;建立全员育人机制,在社会主义核心价值观教育中做到领导干部率先垂范,模范履职;党团组织、思想政治教育部门创先争优;思想政治理论课教师、班主任、辅导员示范引领,形成党政工团齐抓共管、各司其职的良好局面。

二、高职院校思想政治理论课社会主义核心价值观主题教育

中共中央办公厅印发的《关于培育和践行社会主义核心价值观的意见》指出,"培育和践行社会主义核心价值观要从小抓起、从学校抓起;要坚持育人为本、德育为先,围绕立德树人的根本任务,把社会主义核心价值观纳入国民教育总体规划,贯穿基础教育、高等教育、职业技术教育、成人教育各领域,落实到教育教学和管理服务各环节,覆盖到所有学校和受教育者,形成课堂教学、社会实践、校园文化多位一体的育人平台,不断完善中华民族优秀传统文化教育,形成爱学习、爱劳动、爱祖国活动有效形式和长效机制,努力培养德智体美全面发展的社会主义建设者和接班人。"①高职院校的大学生正处在世界观、人生观、价值观确立的关键期,对大学生开展社会主义核心价值观主题教育意义重大。曲靖医学高等专科学校在思想政治理论课教育教学中,紧紧围绕培育和践行社会主义核心价值观要求,结合学校实际坚持开展了社会主义核心价值观主题教育活动,取得了一些成绩。2016 年曲靖医学高等专科学校被云南省委宣传部、省委高校工委评为云南省社会主义核心价值观教育示范学校。

高职院校是培养国家和社会各行业紧缺人才、技能型人才的总车间,也是开展社会主义核心价值观主题教育主阵地。高职院校培育和践行社会主义核心价值观要紧密结合学生思想现状、成长规律、发展需求,紧密联系现代社会发展形势,紧密结合学校专业建设、课程建设、教学管理要求,紧密根据世情国情党情形

---

①　中共中央办公厅印发《关于培育和践行社会主义核心价值观的意见》[M]. 北京:人民出版社,2013:6 – 7.

势发展变化提出的新要求,在思想政治理论课教育教学中做到课堂教学重在学理阐释,思想教育重在入脑入心,实践活动重在贴近实际,教研科研重在破解难题,考核评价重在制度建设,氛围营造重在涵养熏陶,不断增强社会主义核心价值观主题教育的针对性和实效性。

(一)课堂教学重在理论阐释,切实提高社会主义核心价值观的认知度

有学者提出,培育和践行社会主义核心价值观要在增强认知、促进认同、推动践行上下功夫,做到内化于心、外化于行,促进大学生健康成长。① 高职院校开展社会主义核心价值主题教育首先要在思想政治理论课课堂教学中,向学生讲清楚社会主义核心价值观的科学内涵、精神实质和基本要求,提高学生对社会主义核心价值观的认知度。

曲靖医学高等专科学校思想政治理论课教师在课堂教学中,把社会主义核心价值观转化为教学内容,融入《毛泽东思想和中国特色社会主义理论体系概论》《思想道德修养与法律基础》《形势与政策》等思想政治理论课教学中,以专题或问题形式,从学理上帮助学生弄清楚社会主义核心价值观提出的背景、意义、要求,准确理解、深刻把握社会主义核心价值观的科学内核、精神实质和实践要求,提高了学生对社会主义核心价值观的认知度。

我们在思想政治理论课中讲授社会主义核心价值观第一个层面"富强、民主、文明、和谐"内涵时,告知学生这个层面主要是回答了"我们要建设一个什么样的国家"。在向学生阐释"富强"这一价值目标时,我们的思想政治理论课教师把社会主义本质论与党的基本路线提出的奋斗目标结合起来,向学生阐明了"贫穷不是社会主义",追求"富强"是我国社会主义初级阶段发展的最终目标;在阐释"民主"这一价值目标时,我们的思想政治理论课教师把社会主义民主与资本主义民主进行了比较分析,引导学生看清楚资本主义民主的虚伪性和狭隘性,看到社会主义民主的科学性和真实性,学会联系我国当前的基本国情,正确认识到发展社会主义民主是需要较长的时间;在阐释"文明"这一价值目标时,我们的思想政治理论课教师强调社会主义文明不仅包括物质文明、精神文明,还包括政治文明、社会文明和生态文明,强调我国不仅要建设高度发达的社会主义物质文明,还要建

① 晏昱,周俊武. 大学生培育和践行社会主义核心价值观的三重路径[J]. 求索,2014,5.

设高度发达的社会主义精神文明、政治文明、社会文明和生态文明,强调社会主义文明建设需要增强文化自觉自信;在阐释"和谐"这一价值目标时,我们的思想政治理论课教师指出,社会主义和谐是建立在"富裕"、"民主"、"文明"基础上的更高价值追求,我们不仅要构建和谐社会,还要构建和谐世界,打造人类命运共同体;党的十九大提出了建设"美丽中国"的奋斗目标,把"美丽"写进党章,思想政治理论课教师建议应当把"美丽"作为社会主义核心价值观第一个层面的价值目标向学生阐释清楚,强化"绿水青山就是金山银山"的生态发展理念,强调加强生态文明建设的重要性。

我们在思想政治理论课中讲解社会主义核心价值观第二个层面"自由、平等、公正、法治"价值取向时,告知学生这个层面主要是回答了"我们应当建立一个什么样的社会"。在向学生阐释"自由"这一价值取向时,我们的思想政治理论课教师把社会主义的自由观与资本主义的自由观进行对比,帮助学生认清两种不同社会制度下自由观的本质区别,着重理解和把握社会主义的自由是遵守国家法律法规,遵循社会发展规律和自然界运行规律前提下的自由,引导学生认识到由于受生产力发展制约、个人条件制约,当前我国人民的自由度还待进一步提升;在向学生阐释"平等"这一价值取向时,我们的思想政治理论课教师指出,社会主义的平等是建立在公有制经济基础上的公民在法律面前享有平等的权利和义务,是真实的、有保障的平等,这与资本主义社会根据财产、地位等取得的平等权存在着本质区别,帮助学生认识到由于受各种条件的制约和各种因素的影响,我国社会还存在一些不平等的现象是必然的;在向学生阐释"公正"这一价值取向时,我们的思想政治理论课教师指出,尽管在市场经济建设过程中,由于存在着不同的所有制、社会主义法制不健全、行使权力的人员素质不一,导致各种不公正现象的存在,但是人们普遍感受到我们的社会越来越公平;在阐释"法治"这一价值取向时,我们的思想政治理论课教师阐述了从"人治"走向"法治"必然性,分析了党的十八大以来强化依法治国、建设社会主义法治国家、法治政府、法治社会的重大意义,要求学生做遵法守法护法公民。

我们在思想政治理论课中讲解社会主义核心价值观第三个层面"爱国、敬业、诚信、友善"价值准则时,告知学生这个层面主要回答了"我们应当成为一个什么样的社会主义公民"。在阐释"爱国"这一价值准则时,我们思想政治理论课教师引经据典讲述了爱国主义的传统,选用了钱学森、黄大年等典型人物的爱国事迹,教育学生爱国就是热爱祖国的大好河山、历史文化、骨肉同胞,就是把国家利益、集体利益放在个人利益之上,就是要为了实现中华民族伟大复兴、建设社会主义现代化强国"鞠躬尽瘁,死而后已""公而忘私";在阐释"敬业"这一价值准则时,我们的思想政治理论课教师强调敬业要做到爱业、乐业、勤业,要发扬钉子精神——干一行钻一行,要发扬工匠精神——精益求精、追求卓越;在阐释"诚信"这一价值准则时,我们的思想政治理论课教师从正反两个方面论证了诚信的必要性、重要性,帮助学生学会分析当前由于在利益的驱使下,社会和校园中不诚信现象的原因及其危害,强调诚信对于国家建设、社会发展、个人成长的重要性;在阐释"友善"这一价值准则时,我们的思想政治理论课教师援引了中国古代善待万物的观点,阐述了"医者仁心"的深刻内涵和现实需要,鼓励学生要以人为本、与人为善,发扬仁义,心存善念,行善举义。

只有理解了才能把社会主义核心价值观二十四字牢记心中。高职院校思想政治理论课教学中不仅要集中讲解社会主义核心价值观,还要在相关教学内容中适时强化社会主义核心价值观思想教育,达到润物细无声的效果。

(二)思想教育重在入脑入心,切实增强社会主义核心价值观的认同度

高职院校思想政治理论课教师、班主任、辅导员、党总支支委等是进行社会主义核心价值观主题教育的组织者和实施者。思想政治理论课教学只是提高了学生对社会主义核心价值观的认识度,还要在思想教育上做好入脑入心工作,切实增强社会主义核心价值观认同度,也就是要增强社会主义核心价值观教育的价值认同。什么是价值认同? 有学者指出,价值认同就是"价值主体在是实践中通过对话、交往、互动,不断调整自身价值结构以顺应社会价值规范的过程,它表现为社会成员对社会共同价值规范的自觉接受"。①

进行社会主义核心价值观思想教育要把握时机,做到适时适度。我校在进行社会主义核心价值观主题教育中,充分利用新生入学、在校考试前后和毕业离校之际进行入学教育、专业思想教育、期末考前考风教育、违纪学生警示惩戒教育、

---

① 唐凯麟. 把握社会主义核心价值体系的基础——牢固树立社会主义荣辱观[N]. 光明日报,2007 – 08 – 14.

表彰先进选树典型教育、实训实习岗前教育、毕业典礼教育时机,把社会主义核心价值观教育融入具体思想教育活动中,提高了教育的针对性;根据学生学习心理规律、身心成长规律,适时对学生进行社会主义核心价值观教育,避免引发学生对思想教育的逆反心理。

进行社会主义核心价值观思想教育要切中要害,做到解疑释惑。针对学生反映的社会主义核心价值观与社会主义核心价值体系的关系诸多疑问,学校通过举办专题讲座,请专家学者进行理论解释,阐释清楚了二者的区别与联系;针对学生提出的社会主义核心价值观如何落到实处,强调社会主义核心价值观是在总结古今中外价值理论和社会主义道德建设的实践经验的基础上提炼出来的,指导学生积极参加实践活动,加深对社会主义核心价值观的理解、领会和把握;针对不同专业、不同课程中如何融入社会主义核心价值观思想教育,思政工作人员主动与专业课教师切磋,研讨如何在专业和课程中融入社会主义核心价值观思想教育,使社会主义核心价值观教育贯穿到各专业、课程教育教学中,发挥协同育人作用;针对当前社会主义与资本主义的意识形态领域的斗争的严峻形势,思政工作人员引导学生学会理性审视社会主义与资本主义两种不同意识形态背景下价值观教育的差异性,引导学生辨明是非、看清前途,增强社会主义核心价值观自我教育的的主动性,自觉抵制西方腐朽思想的侵蚀,筑牢思想政治防线。

进行社会主义核心价值观思想教育要入脑入心,坚定理想信念。习近平总书记指出:"坚定理想信念,坚守共产党人精神追求,始终是共产党人安身立命的根本。对马克思主义的信仰,对社会主义和共产主义的信念,是共产党人的政治灵魂,是共产党人经受得住任何考验的精神支柱。形象地说,理想信念就是共产党人精神上的'钙'没有理想信念,理想信念不坚定,精神上就会'缺钙',就会得'软骨病'。"①

大学生正处在世界观、价值观、人生观确立的关键时期。改革开放四十年,社会主义建设取得的巨大成就增强了学生对中国特色社会主义的道路自信、理论自信、制度自信和文化自信,但是部分学生不同程度存在的缺乏信仰、信念不

---

① 习近平. 习近平谈治国理政[M]. 北京:外文出版社,2014:15.

坚定等现状令人担忧。加强学生社会主义核心价值观思想教育,要以入脑入心为最终目的,用社会主义核心价值观指导思想政治教育工作,引领学生思想,帮助学生自觉接受、认同社会主义核心价值观,坚定对中国共产党的信任,坚定共产主义远大理想和中国特色社会主义共同理想,做中国特色社会主义的建设者和接班人。

(三)实践活动重在贴近实际,切实提高社会主义核心价值观的获得感

社会主义核心价值观具有普遍性要求。社会主义核心价值观要在师生中落地生根,必须加强实践教育。开展实践活动是对大学生进行思想政治教育的有效途径。高职院校开展社会主义核心价值观主题教育,要贴近实际,通过开展丰富多彩的社会实践活动和校园文化活动,切实增强学生对社会主义核心价值观的感性体验和理性领悟。

高职院校开展校园文化活动和社会实践活动,要以社会主义核心价值观为活动主题,紧紧围绕社会主义核心价值观开展各种活动。高职院校在开展社会主义核心价值观校园文化活动和实践活动中,充分发挥群团优势,通过开展社会主义核心价值观演讲比赛、征文比赛、专题讲座、社会实践教育等活动,把社会主义核心价值观的基本理念、基本要求与学生专业思想教育、职业道德教育、人文精神教育、企业文化教育等融合起来,创新实践活动载体,丰富活动内容,提高了学生参加活动的积极性;以活动为载体,把社会主义核心价值观作为学生思想政治教育的指导思想,渗透到学生思想灵魂,转化为学生的价值追求和行动指南。我们组织学生到曲靖市沾益区参观了"九五"起义遗址,增强了学生对革命精神和爱国主义的传承;我们组织学生到罗平县参与脱贫攻坚入户调研,增强了学生对扶贫脱贫的社会责任感;我们组织学生到沾益区参观大学生创业基地之玫瑰庄园和菱角乡卫生院,增强了学生就业创业、发展新型产业的自信心。

(四)教研科研重在破解难题,切实提高社会主义核心价值观研究的精准度

科研不是高职院校的强项,但不能成为高职院校教师不重视科研的理由。我们在组织教师进行教研科研时,紧紧围绕社会主义核心价值观主题教育中发现的问题,遇到的难题,组建科研团队,确立研究方向,着力破解教学和思想政治工作中的难题。曲靖医学高等专科学校教师近年来主持完成了两项省教育厅社会主

义核心价值观基金和专项课题、两项省高职专教学研究会社会主义核心价值观研究课题、一项曲靖市大中专学生培育和践行社会主义核心价值观规划课题和三项学校培育和践行社会主义核心价值观专项课题,发表了十余篇社会主义核心价值观教育研究论文,出版了一部高职院校社会主义核心价值观教育专著、一部社会主义核心价值观实践探索汇编,参加了由教育部《思想理论教育导刊》和广西师范大学举办的第八届《思想理论教育导刊》论坛——"培育和践行社会主义核心价值观"理论研讨会,提交的论文入选论文集。

在社会主义核心价值观研究中,我们立足学校实际,重点进行了高职院校进行社会主义核心价值观教育的路径研究,总结了学校开展社会主义核心价值观主题教育的经验,探索研究了如何在思想政治理论课教学、专业课程教学、校园文化活动、实践教学活动中开展社会主义核心价值观教育的途径,提炼出了具有医学院校特点的师生价值观,得到了学校党委的充分肯定,为学校成功评为云南省社会主义核心价值观教育示范学校做出了贡献。

(五)考核评价重在制度建设,切实构建社会主义核心价值观的保障机制

社会主义核心价值观既是高职院校意识形态工作和思想政治教育工作的主要内容和基本要求,也是高职院校德育工作主要内容。道德教育的成效取决于科学的评价体系。高职院校要把社会主义核心价值观列为学校思想政治工作和德育工作的评价体系,细化评价指标,加强监督和考核。通过实践探索,我们基本构建了适合本校的社会主义核心价值观考核评价机制。

一是成立学校领导机构,明确各部门工作职责。学校党委切实履行践行和培育社会主义核心价值观的主体责任,把社会主义核心价值观列入党委议事议程,列进党委工作计划,研究制定学校社会主义核心价值观的实施方案,制定长效机制,构建学校—系部—班级(党、团组织)架构,一级带一级、一级抓一级,层层抓落实。

二是完善管理制度,推进制度化管理。社会主义核心观主题教育是一项长期工程,必须以制度进行规范。学校建立、健全贯彻社会主义核心价值观主题教育的制度保障,把社会主义核心价值观主题教育作为学校每年党建工作的一项重要内容,坚持常抓不懈,真抓实做。

三是设立专项经费,提供有力的物质保障。学校从每年的党建经费中划拨社会主义核心价值观教育专项经费,用于社会主义核心价值观理论研究、实践活动等方面的开支。

四是坚持改革创新,强化可持续发展。社会主义核心价值观是一个在实践中不断丰富、完善的理论,随着改革开放的深入发展、党的理论的不断创新,其内涵和实践要求必将不断丰富和完善。学校开展社会主义核心价值观主题教育,紧跟理论发展和实践运动变化,与时俱进,将社会主义和价值观的新知识、新要求融入学校培育和践行体系,转化为师生的内心信念、道德认识、行为规范、奋斗目标,构建培育和践行社会主义核心价值观的长效机制、生态机制。

(六)氛围营造重在涵养熏陶,切实加强社会主义核心价值观的舆论宣传

环境对人的思想观念的影响较大。对于较少机会直接接触社会的高职院校学生,校园环境对学生的价值观影响很大。我校充分发挥环境育人的功能,把社会主义核心价值观融入校园文化建设中,融入学校"三风"建设中;把社会主义核心价值观二十四字在学校显目位置标识出来,把社会主义核心价值观通过校园广播台、网站、校报、校刊等传统媒介,充分运用 QQ、BBS、微博、微信、网络等新媒体,全方位、多形式宣传学校社会主义核心价值观主题教育取得成果,营造全校师生积极参与社会主义核心价值观主题教育的氛围。

学校发挥全员育人职能,大力营造人人学习、践行社会主义核心价值观的氛围。学校把社会主义核心价值观列为学校思想政治工作的主要任务,融入学校教育的方方面面。学校每位教职工都认真履行教书育人的神圣职责,把培育和践行社会主义核心价值观作为一项政治任务,在不同的工作岗位上,时时、处处带头自觉践行社会主义核心价值观,为学生做出示范和榜样;学校重视社会主义核心价值观主题教育工作,加大宣传力度,增强社会主义核心价值观教学育人、管理育人、科研育人、服务育人、环境育人、实践育人功能,形成齐抓共管、协同配合的工作机制。

三、发挥高职院校社会主义核心价值观教育示范带头作用

社会主义核心价值观是社会主义意识形态的本质体现。加强大学生社会主

义核心价值观教育是高校思想政治工作的一项重要内容。2016年,曲靖医学高等专科学校被省委高校工委批准为云南省社会主义核心价值观教育示范学校。为了巩固和深化社会主义核心价值观教育成果,学校党委宣传统战部、马克思主义学院、学工部、团委等部门在学校党委的领导下,按照社会主义核心价值观教育示范学校建设要求,以马列主义、毛泽东思想、邓小平理论、"三个代表"重要思想、科学发展观、习近平新时代中国特色社会主义思想为抓手,深入学习贯彻党的十九大精神,以培育和践行社会主义核心价值观教育为着力点,以加强师德建设、医德教育为基本任务,以加强校园文化建设为载体,以质量强校、特色发展为目标,将医学教育与医德教育充分结合,构建大学、大医、大家、大爱医学院校校园文化体系,弘扬救死扶伤大爱精神,发挥服务师生、辐射带动周边文化建设功能,把社会主义核心价值观教育融入学校教育教学全过程,具体化为医学类高职院校核心价值观,覆盖全体师生,服务地方经济社会建设,在培育和践行社会主义核心价值观方面进行了有益的实践探索,发挥了示范带动作用。

在培育和践行社会主义核心价值观实践中,曲靖医学高等专科学校秉承"质量立校、育人为本、突出特色、服务社会"办学理念,以"笃学敦行、修德励能"为校训,以"敬畏生命、崇尚科学"为校风,以"教真育爱、传智授业"为教风,以"问道医学、知行合一"为学风,加强师生核心价值观宣传教育,初步构建了"坚定信念,爱国为民;忠诚教育,德学塑人;献身医学,救死扶伤"及"爱党爱国,立身做人,钻研医道,立志成才;德技双进,立业为民"的师生核心价值观。

学校加强宣传教育,提高社会主义核心价值观的知晓率、认同度。学校通过校报、校园广播、宣传橱窗、校园网站、共产党员微信平台、共青团微信平台、专家讲座、视频教学、学术论坛、海报、思想政治理论课教学、学生社会实践活动等媒介和途径,加强社会主义核心价值观宣传教育,提高了师生对社会主义核心价值观的知晓率和认同度。

学校加强阵地建设,创新培育和践行社会主义核心价值观活动载体。学校在开展各种校园文化活动中,把"生命至上、生存根本、生活追求、大爱无疆"作为主题,提高校园文化活动的针对性和实效性。学校团学组织围绕学校党政中心工作,以"创建文明校园,做一名合格的医学志愿者"为主题,以"奉献、友爱、互助、进步"为准则,以青年志愿者协会的志愿者为主体,围绕文明社区建设、大学生素质拓展工程、城市管理、扶贫帮困、社会公益事业、社会大型活动等方面,开展了形式多样的志愿服务活动。

学校加强师德建设,选树培育和践行社会主义核心价值观的引路人。学校教职工认真践行"学为人师、行为世范"职业道德准则,认真履行"教书育人、管理育人、服务育人"神圣职责,在各自的工作岗位上辛勤耕耘,默默奉献,为全校同学树立了学习典范;莘莘学子,牢记使命,遵纪守法,刻苦学习,勇于实践,爱护环境,讲究卫生,养成良好的文明行为习惯。学校做出了"建名校、树名师、育精品"发展战略。

学校加强校园环境建设,营造培育和践行社会主义核心价值观的和谐氛围。学校注重校园文化建设和环境育人。2006 年以来,学校投资 500 余万元,加大校园绿化、美化、亮化、净化,新建并逐渐完善校园网络的各项功能,师生的学习、工作和服务等基础设施建设得到了很好的改善,育人环境得到了不断的优化。

学校加强党建与思想政治工作,发挥党团员培育和践行社会主义核心价值观的先锋带头示范作用。学校在培育和践行社会主义核心价值观中,加强党组织、团组织建设,发挥广大干部、共产党员、共青团员先锋队作用。全校党员、团员做到了吃苦在前,冲锋在前,要干事不言难,难事不退缩,以事业为重,以大局为重,精益求精,形成了全校一盘棋、党政齐抓共管的良好局面。

学校加强制度建设,完善培育和践行社会主义核心价值观的考评机制。学校专门成立核心价值观教育领导小组,由分管学校党建工作的副书记和分管教学的副校长任组长,宣传统战部、思政部、教学处、各党总支负责人为成员,实行不定期抽查、基本知识测试、活动统筹,每年从各部门办公经费中提取 15% 作为社会主义核心价值观教育的专项经费,将培育和践行社会主义核心价值观教育纳入学校对各部门目标责任考核,并作为党员、干部价值观"评优""评先"的必备指标。

社会主义核心价值观教育促进了学校全面发展。一是社会主义核心价值教育促进了学校党建与思想政治工作。党委统一领导学校工作的核心地位和作用进一步加强;学校党组织、广大党员干部遵守党的政治纪律、政治规矩,严肃党内生活,保持政治清醒和政治定力的自觉性、坚定性得到了显著提高;学校党的思想建设明显加强,学习习近平总书记系列重要讲话精神不断引向深入,中国特色社会主义理论体系"三进"工作深入推进,广大师生"四个自信"显著增强;学校"三风"建设内容得到进一步明确,师生廉洁意识显著增强,校园风气有所好转,整治"四风"成效显著;精神文明建设成绩斐然,核心价值观教育深入人心,校园文化建设亮点突出,文明单位、文明学校建设斩获佳绩,学校接受省委高校工委、省教育厅组织的思想政治理论课建设评估,成为全省唯一一家一次性确定为优秀等级的高校;接受省委党风廉政建设考核评为优秀,被评为云南省文明单位、云南省社会主义核心价值观教育示范学校、云南省园林单位、云南省平安学校等。二是社会主义核心价值观教育促进了学校教学科研质量提升。学校建筑面积,从 10.55 万平方米增加到 19.1 万平米,教学仪器设备总价值从 1671 万元增加到 4553.6 万元,学生人数从 3654 人增加到 7700 人,专任教师从 188 人增加到 278 人,校外实训基地总数从 76 家增加到 102 家;学校获得国家重点建设项目 2 项,省级质量工程项目 52 项,与行业企业共建了护理、临床医学和眼视光技术专业 3 个教师工作站和临床骨科技能大师工作室;教师主持完成厅级以上科研项目 72 项,发表的论文 2 篇被 SCI 收录,成功申报 5 项获国家专利,5 个研究项目获曲靖市科技进步奖,5 个研究项目获曲靖市社会科学优秀成果奖。三是社会主义核心价值观教育提高了学校人才培养质量。近年来,曲靖医学高等专科学校学生参加全国护士执业水平技能竞赛获团体三等奖,参加云南省第六届大学生运动会健美操比赛获团体第二名,参加全国"中医药社杯"检验技能竞赛获单项奖,参加云南省护理、检验、影像等竞赛分别获团体第一名、团体第二名,参加全国"挑战杯——彩虹人生"全国职业院校创新创效创业大赛,荣获两项二等奖,参加全国第三届大学生艺术展演活动获优秀组织奖,参加第二届全国高等职院校医学影像技术专业实践技能大赛获得团体第一名,个人分获 CT 检查技术第一名、数字 X 线检查技术第一名、影像解剖与诊断第三名、影像设备技术第二名;毕业生就业率平均达 98.06%,在医药卫生系统及政府、行政事业单位就业率达 88%,专升本录取率 35% 以上,在全省名列前茅;毕业生参加全国护士执业资格统一考试,通过率达99.6%,学校青年志愿服务队被教育部、团中央授予优秀青年志愿者组织。学校培养的学生以"基础扎实,能吃苦,实践能力强"受到用人单位及社会第三方评价机构好评。2017年,由学校思政部牵头负责制定了建设社会主义核心价值观教育示范学校活动方案,组织开展了实践教育活动、演讲比赛、征文比赛、专题讲座、课题研究等系列活动,进一步巩固和深化了社会主义核心价值观教育示范学校成果。

专题三

高职院校思想政治理论教育创新探究

思想政治理论教育是思想政治工作的主要形式和途径。习近平总书记指出，"要抓好思想理论建设、抓好党性教育和党性修养、抓好道德建设，教育引导广大党员、干部认真学习和实践马克思列宁主义、毛泽东思想、中国特色社会主义理论体系，牢固树立正确的世界观、权力观、事业观，模范践行社会主义核心价值观，以理论上的坚定保证行动上的坚定，以思想上的清醒保证用权上的清醒，不断增强宗旨意识，始终保持共产党人的高尚品格和廉洁操守"。① 高职院校思想政治理论教育要坚持用马克思主义中国化的最新成果，特别是用习近平新时代中国特色社会主义思想武装学生头脑，要在实践中不断创新理论教育的内容和形式，提高学生学习理论的积极性，增强理论教育的吸引力、说服力和实效性，发挥思想政治理论教育的主渠道作用。

一、用马克思主义中国化的最新理论成果武装当代大学生

大学生是社会主义现代化建设的宝贵人才资源，是祖国的未来。大学生的理想信念和思想政治素质关系到党的事业发展和社会主义的前途命运。中国特色社会主义理论体系是马克思主义中国化的最新理论成果，是党的创新理论成果。理论创新是其他创新的先导。加强理论创新首先是要加强理念创新。有学者指出，"加强理念创新，重点解决理想信念教育改革的导向性问题；要树立时代性理念、以人为本理念、多方法教育理念；加快内容创新，重点解决理想信念的时效性问题；加大教育方式方法创新力度，重点解决理想信念教育吸引力、感染力问题；

---

① 习近平. 习近平谈治国理政[M]. 北京：外文出版社，2014：391.

加快机制创新,重点解决理想信念教育的长效性问题;加快规律特点研究,重点解决理想信念教育的科学化问题"。① 加强理论创新首要的是进行哲学理论的创新。推进马克思主义中国化,用马克思主义中国化的最新理论成果武装当代大学生最重要的是用马克思主义哲学中国化的最新成果武装当代大学生。

(一)中国特色社会主义理论体系是马克思主义中国化的创新成果

中国共产党在坚持马克思主义的同时,不断推进马克思主义的中国化进程。党的第一代领导集体在毛泽东等同志的领导下,把马克思主义的基本原理与中国革命的实际相结合,创立了新民主主义革命理论,进行了社会主义建设的探索,获得了大量社会主义建设的基本经验,形成了毛泽东思想的伟大理论成果,实现了马克思主义中国化的第一次飞跃。改革开放以来,党的第二代、第三代和新一代领导集体继续把马克思主义的基本原理与中国改革开放的伟大实践结合起来,继承并发展了毛泽东思想,逐步建构了中国特色社会主义理论体系,实现了马克思主义中国化的第二次飞跃。

马克思主义中国化的过程也就是马克思主义哲学中国化的过程。中国特色社会主义理论体系是马克思主义中国化的最新成果。中国特色社会主义理论体系包含着丰富的马克思主义哲学中国化的最新成果。

中国特色社会主义理论体系对"什么是社会主义、怎样建设社会主义,建设什么样的党、怎样建设党,实现什么样的发展、怎样发展,什么是新时代的中国特色社会主义、如何坚持和发展新时代中国特色社会主义"等基本问题做出了创造性的回答,深化和丰富了马克思主义哲学辩证唯物主义和历史唯物主义基本观点,对马克思主义哲学中国化做出了新的贡献。

中国特色社会主义理论体系规定了党的思想路线是解放思想、实事求是、与时俱进,一切从实际出发,理论联系实际,在实践中检验真理和发展真理。并强调要用发展着的马克思主义指导新的实践,坚持了马克思主义哲学物质与意识的辩证关系原理,进一步把马克思主义哲学认识论具体化,不断丰富党的思想路线。党的思想路线的重新确立和发展,保证了党和国家政治生活的正常化,为改革开放事业的顺利发展提供了思想保证和政治保证。

---

① 柯华.增强理想信念教育的实效性[N].光明日报,2015-04-11.

　　中国特色社会主义理论体系以新的角度揭示了社会主义的本质,指出了社会主义社会的基本矛盾、主要矛盾和根本任务,创造性地提出了科学技术是第一生产力的思想,从理论上发展了马克思主义哲学社会矛盾学说,为党的基本路线等一系列路线、方针、政策的制定提供了哲学理论基础。邓小平同志指出,"社会主义的本质是解放生产力,发展生产力,消灭剥削,消除两极分化,最终达到共同富裕"。① 从生产力和生产关系的角度把社会主义与资本主义的本质区分开来,指出了社会主义的主要任务是解放和发展生产力,不断改善人民生活。

　　中国特色社会主义理论体系提出了社会主义社会发展阶段和发展战略论,进一步丰富和发展了马克思主义社会发展阶段论。邓小平同志指出,我国还处于社会主义的初级阶段,提出了"三步走"发展战略,既立足我国国情实际,又坚持了马克思主义的社会发展学说,克服了我国过去对社会主义建设"左"的认识。

　　中国特色社会主义理论体系指出工人、农民和新的社会阶层是中国特色社会主义的依靠力量,强调发展中国特色社会主义必须坚持以人为本,始终做到发展为了人民、发展依靠人民、发展成果由人民共享。这一论断既坚持了马克思主义哲学的人民群众史观,又丰富和发展了人民群众的内涵;在肯定人民群众作为历史创造者作用的同时,又强调了人民群众还是物质财富和精神财富的享有者。

　　中国特色社会主义理论体系指出了经济社会建设包括经济建设、政治建设、文化建设、社会建设和生态文明建设"五位一体",丰富和发展了马克思主义哲学的经济社会建设思想。政治、经济和文化是人类社会的主要有机组成部分,党的十六大以来,中央领导集体提出和谐是社会主义本质的应有之意,进一步丰富了马克思主义的社会建设学说。

　　中国特色社会主义理论体系提出了"一国两制"构想和独立自主的和平外交政策,丰富和发展了马克思主义哲学的社会交往理论。过去,人们认为社会主义和资本主义是水火不相容的。以邓小平为核心的党的第二代领导集体提出"一国两制"的战略构想,并成功地解决了香港、澳门问题,推进了祖国和平统一进程;坚持独立自主的和平外交政策,求同存异,互惠共赢,为中国赢得了良好的国际发展环境,促进了世界的和平与发展。

---

　　① 邓小平. 邓小平文选. 第三卷[M]. 北京:人民出版社,1993:373.

中国特色社会主义理论体系指出,改革开放是强国之路,是中国特色社会主义发展的根本动力,深化了马克思主义哲学的社会生产力和生产关系、经济基础和上层建筑矛盾运动规律。邓小平指出,不改开放就是死路一条。

总之,中国特色社会主义理论体系蕴含着丰富的马克思主义哲学思想,是把马克思主义哲学的基本原理与中国改革开放的实际相结合,是在新的条件下对马克思主义哲学基本观点、基本理论的具体运用,对马克思主义哲学中国化做出了新的贡献。中国特色社会主义理论体系所包含的哲学思想是马克思主义哲学中国化的最新成果,是当代中国的马克思主义哲学。

(二)用马克思主义哲学中国化的最新成果武装当代大学生责任重大

《中共中央国务院关于进一步加强和改进大学生思想政治教育的意见》指出,"要坚持和巩固马克思主义在意识形态领域的指导地位,在哲学社会科学教学中充分体现马克思主义中国化的最新理论成果,用科学理论武装大学生,用优秀文化培育大学生"。习近平总书记指出:"要坚持不懈用马克思主义中国化最新成果武装头脑,凝心聚魂,坚定全党马克思主义信仰和共产主义理想,不断提高全党特别是领导干部的理论思维能力和思想政治水平。"①据笔者对本校学生进行的思想状况调查,发现一部分大学生中存在一些突出的思想问题,主要是:有的政治信仰迷茫、理想信念模糊,有的社会责任感不强、团结协作意识差,有的艰苦奋斗精神不足、心理素质脆弱,有的受到拜金主义、享乐主义、极端个人主义影响较深。大学生思想状况所反映出来的问题表明当代青年学生世界观、人生观和价值观教育的紧迫性和主要性。

1. 用马克思主义哲学中国化的最新成果武装当代大学生是进一步巩固马克思主义在意识形态领域指导地位的需要。《中共中央关于进一步繁荣发展哲学社会科学的意见》指出,马克思主义揭示了人类社会历史发展的规律,是我们认识世界、改造世界的强大理论武器。掌握必要的哲学社会科学知识,特别是马克思主义辩证唯物主义和历史唯物主义,对于人们正确认识纷繁复杂的社会现象,提高道德素养和精神境界是十分重要的。马克思主义是我们党的指导思想,也是中国特色社会主义现代化建设的行动指南。坚持和巩固马克思主义在我国意识形态

---

① 习近平. 习近平谈治国理政. 第二卷[M]. 北京:外文出版社,2017:67 – 68.

领域的指导地位关系到党的执政地位和中国特色社会主义的前途命运。要确保党的事业后继有人,保证中国特色社会主义事业顺利进行,就必须用马克思主义理论武装青年,就必须不断巩固马克思主义在我国意识形态领域中的指导地位。

人类社会进入 21 世纪,国内国际形势正在发生深刻的变化,在对外开放的过程中,西方思想和价值理念涌入中国,人类思想呈现多元化态势。作为时代骄子的大学生在各种非马克思主义思潮的影响下,他们中不同程度地存在政治信仰迷茫、理想信念模糊的问题。这就需要高校思想政治教育工作者要坚定地用马克思主义的立场、观点和方法教育大学生,引导他们自觉地以马克思主义的立场、观点和方法武装自己的头脑。

习近平总书记指出,"思想政治工作从根本说是做人的工作,必须围绕学生、关照学生、服务学生,不断提高学生思想水平、政治觉悟、道德品质、文化素养,让学生成为德才兼备、全面发展的人才。"①他强调,要从理论和实践的结合上帮助青年认清社会发展的客观规律,使他们牢固树立爱国主义、集体主义、社会主义思想,树立正确的世界观、人生观、价值观,进一步坚定对马克思主义的信仰、对建设中国特色社会主义的信念、对改革开放和现代化建设的信心、对党和政府的信任。

中央有关文件强调,马克思主义理论教育是社会主义大学和资本主义大学的根本区别,是高等学校思想政治工作的主阵地和主渠道。这就要求高校从事思想政治教育工作的同志要坚持理论联系实际的原则,用马克思主义的立场、观点、方法武装学生,并帮助他们树立科学的世界观、人生观和价值观,成为中国特色社会主义的建设者和接班人。有学者指出②,高校在进行马克思主义理论课教学时,要注意教学效果的系统性,要注重把马克思主义理论知识内化为学生的信念、观念、方法,帮助学生树立科学的世界观、人生观、价值观,掌握马克思主义立场观点方法,培养爱国主义、集体主义、社会主义思想,使他们自觉地为建设中国特色社会主义而奋斗;通过马克思主义理论课教学,使大学生在思想上逐步学会用辩证唯物主义和历史唯物主义观点观察和分析问题,用中国特色社会主义理论体系武装头脑,确立社会主义信念和爱祖国、爱人民的思想,能够抵制各种思想的侵蚀;

---

① 习近平.习近平谈治国理政,第二卷[M].北京:外文出版社,2017:377.
② 王展飞.六十年马克思主义理论教育的实践与探索[M].人民出版社,2009:185.

使他们在行动上自觉用科学的理论指导自己的实践活动,努力学习,积极工作,勇于进取,自觉执行党的路线方针政策。

2. 用马克思主义哲学中国化的最新成果武装当代大学生是进一步巩固党的执政青年基础的需要。我们党作为一个执政党有六十多年的执政经验,有广泛的执政基础。大学生是祖国的未来、中国特色社会主义事业建设的中坚力量,是党和中国特色社会主义事业的接班人。争取青年群众,尤其是大学生对党的事业的关心和支持,是新时期党的各级组织的一项重要使命。胡锦涛同志多次强调要做好青年思想政治工作,要用马克思主义引领青年思潮,要不断扩大党的执政基础,确保党的事业后继有人、薪火相传。

3. 用马克思主义哲学中国化的最新成果武装当代大学生是提高学生自身能力和素质的需要。大学生素质和能力如何关系到大学生能否担当社会重任,培养德智体美劳全面发展的大学生是高校人才培养的根本目标。大学生的成长成才素质和能力主要是由其思想政治素质和思维能力决定的。马克思主义哲学是科学世界观、方法论。学习马克思主义哲学有助于帮助大学生树立科学的世界观、人生观和价值观,有助于培养大学生辩证的思维方法。

思想理论教育不是单纯的知识教育。有学者认为,"思想政治理论课不是单纯的知识灌输,而是要让学生掌握马克思主义的立场、观点和方法。坚持问题导向,就是教师要通过对重大问题的关注而吸引学生注意,激发学生学习兴趣;注重培养学生的问题意识,不断思索当今社会发展中面临的重大理论问题和实践问题,并教给学生分析问题和解决问题的正确方法"。① 中国特色社会主义理论体系是马克思主义中国化的最新成果,其所包含的哲学思想也是马克思主义哲学中国化的最新成果。中央强调,坚持用中国特色社会主义理论体系武装青年学生,深入推进中国特色社会主义理论体系进教材、进课堂、进学生头脑。只有把学习科学理论与改造客观世界和大学生的主观世界的实际紧密结合起来,教会学生用中国特色社会主义理论体系研究新情况、解决新问题,努力做到学以致用、用以促学、学用相长,才能把学习的成效切实转化为高举中国特色社会主义伟大旗帜的坚定意志,转化为对共产主义远大理想和中国特色社会主义共同理想的坚定信

---

① 陈福生. 扎实推进高校思想政治理论课建设[N]. 光明日报 2015 - 06 - 07。

念,转化为运用科学理论分析和解决实际问题的努力。

4. 用马克思主义哲学中国化的最新成果武装当代大学生是应对复杂多变的国内国际形势的需要。20 世纪以来世界格局发生几次大的变化,在经济全球化的推动下,世界多极化趋势不可逆转。新技术革命推动世界范围内的生产方式、生活方式和经济社会发生了前所未有的深刻变化,也带来了人们思想观念的深刻变化。改革开放以来,我国人民不仅在经济建设上取得了丰硕的成果,物质生活日益殷实;而且在精神文明建设方面也取得了长足进步,精神生活日益充实。世纪之交,社会转型,中西文化思潮交融激荡,社会主义、资本主义价值观冲突激荡。尽管社会主义中国与西方资本主义国家在经济上的联系越来越密切,但是在意识形态领域的斗争没有停止。国内外各种敌对的势力和敌对分子加紧"分化""西化"渗透,他们把争夺青年大学生作为新的战略工作。2008 年拉萨"3.14"和 2009 年乌鲁木齐"7.5"打砸抢烧暴力犯罪事件,一些"80 后"、"90 后"的青年受到国内外民族分裂势力的唆使,成为两起事件的帮凶,不能不引起我们的思考。

中国特色社会主义理论体系是在对国际形势深刻变化发展新趋势进行科学分析的基础上形成的。用中国特色社会主义理论体系教育和影响青年,使他们学会在纷繁复杂的国际形势面前保持清醒的头脑,辨明是非,自觉抵制各种不良思想的诱惑,坚定中国特色社会主义的信念,坚决拥护党的领导和维护社会主义基本制度。习近平总书记指出,"坚定理想信念,必须建立在对马克思主义的深刻理解之上,建立在对历史规律的深刻把握之上。我们要教育引导广大党员、干部把学习成果转化为提升党性修养、思想境界、道德水平的精神营养,做到真学真懂真信真用。"①

5. 用马克思主义哲学中国化的最新成果武装当代大学生是继续推进马克思主义哲学中国化的需要。实践没有止境,理论发展没有止境。马克思主义是发展的理论,中国特色社会主义理论体系也是开放、发展的理论体系。马克思主义中国化不停止,马克思主义哲学中国化就不会停止。

马克思主义哲学中国化的动力是中国特色社会主义伟大实践的深入发展,是马克思主义哲学自身内在逻辑发展的需要。任何理论发展需要为劳动者所掌握

---

①　习近平. 习近平谈治国理政,第二卷[M]. 北京:外文出版社,2017:35.

和运用。青年学生是社会的主流、生力军。青年学生最富有学习积极性和进取精神。马克思主义哲学要继续发展就需要吸引大批青年人学习它、追随它。我们必须认识到青年学生是马克思主义哲学学习、传播、运用的主流。马克思主义哲学中国化的发展需要用马克思主义哲学中国化的最新成果武装一批批青年学生,培养一批批马克思主义的忠实倡导者、践行者。

(三)用社会主义核心价值体系和社会主义核心价值观引领当代大学生思潮,深化马克思主义哲学中国化最新成果育人成效

社会主义核心价值体系和社会主义核心价值观是社会主义意识形态的本质体现。用社会主义核心价值体系和社会主义核心价值观引领大学生思潮,就是要不断巩固马克思主义指导地位,坚持不懈地用马克思主义中国化最新成果武装青年,教育青年,用中国特色社会主义共同理想凝聚力量,用以爱国主义为核心的民族精神和以改革创新为核心的时代精神鼓舞青年,用社会主义荣辱观引领风尚,巩固全党全国各族人民团结奋斗的共同思想基础。

有学者认为①,社会主义核心价值观为大学生价值观教育确定了科学的价值取向、价值目标和价值标准。对大学生进行社会主义价值观教育是大学生思想政治教育的主要内容和实践途径。对大学生进行社会主义核心价值观教育,根本的是要用社会主义核心价值体系引导大学生坚定马克思主义信念,确保马克思主义指导思想一元化的要求在大学生群体中得以坚持和巩固。

首先,用社会主义核心价值体系和社会主义核心价值观引领当代大学生思潮,要进行马克思主义哲学大众化改革,使哲学读物贴近大学生。马克思主义哲学要成为青年学生热衷学习的科目,就必须走大众化道路,不能成为让人望而生畏、高深莫测的学问。进一步深化改革现有高校马克思主义哲学理论教材体系,必须考虑到教材的通俗易懂,而不是教条地照搬照套原著和领导讲话。马克思主义大众化还必须考虑形式的多样化和时代性,要充分利用多种现代传媒宣扬马克思主义哲学理论知识,通过举办各种活动营造学习马克思主义哲学的氛围。各高职院校要组建各种学习马克思主义哲学的学生组织;教师要用马克思主义哲学基

---

① 李建宇. 以社会主义核心价值观教育增强大学生思想政治工作的实效性[J]. 学校党建与思想教育,2009,8.

本原理来阐释社会热点、焦点,并指导学生运用马克思主义哲学观点、方法分析身边的社会现象。

其次,用社会主义核心价值体系和社会主义核心价值观引领当代大学生思潮,要大兴马克思主义学风,倡导大学生学哲学、用哲学。进行理论学习和教育要采用科学的方法。毛泽东同志指出,"企图用行政命令的方法,用强制的方法解决思想问题,是非问题,不断没有效力,而且是有害的。我们不能用行政命令去消灭宗教,不能强制人们不信教。不能强制人们放弃唯心主义,也不能强制人们相信马克思主义。凡是属于思想性质的问题,凡是属于人民内部的争论问题,只能用民主的方法去解决,只能用讨论的方法、批评的方法、说服教育的方法去解决,而不能用强制的、压服的方法去解决"。① 学习马克思主义哲学要按照邓小平同志提出的"要精,要管用"的要求,精选马列著作,指导学生阅读领会掌握;学习马克思主义哲学要坚持系统学习原则,不要一知半解,断章取义,要按照马克思主义哲学历史发展和逻辑发展顺序,系统地掌握其基本原理、观点、立场和方法;学习马克思主义哲学要坚持理论联系实际的原则,不仅要联系理论产生的时代背景,还要联系当前的国际国内实际、自身的实际,用马克思主义的基本立场方法分析错综复杂的社会现象;学习马克思主义哲学要坚持学以致用,自觉用马克思主义理论武器开展批评与自我批评,在改造客观世界的同时,努力改造主观世界,树立科学的世界观、人生观和价值观,坚定中国特色社会主义信心,坚定共产主义理想信念。

再次,用社会主义核心价值体系和社会主义核心价值观引领当代大学生思潮,要大力推进高校马克思主义理论课教学改革。高职院校是集中学习宣传社会主义核心价值体系的主阵地,是社会主义意识形态的主阵地。加强社会主义核心价值体系建设必须从学校抓起,培养社会主义合格建设和可靠接班人,必须从大学生抓起。高职院校思想政治理论课是加强大学生思想政治教育的主渠道、主阵地,要把社会主义核心价值体系教育融入教材建设、课程建设和教学改革中,贯彻到学校教育教学和管理的各项工作中,不断改进教学体系,改革教学方法,加强实践教学环节,加强校园文化建设,加强校风、教风、师德师风建设,切实把马克思主义哲学基本理论教学与社会主义核心价值体系教育结合起来,做到进教材、进课堂、进学生头脑,从巩固党的执政地位、加强社会主义意识形态宣传教育的政治高度切实抓好社会主义核心价值体系进校园工作。

最后,用社会主义核心价值体系和社会主义核心价值观引领当代大学生思潮,要引导学生树立马克思主义理想信念。建设社会主义核心价值体系和社会主义核心价值观关系到社会主义意识形态的坚持和巩固,关系到中国特色社会主义事业的前途和命运。加强校园核心价值体系建设,关键是引导大学生树立马克思主义理想信念。中国特色社会主义是全党全国人民的共同理想,是实现我们党最高理想的必经阶段。要用中国特色社会主义共同理想凝聚当代青年学生,用共产主义引领当代青年学生,使大学生懂得把实现个人人生价值与实现共同理想统一起来,把追求个人幸福与谋求中华民族共同福祉统一起来,坚定信心跟党走,高举旗帜不回头。

马克思主义哲学是培育大学生科学世界观、人生观和价值观的理论基础。马克思主义哲学是科学的理论,也是发展的理论,我们要用发展着的马克思主义哲学引导学生、教育学生,用马克思主义哲学中国化的最新成果武装大学生,使他们中的先进分子成长为党的事业接班人,使他们中的绝大多数成为建设中国特色社会主义现代化的中流砥柱。

二、用习近平新时代中国特色社会主义思想指导思想政治理论课教学改革

2014 年 6 月,由中宣部组织编写的《习近平总书记系列重要讲话读本》(以下简称《读本》)出版,全党、全国掀起了学习习近平总书记系列重要讲话精神的高潮。2015 年初,习近平总书记考察云南时,对云南的发展定位提出新要求。2017年,党的十九大把习近平新时代特色社会主义思想确立为党的指导思想,实现了党的指导思想又一次与时俱进。2018 年,中央宣传部编写了《习近平新时代中国特色社会主义思想三十讲》中央、教育部党组、省委、省委高校工委要求高校党组织认真组织师生搞好学习活动,把学习习近平新时代中国特色社会主义思想学习习近平总书记讲话原文紧密结合起来,同学习贯彻党的十九大精神结合起来,同开展"两学一做"、"不忘初心、牢记史命"专题教育结合起来,同开展中国特色社会主义和中国梦宣传教育结合起来,引导广大党员、干部、师生不断深化对习近平新时代中国特色社会思想的领会和把握,真正把思想和行动统一到党的十九大精神上来,统一到中央一系列决策部署上来,推进习近平新时代中国特色社会主义思想"进教材、进课堂、学生头脑"工作,增强思想政治理论课教学的针对性和实效性。

"培养什么人,怎样培养人"是高校人才培养的根本问题和永恒主题。在高等教育中,尤其是在高校思想政治理论课教学工作中,为了提高大学生的思想政治素质,增强政治敏锐性和社会责任感,必须坚持用发展着的马克思主义理论指导思想政治理论课教学改革,用党的先进理论武器武装学生头脑,坚定学生跟党走、坚持走中国特色社会主义道路的信心和信念。习近平总书记指出,"只有学懂了马克思列宁主义、毛泽东思想、邓小平理论、'三个代表'重要思想、科学发展观,特别是领会贯穿其中的马克思主义立场、观点、方法,才能心明眼亮,才能深刻认识和准确把握共产党执政规律、社会主义建设规律、人类社会发展规律,才能始终坚定理想信念,才能带领人民走对路,才能把中国特色社会主义不断推向前进"。①

(一)用习近平新时代中国特色社会主义思想引领思想政治理论课教学理念创新

习近平新时代中国特色社会主义思想,是对改革开放 40 年实践经验的总结,是对新形势下全面深化改革、夺取中国特色社会主义伟大胜利、实现中国梦的总体设计和全面动员;习近平总书记考察云南时的重要讲话精神是对云南改革开放工作的充分肯定和对云南跨越发展的殷切期盼。

高校思想政治理论课教师要深入学习、全面领会、准确把握讲话精神的丰富内涵、精神实质、基本要求,特别是要重点学习和把握习总书记关于中国特色社会主义、宣传思想政治工作、青年学生核心价值观培育、云南发展战略等方面的论述,将讲话内容融入思想政治理论课教材体系和教学系中,及时更新、充实思想政治理论课教学内容;认真研读《读本》,吸取讲话精神实质,用讲话精神指导思想政治理论课教学改革,增强思想政治理论课教学的实效性。

---

① 习近平.习近平谈治国理政[M].北京:外文出版社,2014:404 – 405.

(二)用习近平新时代中国特色社会主义思想指导思想政治理论课教学内容更新

思想政治理论课是马克思主义、党的基本理论的宣讲阵地,是对大学生进行思想政治教育的主渠道。思想政治理论课教学内容要及时跟进党的理论创新。高职院校思想政治理论课教学要将习近平新时代中国特色社会主义思想的基本理论、基本观点、基本知识转化为教材、教学内容,使学生及时把握习近平新时代中国特色社会主义思想的精髓。

学习习近平新时代中国特色社会主义思想,尤其要把以下重要内容纳入思想政治理论课教学体系,作为思想政治理论课教学的新话题、新思想。

一是讲好习近平新时代中国特色社会主义思想的形成、发展,基本内涵,精神实质。进一步坚定大学生对中国特色社会主义的道路自信、理论自信、制度自信、文化自信。党的十九大提出要高举中国特色社会主义伟大旗帜,坚持走中国特色社会主义道路,坚持中国特色社会主义基本制度,坚持用习近平新时代中国特色社会主义思想指导社会主义现代化建设。习近平总书记强调,中国特色社会主义道路、中国特色社会主义基本制度、中国特色社会主义理论体系是我们党领导中国人民进行革命和建设成功经验的总结,实现中华民族复兴的中国梦,必须坚持基本道路、基本理论体系、基本制度。思想政治理论课教师要把习近平新时代中国特色社会主义思想融入有关教学章节,充实教学内容。

二是讲好改革创新,进一步激发学生积极参与中国特色社会主义现代化建设的激情和勇气。党的十八届三中全会做出了全面深化改革的重大决定。十八届三中全会后,习近平总书记主持中央综合改革领导小组深入调研,认真研究制约党和国家发展的重大问题,加速改革的步伐。无论是在经济领域,还是在政治体制等方面,一系列改革的政策和措施相继出台。经济领域的改革措施已经显现了初步成效,我国经济发展企稳回升态势十分明显,中国经济对亚太经济和全球经济的引擎作用受到参加北京 APEC 会议政要点赞。思想政治理论课教学要向学生讲述深化改革的背景、目标和任务,增强学生对改革的认同,激发学生参与改革的热情和激情。

三是要讲好党要管党、从严治党新要求,进一步增强学生对党的信任、信心。在中央党的群众路线教育实践总结大会上,习近平总书记从八个方面强调了党要管党、从严治党的重要性、紧迫和新任务。中国共产党不仅是中国革命的领导核心，还是中国特色社会主义事业的领导核心。党的十八大提出的"两个一百年"奋斗目标，能否如期实现，关键在党。党要继续发挥好总揽全局、协调各方的核心领导作用，必须加强自身建设。习近平总书记关于党要管党、从严治党的重要论述为新时期加强和改进党的建设提供了新思路、新举措。思想政治理论课教学要把习近平总书记关于加强和改进党的建设的新要求融入教学体系，增强学生对加强和改进党的建设的重要性、紧迫性的认识，进一步坚定"没有共产党就没有新中国、没有共产党就没有中国特色社会主义"信念，把思想认识统一到党的部署上，把行动统一到党的决策上，咬定青山不放松，一颗红心跟党走。

四是要用讲好对云南发展的新定位、新目标、新途径，进一步激发云南高校大学生参与云南跨越发展的热情。习近平总书记考察云南时提出，云南要在融入"一带一路"倡议，实现跨越发展等方面下功夫，要把云南建设成为面向东南亚、南亚开放的大通道，要把云南建设成为生态大省、民族团结示范区。这为云南发展确定了新的定位和目标。高校思想政治理论课教师要把习近平考察云南时的重要讲话精神融入教学中，激发学生参与云南建设，为实现云南跨越发展做出贡献。

（三）用习近平新时代中国特色社会主义思想引领思想政治理论课教学改革

学习好、宣传好、运用好习近平新时代中国特色社会主义思想，是当前及今后一段时期思想政治理论课教师的一项重要任务。用习近平新时代中国特色社会主义思想指引思想政治理论课教学，前提是学习好、领悟好习近平新时代中国特色社会主义思想，关键是把讲话内容融入思想政治理论课教材体系和教学体系，根本途径是深化教学方式、教学模式改革。用习近平新时代中国特色社会主义思想指引思想政治理论课教学改革，要做到理论教学与实践教学统一，课堂教学与课外活动统一，教学方法改革与考核方式改革统一，教学工作与学术研究统一，只有做到"四个统一"，才能够有效推进思想政治理论课教学改革。

思想政治理论课教学改革要按照习近平总书记提出的增强理论说服力、亲和力、影响力要求，注重特色。只有富于特色，才能保持创新活力，才能贴近学生实际，才能取得教学成效。思想政治理论课教师要认真学习领会习近平总书记在与北京师范大学师生代表座谈会上发表的重要讲话，加强对新知识、新理论的学习，把一桶水变为一潭水，克服思想政治理论课教学内容贫乏的困境；要改进思想政治理论课教学话语表达方式,贴近学生思想实际,用学生喜闻乐见的方式讲述党的创新理论;要组织学生开展丰富多彩的社会实践活动,增强学生对社会主义建设体验感。

思想政治理论课教学方式改革要与评价方式改革同步。要将习近平新时代中国特色社会主义思想纳入考核范围,结合学生专业,构建多元化的考核评价机制。思想政治理论课教学考核评价要把形成性评价(平时成绩)与终结性评价(期末卷面成绩)结合起来,突出考查考核学生对基本理论的学习领会掌握和运用情况;要适当增加平时考核量,制订形成性评价的量化标准,将学生上课出勤率、课堂纪律、课堂测验、讨论发言、外出参观考察以及平时作业等方面的情况列入考核范围;要根据学生对基本理论学习掌握程度,用小论文形式等形式考核学生理论联系实际的能力;还可以结合课堂实践教学专题与社会实践考察实际。

总之,用习近平新时代中国特色社会主义思想引领高校思想政治理论课教学改革体系,是高校思想政治理论课遵循规律性、体现时代性、富于时代性的必然要求。当前,高校思想政治理论课教师要把这项工作作为教学改革的中心任务,要以习近平新时代中国特色社会主义思想为引领,不断加强思想政治理论课教学改革创新,切实把中央、教育部党组提出的贯彻习近平新时代中国特色社会主义思想"进课堂、进教材、进学生头脑"要求落到实处。

三、创新高职院校思想政治理论课教学方法

提高思想政治理论课教学方法,增强思想政治理论课教学的实效性,思想政治理论课教师不仅要使教学内容与时俱进,更重要的是要在创新教学方法上下功夫。虽然,任何一种行之有效的教学方法,都存在某些优点和缺点,都有一定的适用范围,有一定的局限性,也没有一种万能的教学方法,或"最佳的教学方法"来教任何课程,但是,思想政治理论课教学实践证明,创新教学方法是提高思想政治理论课教育教学效果的关键。

(一)想政治理论课教学方法创新的先导:更新教学理念

教学方法的创新源于教学理念的更新。教师是教学活动的主导。教师教学活动受到教育政策等外部条件的制约和学生学习效果的影响。国家鼓励教师在遵循国家教育大政方针和教学基本规律的前提下,大胆进行教学改革,提高教学

质量。

教师是推进教学改革的主体。教学方法改革是教学改革的关键环节。思想政治理论课的教学内容是基本一致的。提高思想政治理论课教学质量,增强思想政治理论课教学活动的吸引力和影响力,主要取决于教师采取什么样的教学方法开展教学活动。改进教学方法,教师要转变传统的教学观念,重新审视教学活动的实质、目的和功能。

转变传统的教学观念包括:转变"我教你学"的被动式教学观念,转变传统教学的重知识轻能力、重教轻学、重课内轻课外等观念,转变传统教学中方法单一的弊端。改革教学方法,教师必须树立新的教学观念。

首先,要树立相信学生能自我学习的观念。学生是教学活动的客体,更是主体。教师教学要在"传道授业解惑"的职责上,增加教会学生学习的任务。不仅要"授之以鱼",更要"授之以渔"。现代社会是学习型社会,学会学习是人生存和发展的基本能力。教师只有相信学生能自我学习,而不是"包办"教学活动全过程,才能激发学生学习的积极性和主动性。相信学生能自我学习,不是要放弃教师的指导作用和主导地位。教法和学法存在内在的一致性。教即学,教与学是统一的。教师在教学活动中不仅要向学生讲解教学内容、教授为人处世的道理和技能,还要传授自己学习的体验和方法,培养学生的自学意识和自学能力,帮助学生学会学习。

其次,要树立知行并重的观念。信息社会知识的更新速度十分惊人。个体对知识的学习和掌握是不可穷尽的。知识经济和学习社会对个人的学习强调是选择性学习和以用为目的的学习。传统教学中重知识学习、轻能力培养,重课内学习、轻课外学习的观念和做法必须得到纠正。教师要以知识学习为载体,注重学生学习能力、适应社会发展能力等方面的培养,注重学生学习品质和人格魅力的塑造。思想政治理论课的教学活动中要做到基本概念、基本原理讲清,更多的是要补充背景知识、时事资料,帮助学生分析一些国内外的重大时事问题和党和国家的基本方针政策,培养学生发现问题、分析问题和解决问题的能力,帮助学生树立科学的世界观、人生观和价值观,塑造学生高尚的品格,养成遵纪守法、遵守道德规范的良好行为习惯。

再次,要树立大教学观念。教师教学要根据教学内容和教学对象选择适当教学方法。任何一次课堂教学或课外实践教学活动,需要应用的教学方法不是单一的,而是复合多样的。教学方法的运用要因人而异、因课制宜。教师要在教学活动中综合运用各种教学方法,充分发挥不同教学方法的作用,尽可能调动学生学习的积极性,提高教学的实效性。思想政治理论课的教学活动不能仅仅是教师一味地说大道理,而应是师生在探讨中,接收理论和践行理论。

最后,要树立教学一体的观念。教学活动中教师是先学后教、边教边学、边学边教,教师既是教者也是学者。教师的教和学生的学是不可分开的。教师不仅要研究教的问题,也要研究学的问题。教师要研究学生的学习接收能力、学习方法等问题。教学活动是教师与学生共同进行的互动活动。教师的教与学生的学不能发生脱节。

(二)思想政治理论课教学方法创新的途径:教学方式和手段的创新

教学方法的创新具体表现为教学方式和手段的创新。教学方式包括教师使用什么样的具体教学方法、采用什么样的教学依据,来实施教学活动,达到预期的教学目的。教学方式和手段的创新受到社会生产力发展水平的制约,先进的生产工具推动生产力的发展,促使新的方法和工艺的出现。现代教学工具的出现就是信息技术革命带来的结果。使用新的技术手段改进教学,就是一种教学方法的创新。而电化教学、多媒体教学就是教学手段的创新。

教学方式的创新不仅包括教学手段的创新,还包括教学途径的创新。教学途径是通过什么渠道和方式进行教学。从口传手授到学堂、班级集中授课,到理论教学与实践教学的协调配合,都体现了教学渠道的不断创新和发展。

思想政治理论课教学方式创新,对教学手段创新尤为明显。思想政治理论课需要及时将国内外发生的时事融入教学,需要使用图文并茂的方式增强思想政治理论课教学的吸引力,需要把理论教学与实践教学结合起来,发挥理论联系实际的教学作用。

教学有法,教无定法,贵在得法。教学方法不是使用得越多越好。改进教学方法其目的是为了提高教学质量。为了提高思想政治理论课教学质量,确实发挥思想政治理论课教学作为大学生思想政治教育的主渠道、主阵地作用。党中央和教育部从课程设置、教学大纲审核、教材编写等方面高度重视、加大改革力度,增强了理论体系的科学性、时代新、可读性。中央和地方对高校思想政治理论课教学进行课程培训、理论业务水平提高培训,加强思想政治理论课师资队伍建设。思想政治理论课教学水平的提高,关键在于教师教学能力的提高。同样的思想政治理论课教学,不同的教师产生的教学效果出现差异,就是因为教师教学水平的差异。教师教学能力的差异与教师的教学基本功有关系。能否掌握基本的教学方法并合理地运用各种教学方法提高教学质量是教师的一项基本能力。

运用恰当的教学方法,要对各种教学方法的基本原理有正确的理解和认识。熟悉各种教学方法,对于提高教学质量具有积极意义。思想政治理论课传统的教学方法达到十几种,对每一种教学方法要熟悉它的基本原理、适用环境。只有熟悉每种教学方法才能进行教学方法的创新。

恰当使用教学方法,要根据教学目的、教学对象、教学内容等灵活选择。高职院校与本科、研究生阶段教学最大的区别就是强调职业教育和实践教学,强调学做统一。思想政治理论课教学与专业课教学都要注重实践教学。思想政治理论课教学如果只是进行纯理论教学,不仅会削弱思想政治理论课教学的吸引力和说服力,还会使思想政治理论课教学与职业教育和专业课教学严重脱节。思想政治理论课教学也要研究如何体现职业性和实践性。

教学方法的恰当运用,应体现以教师为主导,学生为主体,因材施教,因人施教。高职院校思想政治理论课教师使用教学方法,应考虑到学生的年龄特征、知识层次和职业教育的特点,根据教学内容,综合运用启发式、案例式、讨论式、行为导向式等多种教学方法,激发学生的创新意识,培养学生自主学习、独立思考和勇于实践的能力。《中共中央宣传部　教育部关于进一步加强和改进高等学校思想政治理论课的意见》(教社政〔2005〕5号)指出,"教学方式和方法要努力贴近学生实际,符合教育教学规律和学生学习特点,提倡启发式、参与式、研究式教学"。

教学方法的恰当运用要有利于学生参与教学过程。教师运用教学方法要本着有利于教和学的基本原则,要能促进教师教学能力和教学水平的提高,更要促进学生自学能力的形成和学习自觉性的养成。思想政治理论课教师在教学中,要研究学生的学习心理、学习行为和学习习惯,要有意识培养学生独立思考和自觉学习能力,把提高教学质量的着眼点放到学生的学习效果上。

教学方法的创新要求教师尽可能运用多种教学方法进行教学。思想政治理论课教师在课堂教学中,要"克服我说你听,我写你记"的满堂灌的单一教学方式,创建多维互动的课堂教学组织形式,做到"四个为主",即:以学生为主,以活动为主,以实践为主,以发现为主。即让学生积极参加各种学习活动,在活动中学习知识、掌握技能、增长才干,提高观察问题、分析问题、解决问题的能力,让学生在知识的探索过程中得出结论、发现规律。

思想政治理论课教学能不能对学生产生吸引力、影响力,能不能发挥作为大学生思想政治教育的主渠道、主阵地作用,能不能把思想政治理论课建设成为学生真心喜爱、终身受益的课程,创新教学方法,改进教学方式是一个重要环节。思想政治理论课教师要以创新教学方式方法为突破口,积极探索行之有效的教育方法和教学模式,从搞好课堂教学开始,充分发挥学生学习的主体作用,激发学生学习的积极性和主动性,要围绕党和国家工作大局和时代要求,直面重大理论和实践问题,不回避热点难点问题,坚持摆事实、讲道理,以理服人,以情感人,恰当运用案例式、讨论式、参与式、互动式、研究式、情景式、体验式等教学方法,不断提高教学质量。

(三)创新教学方法,提高理论教学的说服力和感染力

理论教育要说服人、感染人,首先要求理论必须正确。中国特色社会主义理论体系是在改革开放、建设中国特色社会主义的伟大实践中形成和发展起来的,并经过实践检验的关于中国特色社会社会主义建设、党的建设和社会发展的科学理论,是几代中央领导集体对马列主义、毛泽东思想继承和发展的成果,是中国共产党人集体智慧的结晶。

1. 提高学生的学习积极性,激发学生学习兴趣,要靠思想政治理论课老师在教学上下功夫

教师只有不断进行教学模式、教学方式和教学方法的改革和创新,把抽象的理论用通俗易懂的方式清晰、准确、完整进行课堂教学,才能使学生在自觉自愿的学习过程中,产生对中国特色社会主义理论体系的亲近感,才能提高中国特色社会主义理论体系对学生的吸引力、说服力和感染力。

传统的思想政治理论课教学是以讲授为主,强调灌输的重要性,教师在教学中"主宰"课堂教学活动的始终,学生的学习积极性没有调动起来,学生靠死记硬背获得思想政治理论知识,难免出现学生学习政治理论"学完—考过—忘光"的现象。教学模式的单一和教学方法的死板,束缚了学生学习方式,抑制了学生学习

政治理论的自觉性和主动性。

学生不积极主动地学习理论知识,对理论知识的理解和掌握就必然受到影响,因为不了解就产生距离,因为不理解就不能领会,就不能内化为自己的思想意识。

在思想政治理论课教学中,教师要着重从"是什么"和"为什么"讲解理论知识,让每个学生掌握中国特色社会主义理论体系的基本观点、基本立场、基本方法;引导学生深入思考理论体系每一组成部分的形成过程、理论意义和实践意义。通过引用史料、列举实例,增强了理论观点的说服力。多数学生认为,通过老师的精彩讲授,对中国特色社会主义理论体系"逐渐认识,并产生认同感",认为"中国特色社会主义理论体系确实是对马列主义、毛泽东思想的继承和发展","坚持中国特色社会主义理论体系就是坚持马列主义和毛泽东思想"。

2. 用改革开放取得伟大成就佐证思想政治理论课观点,增强理论教学的说服力

理论联系实际是最基本、最有效的理论教学方法。如何做到理论联系实际?胡耀邦同志认为,"(一)要能把上级的政策、方针同自己的具体实际情况结合起来。(二)一切事情,实事求是。(三)要经常精细地调查研究,用心思考。(四)要把参加实际工作与努力学习统一起来"。①

中国特色社会主义理论体系是在改革开放的伟大实践中形成的关于中国特色社会主义建设和党的建设等伟大实践经验的总结,是被实践证明了的当代中国的马克思主义。在思想政治理论课教学中,教师列举在改革开放的实践中,我国各族人民在党中央和国务院的领导下取得一个又一个伟大胜利的实例,来论证教材中的相关理论知识。为了进一步提高实例的说服力,教师充分发挥多媒体教学的作用,运用大量的图片,特别是本地区学生比较熟悉的社会变迁图片资料,使学生通过看图片和观看影像资料,心悦诚服地认为"改革开放40年是我国社会经济、政治、文化发展最快的40年,是老百姓得到实惠最多的40年,是中国国际地位极大提高的40年",不仅使学生加深了对理论知识的理解,还增强了学生对走中国特色社会主义道路的信心。

---

① 胡耀邦. 胡耀邦文选[M]. 北京:人民出版社,2015:2.

中国特色社会主义理论体系形成于改革开放的伟大实践,并将继续在建设中国特色社会主义现代化建设的实践中不断丰富和完善。中国特色社会主义理论体系是马克思主义的基本原理与中国改革开放的伟大实践联系得最紧密的科学理论,通过开展社会实践活动,让学生直接与理论形成的基础接触,更有助于增强学生对教材理论知识的理解,增强学生对中国特色社会主义道路、理想的坚定性。

3. 组织学生开展丰富多彩的实践教学活动,增强理论学习体验感、真实性

高职高专教学注重实践活动,实践性明显。教学实践活动可分为课堂教学实践活动和课外教学社会实践活动。实践证明,教学实践活动是重要的教学环节,不仅能够提高学生的学习政治理论的积极性,还能增强理论教学的说服力和感染力。

课堂实践活动主要是开展与教学内容相关的学生讲课比赛、制作课件比赛、课堂演讲比赛、课堂辩论赛等活动。课堂教学实践活动,让学生就教学内容以活动的方式进行体验式学习,在教学实践活动中,理解和运用理论知识,在体验中接受理论观点,对于提高学生的学习积极性,提高理论教学的说服力和感染力具有重要的作用。

思想政治理论课教师要充分利用大学生"三下乡"等实践机会,亲自带队组织学生深入农村开展文化、科技和卫生下乡服务活动,还要结合思想政治理论课教学内容,与学生一起设计调查课题,制作调查问卷,开展社会调查活动,对学生提交的调查报告进行认真评审,在学校党委宣传部等部门的支持下,举办学生社会实践活动报告会和社会实践活动调查报告评奖活动,进一步激发学生学习政治理论、运用政治理论的兴趣,锻炼学生接触社会、了解社会、关注社会热点问题、学会深入分析社会问题等方面的能力,增强学生毕业后适应社会的心理素质和能力。

4. 开展研究性学习,提高学生学习研究思想政治理论的兴趣和能力

靠强迫要求当代大学生完全接受教材中的理论知识和思想观点是有一定难度的。信息时代,学生可以多渠道获取信息,出现学生对教材内容、观点提出质疑是很正常的。面对学生的质疑,思想政治理论课教师要加强引导,通过开展研究性学习活动来引导学生正确认识中国特色社会主义理论体系的科学性,来提高这一理论的说服力和感染力。需要教师引导和鼓励学生去进行理论学习探究。

实践证明,研究性学习方式不仅可以调动学生的学习积极性,培养学生的学

习能力和科研能力,而且还能增强理论教学的说服力。教师指导学生就教材内容进行专题探究和课题研究,使学生在研究过程中,通过查阅文献资料,获得更多的知识背景,通过设计研究方案,在教师的指导下,开展讨论和调查,搜集大量的证据去证明理论观点,不仅可以自行去证明理论观点的正确性,还能去说服其他人认同并接受理论观点。

在思想政治理论课教学中,教师指导学生成立研究小组,由教师和学生根据教材和学生关注的社会热点问题,设立小型课题。在老师的指导下,由学生完成搜集材料、分析材料、设计课题研究方法和步骤,撰写研究报告和论文,最后进行研究报告的交流。教学实践表明,大多数学生掌握了一些获取信息和资源的方法,对教材知识的学习范围扩大了,难度增加了,理解能力提高了,对中国特色社会主义理论体系的基本观点有了更深的理解,对中国特色社会主义事业前途更加充满信心。

5. 指导学生运用理论知识来解决实际问题,提高中国特色社会主义理论体系的说服力和感染力

学习理论的目的就是为了理解理论、掌握理论,在思想上受到教育和提高,在实践上学会运用理论来解决实际问题。只有在运用理论的过程中,才能感受到对理论的指导作用,才能增强对理论的信服度。胡耀邦同志指出,"思想政治工作最根本的目的和任务,用一句话说,就是提高人们对世界的认识和改造能力。更详细一点说,就是用革命思想和革命精神,也就是用共产主义思想,用马克思主义的基本理论,用马克思主义的普遍原理同中国革命和建设的具体实践相结合的毛泽东思想,教育党员和干部,教育广大群众,教育整个工人阶级以至全体人民,启发和提高人们的革命自觉性,使人民确立正确的立场、观点,掌握正确的思想方法和工作方法,并通过反复的实践提高人们认识和改造世界的能力"。[1] 在思想政治理论课教学中,教师在组织学生自学理论、进行理论讲解的基础上,指导学生运用理论来分析社会热点问题,来解决身边的一些实际问题。就业是学生最关心的问题。面对就业,有的学生信心十足,看上去"无后顾之忧"。多数学生表现忧心忡忡。针对这一现状,笔者指导学生运用教材关于和谐社会建设等方面的理论知

---

① 胡耀邦. 胡耀邦文选[M]. 北京:人民出版社,2015:399.

识，分析"大学生就业难的症结何在""大学生就业问题的共性和个性""高职高专学生就业的优势和劣势""高职高专学生应如何增强就业的竞争力"等方面的实际问题，学生通过阅读教材、查阅课外资料，整理出问题的答案，学习的自信心和对未来就业的自信心不断增强，并初步学会了如何运用所学的理论知识来解决实际问题的一些方法，感受到中国特色社会主义理论体系的实践价值。

6. 组织学生参加校园文化活动，提高中国特色社会主义理论体系的说服力和感染力

政治理论学习需要一定的社会环境和氛围。校园文化活动是思想政治理论课教学的外部环境。思想政治理论课教师要关注并参与校园文化建设，做先进校园文化的倡导者、推动者和实践者。校园文化的核心和灵魂是学校核心价值体系。在当代中国，学校核心价值体系的建设必须以中国特色社会主义理论体系为指导思想。加强校园文化建设，有助于增强学生对社会主义核心价值体系，对中国特色社会主义理论体系的深入理解。校园文化建设所取得的成果，不仅可以陶冶学生的精神文化生活，还能增强学生对社会主义先进文化的认可。

在校园文化建设中，学校要加大校园文化基础设施建设的投入。思想政治理论课教师要独立或与学校有关部门组织学生开展丰富多彩的校园文化活动，以活动为载体，开辟思想政治理论课教学的新渠道。思想政治理论课教师与学校团委等部门密切配合，指导成立思想政治理论学习类学生社团，如"思想政治理论学习研究协会""大学生辩论协会""演讲协会"等，以学生社团为依托，开展了"学习实践科学发展观活动大家谈""学习十九大精神论坛""大专辩论赛""假期社会实践调查""纪念改革开放40周年征文比赛""青年就业创业专题讲座""世界金融危机与高校大学生就业专题报告"等一些校园文化活动，不仅丰富了学生的校园文化生活，还提升了校园文化的品位，增强了中国特色社会主义理论体系对学生的吸引力、说服力和感染力。

四、创新高职院校思想政治理论课实践教学

实践教学是思想政治理论课教学的重要环节。职业院校思想政治理论课实践教学活动要加强与理论教学、专业教育的对接，改进实践教学方式，建立管理思想政治理论课实践教学校内校外基地，不断增强思想政治理论课实践教学的实

效性。

(一)坚持思想政治理论课实践教学设计原则

职业院校思想政治理论课实践教学要突出思想性、职业性,结合理论教学大纲和学生专业要求进行设计。我们认为,在实践教学设计中应遵循以下基本原则:

一是坚持思想教育与实践能力教育相统一。思想政治理论课是对学生进行思想政治教育的主要途径,思想政治理论课实践教学要把实践活动作为对学生进行思想政治教育有效载体。思想政治理论课实践教学活动要在实践活动中充分考虑增强思想教育实效性的同时,也要兼顾实践对学生能力锻炼提高的作用,把思想教育与实践能力培养统一起来。有学者认为,"新形势下做好高职院校学生思想政治工作,要准确把握高职学生的心理敏感性、教学实践性、需求务实性等特点,在理想信念教育、社会主义核心价值观教育、劳动和创造教育等方面更加注重理论教育和实践活动相结合,在落实立德树人、健全课程体系、解决学生实际问题等方面更加注重普遍要求和分类指导相结合,从而全面提高高职院校思想政治工作科学化精细化水平"。①

二是坚持书本知识教育实践体验相统一。思想政治理论课课堂教学主要是对学生进行思想政治理论知识的学习。开展思想政治理论课实践教学活动,一方面是帮助学生进一步巩固课堂理论知识和验证部分理论知识,另一方面是使学生在实践活动中学习、获得书本上没有的社会知识,获得新的经验。

三是坚持全面覆盖和代表性直接参与相统一。思想政治理论课实践教学活动由于种种原因,难于达到覆盖全体学生,让所有学生都要参加实践活动的机会。一些院校思想政治理论课实践教学活动,主要是组织学生代表参加,这样的实践活动对于大多数学生没有影响力。进行思想政治理论课实践教学活动设计,要充分尊重和调动学生的主体性和主动性,力求校内的实践教学活动人人有参与机会,校外出远门的实践活动组织部分学生直接参加,通过参加的同学回到学生中进行宣讲、报告达到教育覆盖全体学生的目的。

四是坚持传统教育与形势教育相结合。思想政治理论课实践教学活动要对

---

① 董振华. 把握高职学生思想政治工作的两大特点[J]. 思想理论教育导刊,2017,6.

学生进行爱国主义、革命英雄主义、社会道德、法律等方面的传统教育,也要对学生进行学习和践行党和国家的重要会议精神、重要形势任务的学习教育。

五是坚持校内实践与校外实践相统一。思想政治理论课实践教学活动,校内可以与学生群团组织开展的主题活动结合起来,组织学生开展演讲赛、辩论赛、征文活动、情景剧表演等;也可以组织学生到校外开展参观爱国主义教育基地、社区调查、走访慰问困难群众、青年志愿者服务、"三下乡"等社会实践活动。

六是坚持教师带领与学生自主组织参加相结合。思想政治理论课实践教学活动必须有思想政治理论课教师参与。思想政治理论课教师负责设计、指导、评价学生实践活动,在需要外出开展实践活动时,思想政治理论课教师要亲自带队参加,确保活动的安全性。但是,在校内开展实践活动或者利用假期发动大部分学生开展实践教学活动,思想政治理论课教师主要进行活动的指导,要培养学生的自我组织能力,让学生分组或独立开展一些有安全保障的实践活动。

(二)建立管好思想政治理论课实践教学基地

思想政治理论课实践教学基地是思想政治理论课实践教学主阵地。按照中央、省教育厅规定,高职院校应当建有固定的思想政治理论课实践教学基地。曲靖医学高等专科学校自 2010 年以来,先后建立 5 个实践教学基地。其中,曲靖经济技术开发区三元宫和沾益玉林公园属于云南省爱国主义教育基地,是我校对学生开展长征精神、革命传统精神、爱国主义教育的实践教学基地。这两个实践教学基地都是免费对观众开放的,可以容纳 500 左右的学生同时参观。我校还建立西山敬老院和曲靖市禁毒教育基地两个思想政治理论课实践教学基地。位于曲靖市经济技术开发区西山村的敬老院是经开区最早建立的福利院,里面常年居住着 10 余名孤寡老人。学校思政部和团委每年组织三四批学生到该院开展献爱心志愿者服务活动,对学生进行思想道德、社会责任感等方面的教育,已经成为很多学生课余最喜欢去做义工的地方。曲靖市禁毒教育基地由曲靖市禁毒委和曲靖市公安局共同建立,是我市对民众进行及禁毒防艾教育的重要基地。该基地高标准设计,融图像、文字、影像、实物为一体,是对学生进行禁毒防艾法治教育的理想场所。

为了加强学生对新型工业和新农村建设情况的了解,我校还建立了云南驰宏公司曲靖生产基地实践教学基地和麒麟区珠街乡墩子村新农村实践教育基地。

今后,我校还将建立体现曲靖地方爨文化特色的曲靖爨文化馆和将军镇两个仿古建筑群实践教学基地。

高职院校思想政治理论课实践教学基地建设不仅可以建设校外的,还可以建设校内的思想政治理论课实践教学基地。2010 年,我校初步建成了大医精诚、朴实方正的校园文化,成为对学生进行医德教育的校内实践教学基地。我校正在筹划建设校史馆,建成后将成为学校对学生进行爱校、爱医教育的实践教育基地。我校还与云南能源职业技术学院联系,将该校校内地下煤矿模拟矿井作为对学生进行生命教育、安全教育的思想政治理论课实践教学基地。

实践教学基地的管理是其功能发挥的重要保障。我校校内思想政治理论课实践教学基地由专门部门负责,思想政治理论课教师在内容设计、更新等方面积极参与;校外实践基地采取与企业和社会事业管理部门签署实践基地协议,由学校在资金、图书资料、讲解人员有偿服务等方面给予一定支持。学校还加强与地方党委、政府的沟通,将爱国主义教育基地建设管理中遇到的困难及时反映。

(三)改进思想政治理论课实践教学方式

传统的思想政治理论课实践教学方式,主要有参观、社会调查、志愿服务等方式。我校在开展思想政治理论课实践教学活动中,做到每次活动前有方案,活动中有图文记录,活动后有学生体验感受、心得体会、调查报告、活动总结等。

为了提高学生假期社会实践教育的质量,我们按年级安排学生在家乡开展社会调查活动。调查内容根据学生专业、当前形势教育等确定主题,由学生自行进行调查活动。开学后以调查报告等方式将调查活动情况作为"概论"、"基础"等课程作业交由思想政治理论课教师进行批阅,成绩作为学生该课程的平时作业成绩,并由学校宣传统战部、团委、思政部的老师对优秀作品进行评审,汇编成册,给予作者精神奖励。如在深入开展科学发展观实践教育活动中,我们将学生假期实践活动由社会调查调整为阅读文献,要求学生在阅读有关文献的基础上,撰写学习心得。开学后,与校团委联合举办读书心得征文比赛,调动学生关注党和国家大事、要事的热情。

(四)建立健全思想政治理论课实践教学考核评价方式

我校将思想政治理论课实践教学评价纳入思想政治理论课教学评价体系中,与理论教学评价同步进行。思想政治理论课实践教学的评价包括对教师组织开展思想政治理论课实践教学情况的评价和对学生参加思想政治理论课实践教学效果的评价。经过探索和实践,我们将组织学生开展思想政治理论课实践教学列为教师基本工作考核,要求教师必须每门课每学期要开展一到二次实践教学活动,要求教师尽可能组织更多学生参加实践教学活动,努力使思想政治理论课实践教学活动覆盖全体学生。思想政治理论课教师把学生参加思想政治理论课实践教学活动情况,完成的课业作为学生思想政治理论课的平时成绩。

（五）突出职业院校思想政治理论课实践教学的特色

高职院校思想政治理论课实践教学必须结合院校实际,突出职业性、专业性。高职院校思想政治理论课实践教学活动中,在体现思想性、政治性的同时,还必须切合职业院校的特点,紧密结合学生的专业、学业进行。我们在设计思想政治理论课实践教学活动方案时,针对不同的专业、课程和学生在实践教学内容上作了区分。对于新生第一个学期的思想政治理论课实践教学活动,我们与系部合作,组织学生到基层医疗机构进行走访调研、参观见习,加强学生的专业思想教育;对于高年级的学生,我们加强学生主动融入社会,提高社会适应能力的实践活动,如组织学生进行就业形势的调查分析,开展求职模拟比赛等。我们还注重加强校企校院合作,请企业、医院领导和专家到校教学;组织部分学生到医院、药企实地参观,加强学校教学与社会实践基地的对接联系。

五、建立完善高职院校思想政治理论课教学质量评价机制

为认真贯彻落实全国及全省高校思想政治工作会议精神,切实提高高职院校思想政治理论课教学质量和水平,增强大学生对思想政治理论课的亲和力和获得感。高职院校应根据教育部 2017 年高校思想政治理论课教学质量年专项工作总体方案和实施方案,建立思想政治理论课教学质量评价机制。

（一）高度重视思想政治理论科学教学质量评价机制

1. 加强学习,准确理解把握全国和全省高校思想政治工作会议精神,高度重视思想政治理论教学质量年专项工作。2016 年全国高校思想政治工作会议召开以来,曲靖医学高等专科学校党委先后召开了二次专题会议,学习贯彻习近平总书记在全国高校思想政治工作会议上的讲话精神,研究部署学校思想政治工作;2017 年全省高校思想政治工作会议刚刚结束,学校党委就召开干部会议,由党委

书记、校长传达会议精神,进一步增强了干部落实会议要求和协力抓好思想政治工作的责任感和紧迫感;按照省委高校工委通知要求,学校思想政治理论课建设领导小组召开了思想政治理论课质量年专项工作动员会,安排迎检工作;根据学校专题会议安排,宣传统战部、教务处、思政部、学生处、团委等部门加强宣传教育,营造学习贯彻落实全国和全省高校思想政治工作会议暨思想政治课教学质量年专项工作氛围。

2. 成立思想政治理论课教学质量年专项工作领导小组,制定工作方案。高职院校应当成立由学校主要领导任组长的思想政治理论课教学质量年专项工作领导小组,统筹协调学校思想政治理论课教学质量监督工作。并结合学校实际,制定学校思想政治理论课教学质量年专项工作方案。学校马克思主义学院等部门要按照学校会议要求,动员师生按照学校工作方案,扎实推进各项工作,确保专项工作有序进行。

(二)抓好重点,突出难点,确保圆满完成专项工作任务

1. 深入课堂实际,组织开展调研,撰写出高质量的调研报告。学校思想政治理论课建设领导小组和马克思主义学院要组织人员深入思想政治理论课教学一线,采取召开教师和学生代表座谈会、随堂听课、查阅资料等方式,听取一线教师对提升思想政治理论课教学质量的意见和建议;要重点调研《〈中共中央宣传部教育部关于进一步加强和改进高等学校思想政治理论课的意见〉实施方案》实施十多年来学校思想政治理论课建设的有效做法,向学校和专家组提出修订建议;总结学校思想政治课建设在机构建设、教材使用、教师队伍建设、科研工作、实践教学活动、经费保障等方面取得成绩和遇到的问题,按省委高校工委要求撰写出高质量的调研报告。

2. 紧扣重点环节,深化教学改革,增强学生思想政治理论的亲和力、获得感。要按照坚持导向优先、分类指导、综合施策、效为根本的要求,以增强学生亲和力、获得感为核心,以解决调研发现的重点突出问题、提高思想政治理论质量为目标,以教师队伍建设为关键,以教学改革为突破,紧紧围绕坚持和发展中国特色社会主义这条主线,在增强"四个意识"和"四个自信"上下功夫。一要按照教育部《高校思想政治理论课建设标准》《高校马克思主义学院建设标准》《关于进一步加强和改进高校形势与政策课建设的若干意见》《关于进一步加强高校思想政治理论

课教学管理提升教学质量的意见》等文件精神,进一步加强思想政治理论课建设,完善管理制度,确保各项建设达到标准。二要建设好思想政治理论课教学资源库。马克思主义学院要完善部门网站,建立马克思主义学院教师公共微信平台,推进思想政治理论课精品课程建设,适时购进教学教辅资料,满足教师教学和科研需要。三要学校各部门坚持育人为本、德育为先工作要求,加强工作协同配合,形成思想政治理论教育的合力。四要学校鼓励思想政治理论课教师提高学历、职称,建立一支高学历、职称结构合理的师资队伍。学校修订教师职称评聘办法时要适当向思想政治理论教师晋升高级职称倾斜,鼓励教师在职研读硕士、博士,"十三五"时期要为思政部引进硕士、博士、高职称教师。五要开展教研活动,提高教学的亲和力和针对性。马克思主义学院要组织教师以教研室或课程小组为单位开展集体备课、相互听课、示范教学、观摩教学等教研活动,学校教学督导室和马克思主义学院教学督导组要经常对思想政治理论课教师课堂教学情况进行随机检查;思想政治理论课教师要钻研教材、拓展教学内容,充分运用多种教学手段,改进教学方式,增强理论教学的思想性、吸引力、趣味性,特别是要增强教学的互动性,提高学生主动参与课堂教学和教学改革的主动性;要完善思想政治理论课教学评价机制,注重对教师教学能力和学生学习能力的评价,要坚持以评促改、评改结合,充分调动教师和学生的积极性。六要加强实践教学,开展好校内、校外不同形式的实践教学活动;马克思主义学院要组织师生利用寒暑假,开展专题实践教学活动,引导学生把理论教育与实践教育结合起来,提高理论思维能力和社会实践能力,增强学生的社会责任感,坚定学生的道路自信、理论自信、制度自信和文化自信。

(三)加强宣传,突出特色亮点,提升学校思想政治理论课建设的知名度

1. 及时跟进,查找不足,补好思想政治理论教学质量短板。思想政治理论课教师要善于向本科院校教师学习,主动查找在教学、科研等方面存在的不足,有针对性地补好个人存在的短板;马克思主义学院和学校其他部门要按照全国和全省高校思想政治工作会议要求,主动查找在思想理论教育和思想政治工作方面存在的问题,及时补好部门和学校存在的短板。

2. 加强整改,不断提高学校思想政治理论课教学质量。学校思想政治理论课建设领导小组要认真总结学校多年来思想政治工作和思想政治理论课建设方面

取得成绩,提炼学校思想政治理论课质量工作的特色亮点;要根据专家检查提出的意见和建议,抓紧整改落实,建立学校思想政治理论教学质量长效机制;学校宣传部门要充分利用校内外宣传媒体,加强学校思想政治工作和思想政治理论课建设工作的宣传力度,进一步提高学校思想政治理论课建设和思想政治工作的知名度、美誉度。

六、建设学生真心喜爱终身受益的思想政治理论课

思想政治理论课是巩固马克思主义在高校意识形态领域指导地位,坚持社会主义办学方向的重要阵地。高校思想政治理论课建设事关意识形态工作大局,事关中国特色社会主义事业后继有人,事关实现中华民族伟大复兴的中国梦,事关学校办学方向和人才培养质量。

多年来,曲靖医学高等专科学校在思想政治理论课建设中,始终坚持贯彻中央关于加强和改进大学生思想政治教育工作的意见、关于进一步加强和高校思想政治理论课的意见精神,遵循教育部思想政治理论课建设标准,创新思想政治理论课体系,努力建设学生真心喜爱、终身受益、毕生难忘的思想政治理论课。

(一)思想政治理论课建设离不开学校创新发展大环境

曲靖医学高等专科学校是 2006 年经教育部批准成立的,是国家卓越医生培养试点高校、云南省首批特色骨干高职院校、云南省护理专业建设和高职高专内部质量保证体系诊断与改进复核试点学校、云南省医学教育和曲靖市卫生人才培训基地。学校升专十年来,始终坚持社会主义办学方向,加强和改进党建宣传思想政治工作,筑牢马克思主义意识形态主导地位,实现了科学发展、跨越发展、和谐发展。2010 年以来,学校先后被评为云南省文明单位、云南省文明学校、云南省社会主义核心价值观教育示范学校、云南省园林单位、云南省平安校园等。

2010 年以来,学校秉承"笃学敦行、修德砺能"校训,倡导"敬畏生命、崇尚科学"校风,践行"教真育爱、传智授业"教风和"问道医学、知行合一"学风;培育和践行社会主义核心价值观,"坚定信念、爱国为民、忠诚教育、德学塑人、献身医学、救死扶伤"医学院校教职工核心价值观,"爱党爱国、立身做人、钻研医道、立志成才、德技双进、立业为民"学生核心价值观,弘扬"敢为人先、团结协作、精益求精、质量第一"的曲医精神,丰富"宽容、宽松、宽厚""立德、崇德、扬德""大学、大医、

大家、大爱"曲医文化内涵,牢固"典学、继问、致道""知行、笃行、敏行"和"博通精专"的执教治学理念,构建了富有医学院校特色的校园文化体系,校园文化特色鲜明;凝练出了"树立大学、大医、大家、大爱文化,强化医德传修、医学传授、医技传习,为医药事业和人民健康培养基层优秀人才"的办学特色。

2010年以来,学校党政领导班子坚持立德树人、教书育人、管理育人、服务育人、科研育人、环境育人,始终把医德教育放在首位,重视学生思想政治教育工作,注重发挥思想政治理论课教学主渠道、主阵地作用,巩固2010年思想政治理论课建设评估优秀等级学校成果,深入贯彻落实习近平总书记系列重要讲话精神,立足坚定大学生对中国特色社会主义的道路自信、理论自信、制度自信、文化自信,以人才体系、课程体系、教学体系建设为核心,以评价体系、条件保障体系建设为关键,以五大发展理念引领思想政治理论课改革创新,以问题为导向,以教育教学实效性为评价标准,健全组织管理制度,加强学科课程建设、师资队伍建设,凸显医学院校特色,使我校思想政治理论课建设得到健康持续发展。

(二)夯实基础,突出重点,创新思想政治理论课建设体系

我校思想政治理论课建设坚持理论与实际相结合,坚持教学与科研相结合,坚持教师讲授与学生参与相结合,坚持课堂理论教学与课外实践教学相结合,坚持思想政治理论课与基础课、专业课相结合,整合校内校外教学资源,发挥党政部门思想政治教育合力作用,深入开展马克思主义基本理论教育、党的创新理论教育、社会主义核心价值观教育、道德与法治教育,推进中国特色社会主义理论体系进教材、进课堂、进学生头脑,创新教材和教学体系、学科和课程体系、人才培养体系、师资队伍建设体系、综合评价体系和支撑保障体系,不断改进思想政治理论课教学方式,不断改善思想政治理论课教学状况,提高学生学习思想政治理论课的主动性,提升教师进行思想政治理论课的教学科研能力。

1. 加强领导,重在机制,创新思想政治理论课支撑保障体系。学校领导高度重视思想政治理论课建设工作。学校党委从贯彻落实中央、省委、省委高校工委的文件精神的政治高度,成立思想政治理论课建设组织机构,定期研究思想政治理论课建设工作;党政领导亲自抓,相关部门协力管,相互配合、通力合作,发挥各自优势,执行党委关于思想政治理论课建设意见,落实思想政治理论课教育教学、课程建设、人才培养、科研立项、社会实践、经费保障等方面的政策和措施,形成了

齐抓共管的思想政治理论课建设合力。学校马克思主义学院机构独立设置,按要求配齐领导班子,办公和教学条件不断改善,教学资源十分丰富,思想政治理论课建设专项经费预算从 2009 年的 8.9 万元,增加到 2016 年的 14.1 万元,每年生均经费都在 15 元以上。

2. 规范管理,重在质量,创新思想政治理论课课程和教学体系。我校思想政治理论课教学管理制度健全,教学档案齐全;按规定开设课程、开足课时,合理安排教学时间,没有压缩、挤占思想政治理论课课时的情况;教材统一使用国家"马工程"主编教材或教育部、省教育厅指定教材,编写了教学大纲、课程标准和集体备课教案,实现了教材、教学大纲与教案的规范统一;学校将思想政治理论课列为精品课程建设,已经建成 1 门省级精品课、3 门校级精品课;课堂理论教学以小班为主,课外实践教学有方案、有基地、有奖评,分年级实施、全覆盖;教学改革紧跟时代发展步伐、创新教学内容,紧跟学生学习需求、创新教学模式,紧跟社会人才要求、创新教学环节;教学质量体现在:学生到课率 98% 以上、作业完成率 100%、期末闭卷考试通过率 95%、学生评课满意度和递交入党申请书 90% 以上。

3. 严把关口,重在能力,创新思想政治理论课人才培养与师资队伍建设体系。严把政治关,思想政治理论课教师在思想上、政治上、行动上与党中央保持高度一致;严把师德关,思想政治理论课教师学为人师、行为世范;学校按标准配齐思想政治理论课专职教师,兼职教师学历、专业背景达标,并由组织人事处按年度进行考核;严把入口关,新任教师学历、专业、政治面貌符合要求;严把培训关,支持教师参加各级培训和实践考察,出席相关学术会议,不断提高教师业务能力;鼓励教师在职攻读学位,提高学历和学术水平;职称、职务评聘向思想政治理论课教师倾斜,不断优化思想政治理论课教师职称结构;实行思想政治理论课教师与全校专(兼)职教师同工同酬,统一进行表彰。

4. 评建结合,重在实效,创新思想政治理论课综合评价体系。我校思想政治理论课建设坚持以评促建、评建结合、重在建设;思想政治理论课考查考试注重平时考核,根据不同课程、教学内容,采取课堂提问、作业批阅、实践调查、作品展示、论文写作、出卷考试等方式,全面考察学生的对基本理论的识记、理解、运用能力,动态考察学生思想道德素质、良好行为习惯、中国特色社会主义道路自信、制度自信、理论自信、文化自信的表现和意志;坚持开展集体备课、教师相互评课、校系两级教学督导;探索课程改革和考核办法改革的新方向,逐步将思想政治理论课由A 类课(纯理论课)改为 B 类课(理论 + 实践能力训练),以进一步提高学生运用理论解决实际问题的能力和职业素养;不断总结教改经验,凝练教改成果,教师荣获 30 多项校级及以上教改教学成果奖;坚持教学科研并重、教学科研互补互进,不断强化教师科研意识,增强教学研究、科学研究的自觉性和自信心,教师成功申报各级各类课题项目近 30 项,出版专著 3 部,参编教材 9 部,发表论文近 200 篇.

(三)理实相融,突出特色,创新高职院校思想政治理论课建设路径

我校思想政治理论课教师苦练内功,不断提高教育教学能力,参加省高校思想政治理论课青年教师教学基本功比赛荣获二等奖 2 项、三等奖 2 项,参加云南省高校思想政治理论课教育教学"五个一"、"六个一"评选活动荣获一等奖 1 项、二等奖 4 项、三等奖 7 项;参加云南省学习习近平总书记考察云南重要讲话精神和五大发展理念征文活动获得一等奖 2 项、二等奖 3 项;加强理论教学与实践指导紧密联系,指导学生参加全国创业创新"挑战杯"学术比赛荣获一等奖 1 项、二等奖 3 项、省级比赛获奖 10 余项;参与地方社科智库建设,参与曲靖市 2014 年、2015 年经济社会发展年度评价报告"卫生事业改革发展"和"民生诉求"等专题调研和评价,主持完成"曲靖市职业教育提升发展"、"曲靖市美丽家园建设"、"曲靖市大病医疗救助体系"等课题调研,研究成果被政府有关部门采纳、借鉴;参加曲靖市学习习近平总书记考察云南重要讲话、习近平总书记"5. 17"讲话专家座谈会等学术会议,并作专题发言,思想政治理论课教师主动服务地方经济社会发展能力不断增强,影响力不断扩大。

我校马克思主义学院教学管理规范,教学档案齐备,考试试卷统一,教学参考资料齐全,学生实践活动主题鲜明、覆盖面广;多名教师身兼数职,在思想宣传、党课培训、团学工作等方面成绩显著。

我校思想政治理论课建设始终坚守思想政治教育的主阵地,发挥主渠道作用;坚持做到"三个看齐":一是牢牢把握马克思主义理论教育在高校意识形态上的主导地位,在思想认识上向党中央看齐;二是紧紧按照教育部《思想政治理论课建设标准》要求,规范教学管理,制定校本课程标准,提高教育教学质量,向思想政治理论课建设标准看齐;三是虚心向省内外高职院校和本科高校马克思主义学院学习,在课程建设、教学比赛、科研工作、服务社会等方面向本科院校看齐。思想

政治理论课建设紧紧围绕职业教育和国家医疗卫生改革大政方针,结合专业建设、人才培养,把思想政治理论课教学活动科研工作向学生党课团课教育延伸、向学生社团活动延伸、向学生课外实践活动延伸、向社会服务延伸,丰富了思想政治理论课教学内容,扩大了思想政治理论课教学影响力,增强了思想政治理论课教学的实效性,提高了教师教科研并重、服务地方政治经济文化社会生态建设的主动性。

回顾过去,勿忘初心;着眼未来,任重道远。我校思想政治理论课建设对照标准还有差距,参照本科院校还有差距。直面不足,迎头赶超,我们有信心、下决心,将按照上级和学校党委要求,遵照督导专家的意见和建议,抓紧整改落实,厘清发展思路,制定发展规划目标,坚持理论学习持之以恒,教学科研两手抓,精品特色齐头并进,努力使思政部成为学校政治理论学习最积极,教学方法最活跃,教学活动最具吸引力,师资力量最强、科研成果最多,为学校提供政策咨询最积极的教学基地;坚持指导思想与时俱进,教学质量稳步提高,课程建设做到"两个完整"(课程设置完整、政治理论教育与医德教育完整),加强思想政治理论课课堂教学与实践教学、理论教学与思想政治教育、课程建设与教学管理的有机结合;坚持集体备课、教研室教师量化考核,实行教考分离,以发挥主渠道作用为目的,以提高教学积极性为核心,以推进教学改革为重点,增强思想政治理论课教学的针对性、实效性;坚持真学、真懂、真用、真信、真教"五真"教育,着力建设一支忠于党、讲政治、守纪律、懂规矩、教真育爱的思想政治理论课教学骨干队伍,力争把我校马克思主义学院建成为省级重点马克思主义学院。

专题四

高职院校宣传思想与校园文化建设刍议

党的十九大报告指出,只有社会主义才能救中国,只有改革开放才能发展中国、发展社会主义、发展马克思主义。回顾改革开放四十多年来不平凡的历程,我们可以清楚地看到:正是在改革开放的伟大实践中,我们党领导中国人民坚持解放思想、实事求是、与时俱进,发扬了艰苦奋斗、自强不息、奋力拼搏、求真务实、改革创新、团结统一的伟大精神,开辟了中国特色社会主义道路,创立并丰富、发展了中国特色社会主义理论体系,高举了中国特色社会主义伟大旗帜,把中国特色社会主义的伟大事业与改革开放的创新实践有机地结合起来。

在新的历史时期,高职院校的宣传思想工作部门,要在系统总结改革开放 30多年经验的基础上,以改革创新的伟大精神切实加强和改进高校宣传思想和校园文化建设工作,进一步做好青年学生的思想政治教育工作,维护好校园稳定,确保学校正常的教育教学秩序,确保师生的人身和财产安全,确保学生的爱国热情不为别有用心的人所利用,与全国人民共同努力,维护好地方和全国安定团结的大好局面。

一、用习近平新时代中国特色社会主义思想指导高职院校宣传思想工作

(一)要充分认识做好新形势下高职院校思想工作的必要性和重要性

党的历代领导核心都高度重视宣传思想工作。毛泽东同志曾说过,"我们国内革命时期的大规模的急风暴雨式的群众阶级斗争已经基本结束,但是还有阶级斗争,主要是政治战线上和思想战线上的阶级斗争,而且还很尖锐"。① 邓小平也

---

① 毛泽东. 毛泽东文集. 第七卷[M]. 北京:人民出版社,1999:267—282.

反复强调,"帝国主义搞和平演变,把希望寄托在我们以后的几代人身上。……所以,要把我们的军队教育好,把我们的专政机构教育好,把共产党员教育好,把人民和青年教育好"。① 习近平总书记指出,"宣传思想工作一定要把围绕中心、服务大局作为基本职责,胸怀大局,把握大势、着眼大事,找准工作切入点和着力点,做到因势而谋、应势而动、顺势而为。……宣传思想工作就是要巩固马克思主义在意识形态领域的指导地位,巩固全党全国人民团结奋斗的共同思想基础。"②

今天,我们在系统总结改革开放四十年来我国人民所取得的伟大成就和成功经验的同时,也要清醒地看到在继续推进中国特色社会主义伟大事业的征程中,我国社会主义建设还面临着严峻的形势和艰险的挑战。在宣传思想工作方面,我们看到,我们党和人民与国内外反华势力在意识形态领域的斗争一刻也没有停止,在某些时候,还可能会激化;国内外的敌对势力一直利用各种媒介加大对我国人民的"西化""分化"渗透,制造事端,搬弄是非,混淆视听,企图分裂中国、丑化党和国家形象、阻挠破坏社会主义现代化建设;我们还看到,意识形态的斗争和"争夺接班人"的斗争已经渗透到部分学校,已经干扰了一些高校的教育教学活动,严重影响着高校的校园稳定和社会稳定。

高职院校宣传思想部门,要充分认识做好新形势下高校宣传思想工作的必要性和重要性,抓住纪念改革开放四十多年等重大机遇,认真做好宣传思想工作,发挥宣传思想效应。在省高校工委和学校党委的领导下,按照省高校工委宣传处、德育处和学校党委的要求,继续对师生员工进行马列主义、毛泽东思想、邓小平理论、"三个代表"重要思想、科学发展观、习近平新时代中国特色社会主义思想教育,党的基本路线教育,爱国主义、集体主义和社会主义民主法制教育,中国近先代史、中国共产党史和国情教育,形势政策教育和中华民族优秀文化传统教育;继续抓好学生思想政治工作和德育工作,坚持社会主义办学方向,依靠全校师生员工推进学校各项事业的改革和发展,培养"四有"新人。

---

① 邓小平. 邓小平文选. 第三卷[M]. 北京:人民出版社,1993:380.
② 习近平. 习近平谈治国理政[M]. 北京:外文出版社,2014:153.

（二）要按照习近平总书记关于认真做好宣传思想工作的总要求，抓好落实，营造氛围，突出实效

在 2013 年全国宣传思想工作会议上，习近平同志强调，宣传思想工作要巩固壮大主流思想舆论，弘扬主旋律，传播正能量，激发全社会团结奋进的强大力量。我们现在要考虑和着手进行的是，如何把这四句话进一步贯彻落实到学校宣传思想的具体工作中。

其一，以科学的理论武装人，巩固马克思主义在意识形态领域的指导地位。首先要求高校的领导干部、从事宣传思想和德育工作的同志们要带头坚持不懈地学习马列宁主义、毛泽东思想、邓小平理论、"三个代表"重要思想、科学发展观、习近平新时代中国特色社会主义思想。要把深入学习宣传贯彻党的十七大精神，作为学校当前和今后一个时期宣传思想教育工作的首要政治任务。

其二，以正确的舆论引导人，坚持中国特色社会主义的正确方向。这就要求高校宣传思想部门必须坚持正确的舆论导向。要把握好校报、校刊、学校电台、电视台、网络等新闻媒介的宣传方向，切实加强学校党组织对这些宣传舆论阵地的领导，坚决不能让别有用心的组织和个人染指和利用。此外，还要充分发挥学校各种宣传舆论阵地正面宣传的作用：一是要用正确的舆论去动员全校师生为实现党的十九大提出的奋斗目标而努力工作、勤奋学习，坚定不移地坚持改革开放，坚定不移动地构建和谐校园。二是要服务大局。服务大局，从大的方面讲，就是要更好地为全党全国工作大局服务；就小的方面而论，要服务于学校教育教学工作和地方经济社会发展的大局。学校自办的报刊、电台、电视台、网络，宣传报道一定要符合中央、省委、市委和学校党委的精神，要把促进改革、推动发展、维护稳定，作为当前及今后自己工作的准则和目标。三是要加强管理。学校宣传思想工作部门要不断提高工作水平，加强宏观管理。要按照马克思主义的新闻观，按照为人民服务、为社会主义服务、为全校师生服务的要求，加强对舆论宣传的指导、监督和管理，确保学校宣传思想工作方向不偏、内容不出问题。

其三，以高尚的精神塑造人，激发全社会团结奋进的强大精神动力。这就是要求高校宣传思想工作部门用中国特色社会主义理想和信念、党的优良传统和作风，教育全校的党员、干部、教职员工和青年学生。首先，要继续抓好党员干部作风建设，弘扬党的正气，努力把学校党组织建设成为全校各个部门的表率，使每位

党员、干部成为全校师生学习、模范的表率。学校共青团组织,要抓好"迎奥运、讲文明、树新风"主题教育活动,努力推进"校风、教风、学风"建设。其次,要加强党员的思想建设,要使全校的党员干部认识到,越是搞改革开放,越要加强党员的思想教育,越要发扬党的高尚精神和优良传统。再次,要注意抓典型。要发现并大力宣传像张桂梅一样的热爱教育事业、关心学生、无私奉献的典型人物。最后,要深入开展爱国主义、集体主义、社会主义的宣传教育,把党的优良传统和作风,灌输到青年学生的思想和行动中去。

其四,以优秀的作品鼓舞人。就是要求高校的宣传思想工作部门,把祖国的优秀传统文化,特别是把反映改革开放和现代化建设的生动实践向青年学生进行宣传,使之成为他们的精神食粮。

习近平总书记2013年在全国宣传思想工作上强调的"宣传思想工作一定要把围绕中心、服务大局作为基本职责、胸怀大局、把握大势、着眼大事,找准工作切入点和着力点,做到因势而谋、应势而动、顺势而为。"要求作为当前及今后一个时期学校思想宣传工作的指南。

(三)要坚持原则,突出重点,改进方式,提高质量,切实做好高校青年思想政治教育工作

宣传思想工作是党和国家工作的重要组成部分,在中国特色社会主义事业全局中具有重要地位,发挥着不可替代的作用。学校宣传思想工作是党和国家宣传思想工作的一个重要组成部分,宣传工作要坚持党的宣传基本原则。要把习近平总书记在2013年全国宣传思想工作会议上提出宣传工作任务和要求作为学校宣传思想的工作重点。

首先,要认真做好党的十九大精神宣传工作。认真做好十九大精神的宣传,是学校宣传思想部门当前和今后一个时期宣传思想战线的首要政治任务。

曲靖医学高等专科学校自2012年11月以来,通过举办学习贯彻党的十八大、十九大精神专家报告会、理论研讨会、青年教师座谈会、学生入党积极分子专题理论讲座,以及开辟十八大、十九大精神宣传专栏等形式,一是深入学习宣传了十八大、十九大的主题,使全校党员干部、教职工和青年学生全面理解十八大、十九大主题的深刻内涵;二是深入学习宣传了十八大以来党和国家工作取得的重大成就,使全校师生深刻认识到党中央作出的各项重大决策是完全正确的,更加自

党地同以习近平同志为核心的党中央在思想上政治上行动上保持高度一致;三是深入学习宣传改革开放的伟大历史进程和宝贵经验,使全校师生进一步认识到只有社会主义才能救中国,只有改革开放才能发展中国、发展社会主义、发展马克思主义;四是深入学习宣传了习近平新时代中国特色社会主义思想的科学内涵、精神实质和根本要求,使党员干部、教职员工和青年学生刻领会到习近平新时代中国特色社会主义思想是我国经济社会发展的重要指导方针,是发展中国特色社会主义必须坚持和贯彻的重大战略思想;五是深入学习宣传了实现全面建成小康社会奋斗目标的新要求,使全校教职员工深刻认识到今后三年是全面建成小康社会的关键时期,必须聚精会神搞建设、一心一意谋发展;六是深入学习宣传了中国特色社会主义经济、政治、文化和社会建设等方面的重大部署,使全校教职员工决心要与全国人民一道认真落实这些重大部署,全面推进社会主义市场经济、社会主义民主政治、社会主义先进文化、社会主义和谐社会社会主义生态文明建设;七是深入学习宣传了以改革创新精神全面推进党的建设新的伟大工程,使全校的党员干部一致认为要坚决按照十九大向全党发出的政治号召,始终保持清醒头脑,树立良好精神状态,增强政治意识、大局意识、核心意识、看齐意识自觉学习贯彻十九大新修订的《党章》,更好地发挥先锋模范作用,为党和人民的教育事业贡献力量。

其次,要创新宣传形式,提高宣传质量。学校宣传思想工作,要立足学校实际,准确把握师生精神文化需要的新变化,深入把握新形势下学校宣传思想工作的特点和规律,不断改进学校宣传思想工作的领导方式、组织方式、工作方式、管理方式,充分运用先进技术手段,努力打造校园精神文化精品和丰富校园文化生活。

再次,要坚持不懈地抓紧抓好青年学生思想政治教育工作。改革开放40年的经验和教训告诉我们,什么时候我们抓紧抓好思想政治教育工作,特别是青年学生的思想政治教育工作,我们的事业就有可靠的保证;什么时候我们忽视思想政治教育工作,出现对青年思想政治教育工作的失误,改革开放的道路就要遭受挫折。

中共中央出台的《关于加强和改进思想政治工作的若干意见》也指出,高度重视思想政治工作,是我们党的优良传统和政治优势。高职院校宣传思想工作部门,要在改革开放和发展社会主义市场经济的进程中,紧密结合新的历史条件,把思想政治工作任务落实到学校的各项具体工作中。

我们应当看到:当代大学生思想政治状况的主流积极、稳定、健康、向上。他们热爱党,热爱祖国,热爱社会主义,坚决拥护党的路线方针政策,高度认同习近平新时代中国特色社会主义思想,充分引领以习近平同志为核心的党中央,对坚持走中国特色社会主义道路、实现全面建成小康社会的宏伟目标充满信心。但我们也要清醒地认识到:进入新世纪,国际国内形势正在发生深刻变化,当代青年生思想政治教育既面临有利条件,也面临严峻挑战。事实表明,在思想意识形态领域,马克思主义、思想不去占领,各种非马克思主义的思想,甚至反马克思主义的思想就会去占领。必须坚持确立和维护马克思主义在意识形态领域中的指导地位,在指导思想上绝不能搞多元化。如果动摇了马克思主义的指导地位,人们就会失去共同前进的正确思想基础,就会陷入思想混乱之中。改革开放和经济建设的任务越是艰巨、重要,就越是要做好思想政治工作,高校宣传思想部门就越要加强青年学生的思想政治教育工作。

高职院校宣传思想工作部门要把思想政治教育工作做到青年学生的心坎上去。充分运用新中国成立六十多年、特别是改革开放四十年来取得的巨大成就教育广大青年学生,使他们深刻认识党的领导核心作用和社会主义制度的优越性,坚定走中国特色社会主义的道路的理想信念。高校的教学部门按照德智体美全面发展的培养目标,重视人文课程在大学生思想品德培养中的重要作用。还要加强环境育人,使寝室、教室、食堂等校园方方面面都渗透着一种文化、一种精神,达到"校园无闲人,人人都育人;校园无闲事,事事都育人;校园无闲处,处处都育人;校园无闲时,时时都育人"。

总之,高职院校宣传思想工作部门,在学习贯彻党的十九大精神的活动中,要认真学习贯彻落实习近平同志关于宣传思想工作的总要求,继续坚持解放思想、实事求是、与时俱进,继续大力弘扬艰苦奋斗、自强不息、奋力拼搏、求真务实、改革创新、团结统一的改革精神,全面推进高校宣传思想工作,把全校师生凝聚在中国特色社会主义伟大旗帜下,为进一步推动学校教育教学改革,促进学校又好又快地发展,营造良好氛围;继续抓紧、抓好青年学生思想政治教育工作,努力提高思想政治教育工作的针对性、实效性,扎实培养德智体美全面发展的社会主义合格建设者和接班人。

二、加强高职院校宣传舆论阵地规范化管理

高职院校宣传媒介是党的政治喉舌。高职院校必须加强对校园宣传舆论阵地的规范化管理,掌握意识形态的主导权和主动权,高扬社会主义主旋律,坚决抵制反社会主义的言论、活动在校内滋生蔓延。

（一）高职院校宣传工作的基本要求

宣传教育工作是学校党委工作的重要方面,是动员学校师生员工,发挥主观能动性,做好学校各项工作的重要手段。高职院校宣传教育工作必须在党委领导下,由学校党委宣传统战部负责策划安排,选派专职人员组织实施。高职院校宣传教育工作必须坚持党性原则、实事求是原则、正面宣传原则和为学校中心工作服务的原则。做到以科学的理论武装人,以正确的舆论引导人,以高尚的精神塑造人,以优秀的作品和典型事例鼓舞人,在思想上政治上行动上必须与党中央、上级党组织和学校党委保持一致。

高职院校宣传工作主要是宣传马克思列宁主义、毛泽东思想和中国特色社会主义理论体系,宣传党的路线、方针、政策及国家颁布的法律法规,宣传学校深化教育教学改革的重大举措和中心工作,宣传学校精神文明建设的目标、内容、措施及学校的好人好事,宣传国内国际重大事件和科学文化新知。

高职院校宣传教育工作要讲求实效,做到宣传工作及时、准确,结合实际采取普遍宣传、典型宣传等方法,充分利用学校宣传橱窗、网络、校刊、校报、广播等宣传阵地;宣传教育工作的专职人员要加强对学校各宣传渠道的监督和检查,严格遵守宣传纪律,杜绝封建迷信、黄色、消极、腐朽等不健康内容的泛化;宣传统战部对校刊、校报、宣传橱窗、黑板报等定期评比,并给予一定奖励,以促进学校宣传教育工作质量的不断提高。

高职院校要为宣传教育提供必要的经费和人员保障,对于在宣传教育工作中做出突出贡献,取得明显实效的部门和个人年终进行表彰和奖励;学校宣传教育工作在党委直接领导下开展工作,其他部门要给予大力支持和配合,不得随意干涉宣传部门的正常工作;宣传部部门的宣传器材实行专人专管专用,不得随意外借;共青团、学生宣传教育工作由宣传统战部领导,由共青团、学生处、教务处、保

卫处、教务处、招就处等部门根据工作职责分工实行;学校应将宣传教育工作纳入对党支部、处室、系部年度目标责任考核范围。

根据中共中央办公厅、国务院办公厅印发《关于进一步加强和改进新形势下高校宣传思想工作的意见》《〈关于进一步加强对形势报告会和哲学社会科学报告会、研讨会、讲座管理的意见〉的通知》和《中共教育部党组关于印发高校举办形势报告会和哲学社会科学报告会、研讨会、讲座管理暂行办法的通知》文件精神,为了进一步加强和规范学校形势报告会和哲学社会科学等各类报告会、研讨会和讲座的管理等活动,确保社会主义办学方向,更好更快地推动哲学社会科学等各学科发展,结合学校实际,特制定具体实施办法。

(二)加强对各种讲座、报告、研讨会的规范化管理

高职院校举办形势报告会和哲学社会科学报告会、研讨会、讲座等活动,必须坚持正确的政治方向,深入学习习近平新时代中国特色社会主义思想,坚持党的基本路线,遵守国家法律法规。不得举办违反四项基本原则,损害国家利益、党和国家领导人形象、泄露国家机密、不利于师生健康成长等方面的报告、研讨会、讲座等活动。

高职举办形势报告会和哲学社会科学报告会、研讨会、讲座等活动,必须坚持马克思主义的指导地位,牢牢把握意识形态工作的主动权,大力加强社会主义核心价值体系建设,培育和践行社会主义核心价值观,增强社会主义意识形态教育工作的吸引力、说服力和凝聚力,努力营造良好的校园文化环境,维护学校改革发展稳定大局。

高职院校举办形势报告会和哲学社会科学报告会、研讨会、讲座等活动,要坚持"学术研究无禁区、课堂讲授有纪律"的基本原则;要坚持正确的政治导向,坚决反对各种错误政治观点和有害思潮。对有利于宣传科学理论、传播先进文化、弘扬社会正气的要积极支持;对涉及敏感问题的要严格把关;对宣扬错误政治观点的要采取果断措施坚决制止,及时纠正,消除影响。

高职院校举办形势报告会和哲学社会科学报告会、研讨会、讲座等活动,事前必须按程序申报,填写审批表,经本部门主要负责人审查同意,报学校党委宣传统战部审批通过后,方可举办。未经批准一律不得举办。

高职院校各部门负责人要牢固树立政治意识、大局意识、责任意识,切实负起

领导责任,加强管理,严格把关,确保形势报告会和哲学社会科学报告会、研讨会、讲座等活动坚持正确的政治导向,确保学校哲学社会科学教学研究工作健康持续发展。

高职院校宣传部门要对举办形势报告会和哲学社会科学报告会、研讨会、讲座等活动,根据不同内容、性质,实行分类审批制。举办形势报告会和哲学社会科学报告会、研讨会、讲座等活动实行一会一报一批制;思想政治、形势政策、德育类报告会、研讨会、讲座以及校园文化讲座等活动,由宣传部和分管党委副书记审批;教学、科研类报告会、研讨会、讲座等活动,由科技处和分管教学、科研的副校长审批;校园安全、法制、后勤服务、公共卫生讲座、禁毒防艾等活动,由分管后勤副校长审批;警示教育、纪检报告会、讲座等活动,由分管纪委的校领导和学校党委副书记审批;学生会和学生社团讲座、报告会等活动报学校团委和宣传统战部审批;邀请校外人员到校做报告会、讲座等活动按内容性质分类报相关部门和分管校领导审批;邀请境外人员参加有关学术会议或担任哲学社会科学报告会、研讨会、讲座报告人,由宣传统战部、外事办审批和主要校领导审批,并报主管部门或政府有关部门批准、备案;在敏感时期举办的或涉及敏感话题的形势报告会和哲学社会科学报告会、研讨会、讲座等活动,由宣传统战部和党委副书记、书记审批。

高职院校要对举办形势报告会和哲学社会科学报告会、研讨会、讲座活动,根据不同内容、性质,实行分级管理、责任到人。学校分管意识形态的党委副书记、宣传统战部为总负责人(部门),举办部门的负责人为第一政治责任人和第一管理责任人,参加形势报告会和哲学社会科学报告会、研讨会、讲座等活动的工作人员为相关责任人;部门主要负责人不在时,部门的副职为第一责任人;副职也不在时,负责活动的工作人员为第一责任人;经请示批准由学生会、学生社团举办形势报告会和哲学社会科学报告会、研讨会、讲座等活动,主管学生会、社团的部门负责人为第一责任人,具体负责管理的教职工为相关责任人,学生不承担责任;未经请示和批准,学生会和学生社团不得举办形势报告会和哲学社会科学报告会、研讨会、讲座等活动,对于擅自举办者,要给予主要负责学生处分。

高职院校对举办形势报告会和哲学社会科学报告会、研讨会、讲座等活动,实行严格审核审查制。举办哲学社会科学国际学术会议,或邀请境外人员担任形势报告会和哲学社会科学报告会、研讨会、讲座报告人,要严格按照《中共中央办公厅、国务院办公厅印发的〈关于在华举办国际会议的管理办法〉的通知》(中办发〔2006〕10号)的精神和《教育部关于印发〈关于在华举办国际会议管理办法的实施细则(试行)〉的通知》(教外际〔2006〕105号)规定执行,报相关部门审批,未经批准一律不得举办;各审批部门和分管校领导要加强对形势报告会和哲学社会科学报告会、研讨会、讲座等活动的审批审查,并负责检查落实有关制度。在审批工作中,各司其职,按照程序,认真负责,严格把关;举办部门在报批形势报告会和哲学社会科学报告会、研讨会、讲座等活动时,必须详细了解拟邀请报告人的情况,对拟邀请报告人的思想政治倾向和报告主要内容进行把关,并事先征得拟邀请报告人所在单位党组织同意,形势报告会和哲学社会科学报告会、研讨会、讲座等活动举办一周前将活动主要内容、时间、地点、人员范围和报告人的情况书面报送相关审批部门和领导;本校人员被邀请担任校内外形势报告会和哲学社会科学报告会、研讨会、讲座报告人的,必须经学校宣传和分管校领导同意,宣传统战部对参加上述活动的人员,有权提出明确的政治纪律要求;学校宣传部要加强对形势报告会和哲学社会科学报告会、研讨会、讲座、课堂教学等活动的组织管理,使其成为宣传科学理论、传播先进文化、塑造美好心灵、弘扬社会正气的阵地,绝不能给错误思潮和言论提供传播渠道,对那些在报告、讲座、授课中,有传播政治谣言和政治性错误观点的,要及时制止,努力消除影响,同时要向分管校领导和主要校领导报告情况。

高职院校对形势报告会和哲学社会科学报告会、研讨会、讲座等活动要做好记录和备案等。举办部门不能把举办形势报告会和哲学社会科学报告会、研讨会、讲座等活动作为创收的手段,未经学校批准不得收取听课费、会议费、赞助费等费用;举办部门要做好报告人的接待工作,维持好形势报告会和哲学社会科学报告会、研讨会、讲座等的秩序;应对报告会等内容进行记录,条件许可要记录全文或进行录音、录像,并做好存档工作;对经批准举办的形势报告会和哲学社会科学报告会、研讨会、讲座等,组织者必须严格按申请内容组织实施,保证报告、讲座、论坛正常进行,不得擅自更换报告、讲座、论坛的内容、时间、地点、听众范围和人数。若遇特殊情况确需更换,则应在报告或讲座召开前向宣传部说明原因,经批准后,报告或讲座方可进行;对于经过审批允许举办的形势报告会和哲学社会科学报告会、研讨会、讲座等活动,报告或讲座等如需进行新闻宣传报道,必须征得宣传部的同意,注意把握正确的舆论导向。

三、加强高职院校校园文化建设

高职院校校园文化是整个社会文化的重要组成部分,是社会主义精神文明的重要内容,是学校整体育人环境不可分割的重要组成部分,是全面提高教育质量的需要。当前,高职院校校园文化建设还存在过度形式化、过度职业化、简单化。① 加强高职院校校园文化建设,有利于提高学生的审美意识;有利于培养学生良好的行为习惯,提高学生道德素养;有利于丰富校园生活,培养学生创新精神和实践能力。高职校园文化建设还是构建生态德育体系的组成部分,是实现"学生开心、家长放心、社会满意、教师舒心"这一目标的需要,是发挥环境育人作用的积极举措。高职院校具有文化传承和文化创新的神圣使命,文化是一所大学的灵魂和核心,是立校之本。要实现学校的持续发展,办人民满意的大学,归根结底还是要依托文化。因为,学校的一切行为,师生的一切行动都是文化行为,学校的一切发展成果,都是文化的升华物和结晶物。以文化强校、兴校才具有生命力,以文化强校、兴校才是优质教育的可持续发展之路。

高职院校校园文化建设始终要以马克思主义为指导,始终渗透到学校的办学定位、教育教学改革、师资队伍建设、人才培养、社会服务等创建办学特色的各个方面,成为学校综合实力和核心竞争力的重要部分,在学校建设发展和人才培养过程中发挥重要作用。创建特色骨干院校可以推进学校文化建设,校园文化建设应突出、体现学校身为高职高专院校的特色建设,两个建设相辅相成,建设过程是一个双向建构、双向促进、双向提升的过程。

(一)夯实高职院校校园文化建设基础

高职院校校园文化建设要坚持以文化育人为本,着眼学校长远发展,历史性和现实性并重,共性与个性兼顾的原则,将思想教育与职业道德教育充分结合,协调、融合周边环境,努力打造有职业院校教育特色、地方文化特色、行业特色的校园文化,为加强师生专业思想教育,促进教师专业成长和学生全面发展,推进和谐

---

① 童学敏. 高职校园文化建设的思考[N]. 光明日报,2010-12-22。

校园建设营造良好的文化氛围。

高职院校校园文化主要包括校园物质文化、校园制度(组织)文化和校园精神文化。校园物质文化是学校文化建设的基础工程,是校园文化的空间物质形态,是校园文化建设的重要组成部分和重要的支撑,包括校园环境、建筑物、道路、绿化美化、设施等硬件实体,是一种无声的文化教育资源,是校园精神文化的载体。校园制度文化是学校文化的保障工程,是学校工作运行的组织形态,包括国家法律法规政策范围内学校制定的各项规章制度及其组织运行机制,是办学活动正常有序开展的保证。校园精神文化是学校文化建设的灵魂,它以内隐和外显形态存在于学校人、物、景、文字、声音、图像等动静行为之中,融入在师生的各种行为活动之中,是学校校园文化的核心,是学校的精、气、神的集中体现。

高职院校重视校园文化在学校发展中的教育引导、规范行为、凝聚力量、激励斗志的作用。把文化强校战略纳入学校发展战略规划,不断加强校园物质文化、制度文化和精神文化建设,形成了校园文化建设的长效机制,为学校发展和人才培养奠定了坚实的基础。

曲靖医学高等专科学校在校园文化建设中,通过对老校区环境的改造,特别是对新校区的规划建设,对校园环境、建筑物、教学设施、人文景观等的设计建设,形成了具有医学院校特色的校园环境文化,并已显现了文化环境的育人功能。学校按照"科学规划、分步实施,确保质量、节约开支,突出特色、发挥效用"的建设思路,已完成了校园文化一期工程建设,建成了一批具有鲜明医学教育特色的文化载体,包括建筑物、道路标识,楼道、室内文化标识,灯光小品、校园雕塑,园石景观及校园宣传媒介等一系列载体。典学楼、继问楼、致道楼、知行楼、敏行楼、笃行楼、志趣楼、知味楼、耕读楼及其运动场馆等各种建筑,设施完备、功能齐全,实用性与艺术性有机结合,功能与文化相融,充满人文气息;木子园、桂花园、玉兰园、樱桃园等校园花坛绿地,绿树成荫,花开四季,芳草青青,鸟语花香,体现了人与自然和谐共处;尚志路、瀚海路、自强路、博学路,条条道路渗透着历史文化的积淀;具有中华文明和珠江源地方文化底蕴,独具医学特色的医学文化历史名人画像、名言警句,镌刻着警世箴言的校园小品在校园的不同位置,构成了各具特色的人文景观,形成了传承历史文明、面向未来发展的"励志文化"、"医德文化";校园广播、校报校刊宣传橱窗、展示板报传递着学校文化的信息。日益优美的校园环境,处处散发着积极、向上、健康、温馨、和谐的气息,营造出环境育人的良好氛围,为创建特色校园文化打下了良好的物质基础。

曲靖医学高等专科学校60年的办学历史形成了学校行为规范制度、教育教学管理制度、决策条例制度等一系列涉及教育、教学、管理、科研、服务等各方面工作的规章制度,初步形成了具有医学院校特色的校园制度文化。特别是在转型升格后,学校领导班子坚持从专科学校发展的实际出发,尊重历史积淀、正视现实起点,着眼未来发展,坚持与时俱进,在继承优良传统制度文化的基础上,组织修订、健全、完善了一系列符合学校实际,有利于学校发展的规章制度,形成了《曲靖医学高等专科学校管理规章制度汇编》。通过规章制度汇编、学校年鉴编写、文件档案整理等工作,形成了推动学校科学发展、和谐发展、跨越发展的学校制度文化体系,是学校各项工作有法可依、有章可循,并通过制度执行的组织保障机制,形成了医学院校特色的制度文化,为创建特色骨干院校打下了良好的组织和制度保障基础。

曲靖医学高等专科学校秉承"笃学敦行,修德砺能"的校训,坚守"质量立校、育人为本、突出特色、服务社会"的办学理念,牢记"健康所系、性命相托"的神圣使命,形成了"和谐进取、务实求真"的校风、"博学善导、治学严谨"的教风和"勤学静思、立志奋进"的学风。坚持以社会主义核心价值体系引领校园文化建设方向,并融入人才培养的全过程。坚持以马克思主义为指导、树立中国特色社会主义共同理想、弘扬以爱国主义为核心的民族精神和以改革开放为核心的创新精神,树立社会主义荣辱观,用先进文化引领学校各项工作和建设发展。以积极的心态、宽容的胸怀支持校园文化创新和多元文化的竞争,在创新中体现先进文化的生命力,在竞争中凸显先进文化的主导地位,努力构建"坚定信念,爱国为民;忠诚教育,德学塑人;献身医学,救死扶伤"及"爱党爱国,立身做人,钻研医道,立志成才;德技双进,立业为民"的曲医师生核心价值观,铸就"敢为人先、永争第一、抢抓机遇、知难而上、团结协作、全力以赴、精益求精、质量第一"的曲医人精神,提炼出"宽容、宽松、宽厚"、"立德、崇德、扬德"、"大医、大爱、大学、大家"的校园文化精神。它是校园文化建设的灵魂工程,为创建特色骨干院校提供了精神支撑,奠定了思想基础。

（二）抓住高职院校校园文化建设的大好机遇

当前，高职院校校园文化建设面临良好的外部机遇。一是国家层面具有良好的政策导向。党的十七届六中全会确立了建设社会主义文化强国的宏伟目标，提出了新形势下推进文化改革发展的指导思想、重要方针、目标任务、政策举措，为高校文化建设提供了政治指导与思想指引。二是地方区域层面，省、市特色文化建设正掀起新高潮。"特色文化"作为区域文化、经济和社会发展的重要资源，愈来愈受到普遍关注，已成为不同地域的形象名片。2011 年 8 月，云南精神被全新提炼，高原情怀和大山精神成为引领云南迈向未来，实现跨越发展的新精神坐标。作为"入滇锁钥"的曲靖，在全国文明城市的创建过程中，也掀起了特色文化的提炼与宣传工作热潮。校园文化建设必然要紧扣地方特色，融入地方文化建设当中，因此，地方区域的特色文化建设为我们提供了有益参考与借鉴。

高职院校校园文化建设具有强大的内部动力。一是学校党政领导班子高度重视校园文化建设。曲靖医学高等专科学校党委提出了"教育基础、医学特色"校园文化建设总体要求，把文化强校战略纳入学校"十二五"规划，不断加强校园物质文化、制度文化和精神文化建设，构建了曲靖医学高等专科学校师生核心价值观，并逐步建立健全了适应学校育人需要的文化体系。曲靖医学高等专科学校成立校园文化建设领导小组和执行小组，领导小组组长由学校党委书记及校长兼任；领导小组下设执行小组长，组长由分管领导兼任，成员囊括学校宣传部、学工部、纪检监察处、工会、保卫处等部门成员。成立校系两级加强职业道德教育领导小组，由校系两级主要负责人任组长，提供领导保障。组建由党总支书记、专职辅导员、班主任、专业教师、行业企业劳动模范和技术能手和优秀校友组成的职业道德教育工作队伍，提供人员保障。二是校园文化建设初步形成特色，成效逐步显现。曲靖医学高等专科学校坚持文化育人为本，历史性和现实性并重，共性与个性兼顾的原则，将医学教育与医德教育充分结合，协调、融合周边环境，加强校园文化建设。"十二五"期间投资 100 万元进行校园文化一期工程，建成了兼具功能性与审美性，具有鲜明医学院校特色的校园文化载体。学校校训、校歌、校徽等一系列文化标识体系已建立，在师生中获得普遍认同，充分发挥了凝聚、团结、引导的积极作用，形成了具有地方文化底蕴和医学文化特色、传承历史文明、体现时代精神，面向未来的文化体系。曲靖医学高等专科学校把文化强校战略纳入"十三五"规划,不断加强校园物质文化建设,健全制度文化建设,引领精神文化建设方向,建立健全适合学校育人需要的各级"子文化"体系,营造一种无处不在、润物无声的良好育人氛围。学校已初步形成"爱国""诚信""励志""感恩"等子文化体系,形成学校校园文化建设的长效机制,为培养德智体美全面发展、适应社会发展需要、具有良好职业道德和职业精神的高素质技能型、应用型人才打下了良好基础。学校将校园文化建设与"建名校、树名师、育精品"战略结合起来,以学科、专业建设为支撑,以师资队伍建设为保障,以多元合作办学新路为突破,提高质量创卓越,打造特色铸品牌,形成了学校特色建设、校园文化建设和校园精神文明建设整体推进、互相促进、共同创建、共同提升的良好格局。三是学校注重与地方、医疗卫生机构、企业的联系与融合。学校将校园文化建设与地方、社区、行业、企业文化相结合,充分利用和开发社区、行业、企业等校外文化资源,将医德教育与医学教育有机结合,发挥合作育人的作用,促进了学生知识、技能、职业道德和职业素养的全面、协调发展,初步形成了校院、校企的文化交流与合作,使校园文化建设向社会延伸,扩大了学校的社会影响力和美誉度。

以马克思列宁主义、毛泽东思想、中国特色社会主义理论体系为指导,结合高校教育改革发展需要,坚持以质量创卓越,以特色树品牌,以项目为引领,充分挖掘曲靖医学高等专科学校 50 多年的办学文化底蕴,着眼学校长远发展,努力打造有医学教育特色、珠源爨文化地方特色、高职高专院校特色的校园文化,为加强师生专业思想教育,促进教师专业成长和学生全面发展,推进和谐校园建设,营造良好的文化氛围,增强校园文化软实力和学校核心竞争力。

(三)制定校园文化建设的目标和任务

1. 实施"爨乡医道"溯源工程,理清曲靖医学文化发展脉络,明确发展方向。多途径、多方式、广泛搜集地方医学教育发展史料,整理曲靖卫生学校医学教育各种资料,研究、挖掘学校医学教育发展历史中的亮点和特色,总结、提炼与地方医学教育发展密切相关的校园文化成果和结晶。通过广泛调研、细致研究,在有关部门与专家的指导下,精心策划建成学校校史陈列室,围绕"爨乡医道"主题,收集、汇编一至二本文化研究作品,制作相关的宣传手册,打造学校历史文化品牌。

2. 实施"情系医专"凝聚力工程,强化校园文化共建意识,提升凝聚力。通过学校历史文化的建设和宣传,现有校园文化理念、未来校园文化发展方向的宣传,增加全校师生的认同感,增强"一言一行皆是文化"、"人人皆是文化建设者、创造者"的共识。通过校园文化系统工程的建设,将文化建设充分渗透、融入学校整体发展的各个方面,使学校文化建设与每一个师生日常教学、工作、学习紧密联系在一起,成为全体师生共同参与的、常态的学校生活,成为师生日常工作、生活的方式,成为师生团结一致的强大凝聚力,让广大师生身处校园有强烈的自我认同感、归属感、荣誉感和幸福感。

3. 实施"睹物兴情"校园文化物质载体建设工程,打造浓厚环境氛围。拓宽视野、积极走访,学习借鉴国内外、省内外高等院校、机关、企业在物质文化建设方面的优秀经验。广泛调研、深入师生,倾听群众在物质文化建设方面的好意见和需求。以考察、调研结果为依据,立足学校实际,在现有物质文化建设的基础上进行不断完善,坚持"育人为先、以人为本、历史性和现实性并重、共性与个性兼顾"的原则,新建一批能够体现"大医大爱"育人功能的校园人文景观,补充、完善校园花、草、树木等自然景观的建设,注重整体物质文化建设的统一性和整体性,构建网络、体系,使人见物思理、睹物兴情,将学校核心价值观及相关理念内化于心、外化于行。

4. 实施校园文化骨干队伍建设工程,强化队伍建设,完善工作网络。校外层面,邀请社会各界专家指导、参与学校校园文化建设,多角度、多层面为学校校园文化建设献计献策,发挥策划、智库的重要作用。校内层面,积极构建"党委领导,宣传部门指导,各部门骨干具体负责"的校内文化建设工作网络。学校宣传统战部在党委的领导下,充分发挥上情下达、下情上传的喉舌作用,引进一至二名专职人员充实队伍,发挥好宏观设计、指导实施和测评监控的重要作用。在规范学校党总支、部门机构设置,配齐人员的基础上,每个相关部门、党支部遴选一至二名政治素质较高、工作认真负责、沟通交流和写作能力较强的人员形成校园文化建设的骨干队伍,负责所在部门、支部的信息写作、整理和报送,总结部门、支部文化建设优秀成果。

5. 加强对外交流与合作,共创良好社会舆论环境,提升宣传工作实效。充分挖掘学校校园文化建设的亮点,立典型、树品牌,及时总结经验、创新机制,密切与兄弟院校、医院、企业的沟通交流,与省、市媒体的联系合作,丰富合作形式,深化合作内容,提高具有医学院校特色校园文化的社会知晓度和辨识度,获取社会舆论的广泛支持,树立学校的良好形象。

6. 围绕"大医、大学、大爱、大家"理念,以活动为载体,打造学校文化品牌、特色品牌。一是围绕"大医精诚""大爱无疆"主题,探索以救灾助困、禁毒防艾、造血干细胞捐献、卫生救护等为主题的各种特色活动。通过主题演讲、讲座论坛、竞赛等各种方式,系统、全面引导学生树立"感恩父母、关怀他人、回报社会、奉献祖国"的高尚情怀,形成长效机制并不断进行创新,创建医学院校的独特文化,力争打造一至二个品牌活动。二是围绕"大学精神"主题,探索"全面育人、全员育人、全过程育人"的德育工作体系构建及系列活动。通过专题讲座、论坛建设等方式,大力弘扬大学"尊重科学、善于创新"的严谨品质,大力增强"唯才是用、兼容并包"、"崇尚民主、从善如流"的校园氛围,着力打造"时代前端、进步前沿"的大学形象。通过研究、探索,力争形成具有一定影响力的研究成果。三是围绕"立师德、铸师魂"主题,探索开展各种有利于高校教师成才发展,成为大家大师的系列活动。建立师德论坛、医德论坛、举办读书节等活动,并形成常态,力争打造 1 个活动品牌。

7. 挖掘校园文化潜在价值,研究开发文化产品,促进校园文化产业发展。高校文化产品体现着高校的文化底蕴、特色与形象,是高校文化符号传播的重要载体。应注重对校园文化标识的开发与运用,将学校文化产品建设列入学校文化战略的规划当中,设立专门的文化品牌建设部门,来统筹高校形象识别系统以及文化推广的工作。一是要提高校园文化符号传播的覆盖面,让学校校徽、校歌、校标等符号走进师生工作、生活的各方面,实现与传播载体的美妙融合,不突兀、不泛滥,达到较好的传播效果。二是制作一系列美观大方、能够体现学校审美品位的文化产品,如带有医专文化标识的文具、摆设,文化衫等,可进行出售,也可进行交流赠送,深入发掘市场潜力,实现文化传播和经济收益的双赢。

8. 建立校园文化建设的保障机制。一是学校成立以主要领导为组长,各系部处室负责人为成员的学校特色校园文化建设领导小组,领导小组下设办公室及专项负责组。领导小组结合学校实际,全面负责建设项目的建设目标、任务内容的整体规划、资金筹措及经费调配,项目实施的组织、协调、项目质量的监控、评估、验收及各专项小组负责人的确定。办公室主要负责沟通协调,按要求报送材料;编制和协调年度建设计划,组织项目责任书的签订;督促、检查建设项目的实施进度,定期组织专家对建设项目进行评估、验收,形成年度报告;协调有关规章制度、政策、措施的落实。项目建设实施"分级管理、责任到人、全员参与、专家指导"的原则,逐级签订目标责任书,切实将任务落实到人。各专项负责组负责建设项目的实施方案制定和具体实施。二是加强制度建设,制定校园文化建设项目实施办法、资金管理办法、设备管理办法等一系列规章制度,使建设有标准、有规范,项目建设有序、高效开展。建立并完善相应的考评、奖惩制度,组织专家每年对建设状况、建设进度、建设质量进行考察评估,并提出整改意见。建设项目在实施过程中产生的重要成果,按国家有关规定组织鉴定,并进行成果登记。对于考核成绩突出、效益显著的专项建设项目小组、个人,以及在建设项目中做出重大贡献的部门和个人将予以表彰和奖励。对于考核成绩较差,影响到项目建设验收的,要追究负责人及相关人员的责任。三是以省里划拨资金为引导,学校配套相应经费,多途径、多渠道争取筹措建设经费,保证建设项目的顺利实施。在建设过程中积极探索,在划拨、外争资金的基础上,多从项目本身出发进行科学研究和产品开发,争取一定的科研项目和课题作为经费补充。加强对外合作交流,力争与有关企业达成合作,共同进行文化产品的开发和价值的挖掘,创造一定的经济效益,作为项目建设。

(四)注重校企文化对接,走特色发展之路

科学发展观指出发展是解决一切问题的根本途径,发展中遇到的问题只能用发展的办法去破解。改革开放40年来,我国高职教育发展迅猛,高职院校数和在校生人数已经占据高校半壁江山。进入新世纪,高职教育与普通本科教育从数量规模扩张向质量特色提升发展。高职教育出现了专业不多、生源萎缩、管理困难、质量不高等问题。这些问题如得不到及时的解决,势必会影响到高职院校的生存和发展。

破解影响高职院校发展的瓶颈问题,必须创新高职院校发展思路,把提高人才培养质量、突出办学特色作为突破口。提高高等教育质量是国家教育发展规划纲要提出的重要战略目标,也只有通过提高人才培养质量,才能真正发挥高等教育把人口数量转化为人力资源的作用。在提高高职教育质量的同时,还必须注意提高高职院校的办学特色,走特色强校之路。

1. 确定发展目标要把高职院校建设成为特色院校

目标是前进的方向和动力。没有目标,发展就失去了动力,也失去前进的方向。曲靖医学高等专科学校作为一所地方性医学高职院校,在确定发展目标上,提出要"立足滇东北、面向基层,服务全省,以服务为宗旨,以就业为导向,走校企合作、产学结合的发展道路,注重质量、突出特色,用五到十年的时间,把学校建设成为国内知名、省级重点高职院校"。

围绕学校发展中心目标,曲靖医学高等专科学校在制定学校"十三五"规划发展具体目标上,结合我国高职教育发展趋势和学校发展实际能力,提出了具体的发展目标:在办学规模上,在适当扩大在校学生规模的基础上,要构建多元化的高职教育办学体系,逐步形成以专科教育为主、中专教育和合办本科教育为辅的办学格局;强调要提高人才培养质量,力争建成省级示范高职院校,处于省内同级同类院校领军位置,学生综合素质、就业能力整体强于其他院校;要适当增加专业数量,加强重点专业和特色专业建设,使学校专业总数达到15个以上,建成2个国家级重点(特色专业)、3个省级重点(特色)专业,5个校级重点(特色)专业;在师资队伍建设方面,要优化教师职称、学历结构,使专业教师中高级职称教师达到100人以上,35周岁以下研究生比例达到90%,"双师"素质教师达到80%以上,教师教学科研能力明显增强;要坚持教学科研两手抓、两不误,力争承担国家级科研课题达5项,省级科研课题达10项,市级科研课题达30项,主编或副主编教材20部,参编教材50部,每年在国家权威期刊或核心期刊至少发表论文20余篇;要强化职业院校社会服务功能,使社会服务效益更加明显,除了要增设10个工种培训,保证每年培训和鉴定不少于2000人次,还要开展乡村医生培训及承办其他培训。

2. 确定发展理念要把特色发展作为教职工观念创新根本

高职院校走特色发展之路要牢固树立和坚持质量发展、特色发展是第一要务的理念,树立和坚持以人为本的发展理念,树立和坚持全面协调可持续和统筹兼顾的发展理念,树立和坚持创新发展的理念;引导教职工进一步解放思想,创新思维模式,把精力集中到"思创新、谋发展"上,把能力体现到"会创新、善发展"上,把目标锁定到"多创新、快发展"上,主动提高适应国家和地方社会、经济、文化和科学发展需要的能力。

一是确立以人为本理念。高职院校要坚持"以人为本",牢固树立"发展以教师为本、育人以学生为本"的理念。毛泽东同志指出,"我们的文化是人民的文化,文化工作者必须有为人民服务的高度热忱,必须联系群众,而不要脱离群众。"① 学校发展要以教职工为本,紧紧依靠教职工,团结凝聚教职工的智慧和力量,尊重和发挥教职工的学校主人翁的地位和作用,靠提高教职工的教育教学水平、管理能力来推进学校的各项改革。高职院校教职工要树立以学生为本的理念,认真做好教书育人、管理育人、服务育人工作,深入学生、关心学生、帮助学生,为学生的健康成长,顺利成才努力工作、热情服务、真诚奉献。

二是确立"生存发展"理念。一个人的生存发展意识越强,个体的潜力就发挥得越充分。不仅个体如此,集体也是如此。高职院校教职工的生存发展欲望越强烈,对学校的期望值就会上升。如果学校引导好、充分发挥激励机制的作用,把教职工的生存欲望与学校的生存发展结合起来,把学校的兴旺发达与教职工的切身利益结合起来,努力实现发展依靠教职工、发展成果为教职工共享的目标,就能增强教职工的发展信心,激发教职工的创造潜力和创造热情,提高教职工的工作质量。

三是确立质量特色发展理念。学校建设和发展,教育教学质量是根本。高职院校与本科院校相比,存在"先天不足"竞争劣势,靠什么生存、靠什么获得快速发展,学校领导干部要牢固树立"以质量求生存、以特色促发展"的办学理念。质量是根本,特色是着力点。只有提高人才培养质量,凸显专业、结构、人才培养模式等方面的特色,才能增强学校的办学实力和生存竞争力。

学校的办学质量包括学校的教育教学质量、管理水平、人才培养质量等方面的综合实力和水平。提高教育教学质量,必须提高教师的教书育人本领。加强师资队伍建设是提高学校教育教学质量的关键和核心。加强师资队伍建设,必须适当增加教师数量,着重要提高教师的教育教学水平和科研能力。不仅要在教师教学技能上下功夫,还要在科研上下功夫,争取做到教学质量上水平、科研成果上档次。

高职院校还要提高管理质量,必须加强干部队伍建设和规章制度建设。干部

---

① 毛泽东.毛泽东选集.第三卷[M].北京:人民出版社,1991:1012.

队伍是学校一切工作的脊梁。学校干部队伍要体现思想意识超前、政治纪律过硬、业余素质在行、作风务实高效等特点和要求。学校干部队伍要成为学校各项决议、决策的坚决拥护者、带头执行者。俗话说,无规矩不成方圆。学校管理要提高质量和效率,就必须抓好规章制度建设。不仅学校要有管全校的基本规章制度,部门也要有相应的规章制度,做到制度上墙、责任到人、落实到位、执行有力。

四是确立对外开放办学理念。当今世界,是一个开放的世界。高校发展,也要树立对外开放的意识和理念。高职院校在完成办学体制从中专向高校的转变的同时,还要借鉴国内外的办学模式和办学经验。不仅在人才上要引进,在管理方式、教学方式等方面也要适量择优引进。在引进来的同时,也要树立走出去的发展战略。走出去,是把学校的一部分领导干部和教职工送到相关单位进行学习深造,开阔眼界,提高素质。学校引进人才就是引进了管理模式、教学模式、科研模式。不仅要引进教学人才、科研骨干,也要引进管理人才。

五是确立规模效益协调发展理念。学校要发展,在政府投入不足的情况下,只有靠多渠道增加投入。抓住国家大力发展高等教育的机遇,扩大办学规模,不仅全日制学生的规模要扩大,成人教育和职业资格培训的规模也要扩大。在扩大规模的同时,必须注重办学的效益。要继续坚持注重办学质量,还要注重办学的投入与收益的关系。要节约办学资本,加强管理,避免浪费,减少损失,提高办学的经济效益和社会效益。学校领导及中层干部要考虑如何发挥教育资源的最大利用率。在工作中,通过加强管理,减少损耗,降低人才培养的成本来提高办学效益。要真正做到学校改革发展求最大值、求最大效益。

六是确立人文教育与专业教育并重理念。医学院校必须在注重学生专业教育的同时,加强学生的人文教育。人文教育是学生思想健康、综合素质和后续发展的基础,也是专业教育的保障和前提。要转变"重专业教育、轻人文教育"的思想,开设一些有助于提高学生综合人文素质的哲学社会课程和公共课程。

3. 制定发展措施要把特色发展渗透到学校各项工作

高职院校走特色发展之路,只有发展目标和理念是远远不够的,要把特色发展渗透到学校具体的发展措施之中。

一是建设特色专业和特色课程。"十二五"期间,曲靖医学高等专科学校在加强现有临床医学、护理学、助产、药学、医学检验、医学影像、眼视光技术、医学文秘八个专业建设的基础上,申办建设七至八个新型专业,如申办中医学、口腔医学、预防医学、医学文秘、医学与法律鉴定、康复技术、医疗仪器设备维修、医学信息技术、医学美容技术、老年保健、生物技术等医学专业,逐步扩展申办医学相关专业;学校建成一定数量的校级、省级、国家级特色(重点)特色专业。在课程建设方面,曲靖医学高等专科学校提出要努力建成五至六门省级精品课程、30门左右校级精品课程;要合理分配理论课程与实验课程课时,强化实验实训课程,保证实验课开出率达到95%以上;要不断加强教材建设。专业基础课、骨干专业课教材全部选用二十一世纪教材或教育部、卫生部统编教材或省部级优秀教材,加强自编教材的管理。

二是加强教学改革,强化实践教学特色。曲靖医学高等专科学校提出,积极推广省内外名牌医学院校的典型教学案例,吸收前沿性的教学研究成果,实现教学内容的理论性与实践性有机统一;建立健全管理机制,提高教学活动的规范化和科学化水平,积极创造条件,逐步推进和完善学分制;设立教改项目。每年至少设立两项校内教改项目,大力支持系部、教师进行人才培养模式、教学模式、教学方式改革;开展说课、讲课、教案、课件等竞赛活动,严格要求教师每年每人不少于七个工作日进修、培训、实践活动。

三是教学科研并重,强化服务功能。在科研队伍建设方面,曲靖医学高等专科学校提出要培养和造就一支职称、学历、年龄结构合理,学术研究成果在省内外有一定影响和知名度的学术梯队;要增加科研经费投入,设立校级科研项目和著作出版资助专项经费,提高科研成果奖励额度,每年按10%提取科研经费;要提高科研质量,有相当数量的学术论文在国家权威期刊或核心期刊上发表,参与编写的教材有相当数量选入21世纪规划教材或教育部、卫生部统编教材,申报省级以上科研课题立项率逐年提高;要加强与科研机构和医院、企业的合作,加强科研成果向现实生产力的转化力度,进一步为社会和地方经济服务;要坚持以教学带动科研,以科研促进教学的办学方针,加大对科研工作的扶持力度;完善和修订科研工作规章制度,提高管理水平。学校积极抓好和成人教育。加强职业培训和职业资格鉴定力度,不断扩大各级各类成人学历教育招生规模,加强成人教育管理,提高成人教育教学质量;争取各级各种培训项目,加大对外培训力度,多渠道增加办学经费。学校积极响应政府、社会号召,鼓励师生开展志愿服务活动;认真执行干部下派、下挂规定,积极参与地方经济社会建设;坚持开展"三下乡"送温暖等服务活动,主动承担社会责任,发挥高校引领地方思想文化建设、服务地方经济社会建设等方面的作用。

四是注重人才培养质量,保证"进口""出口"。曲靖医学高等专科学校通过加大招生宣传力度,开辟新的生源地,提高生源质量,力争省外招生扩大到20个省(市、区)以上,学生入学报到率达到95%以上。学校要按照"提高初次就业率,稳定年终就业率,提高就业质量"的就业思路和目标,加强就业指导教育和就业服务体系建设,加强和改进毕业生的就业培训和指导,促进学生就业观念的转变,为学生提供更多就业渠道;进一步完善就业工作的考核和奖励制度,每年学生就业率保持在90%以上,就业质量不断提高。曲靖医学高等专科学校加强与中国光华科技基金会、光华护士基金相关项目的合作。进一步加强与澳门宋庆龄基金会、泰国东方大学、菲律宾远东大学、英国 BTEC 项目组、日本国际语言学院等接洽商谈与合作,积极拓展对外交流合作项目,不断提高学校教育国际化水平;开设涉外专业,向国外输送学生学习、培训;引进留学生,引进外资,增强办学实力。

4. 抓好党建与思想政治工作,承办示范高职院校

高职院校要加强领导班子建设,为建设特色院校、示范院校夯实领导基础。加强学习,提高学校领导班子的用马克思主义统领教育教学工作的能力、科学判断形势的能力、推进学校改革发展的能力、科学管理学校的能力以及驾驭复杂局面和处理突发事件的能力,把学校领导班子建设成"廉政、高效、务实"的领导集体。高职院校要加强党建与思想政治工作,全面落实《中共中央关于进一步加强和改进学校德育工作的若干意见》《爱国主义教育实施纲要》和《中共中央、国务院关于进一步加强和改进大学生思想政治教育的意见》,加强"思想政治理论课"教学工作,进一步增强德育和思想政治工作的针对性、实效性;加强学校精神文明建设,加强校园文化建设,充分利用校园网络、校园电视和各类宣传橱窗,引领舆论主流,选树先进典型;大力加强校艺术团、合唱团、体育运动队等文体队伍建设,积极指导各类学生社团的建设,活跃校园文化生活,提高学生综合素质;健全学校安全预警机制和防险救灾应急预案,加强师生员工的安全教育,维护校园安全和谐稳定;加强党风廉政建设。加强对各级领导干部履行职责和行使权力全过程的监督,进一步强化对党员干部的党风党纪教育,提高广大干部和全体党员拒腐防

变的能力,杜绝腐败案件的发生。

(五)加强高职院校贫困生文化自信教育

文化自信是一个国家和民族经济发展、社会进步达到一定程度的显著标志。高职院校贫困生背负着当地经济和民族文化落后的沉重包袱,不仅影响到在校学习的自觉自信,还影响到今后就业的价值取向。研究高职院校贫困生脱贫文化自觉自信培育,对抓好民族地区高校大学生思想政治教育工作,促进贫困大学生健康成长成才,强化贫困生主动参与脱贫工作的责任担当意义重大。

习近平总书记在建党 95 周年大会上指出,"文化自信,是更基础、更广泛、更深厚的自信。"何谓文化自信? 文化自信就是一个国家、一个民族对自身拥有的生存方式和价值体系的充分肯定,是对自身文化生命力、创造力、影响力的坚定信念。① 文化自信归根到底就是对本民族文化的过去、现在、未来都持有积极和肯定的态度。② 因此,文化自信比道路自信、理论自信、制度自信更深厚,更能体现民族的自尊自强。文化的本质就是人化。一个民族经济社会发展的程度决定着该民族文化的自信度。文化自信力来自一个民族对其经济社会发展所取得的成就的充分肯定和对未来发展道路、前景的坚定信念。云南省民族众多,经济发展相对滞后。云南高职院校贫困生 90% 以上家庭被列为建档立卡贫困户。习近平总书记考察云南时,希望云南在脱贫攻坚中不让一个民族掉队。为了不让一个学生因贫失学,不让一户脱贫户因学返贫,2007 年至 2016 年十年间,云南省学前教育至研究生教育阶段共投入资金 1038.26 亿元,其中研究生教育阶段共投入资金 5.7 亿元,本专科教育阶段共投入资金 93.34 亿元。云南高校在开展教育扶贫中,把帮扶在校贫困生作为首要任务。高职院校实施在校大学生扶贫计划,应着力培育贫困生的脱贫文化的自觉自信,激发其摆脱贫困的内生力,增强其参与脱贫的责任感。

1. 高职院校贫困生脱贫文化自觉自信现状分析

一是贫困生普遍存在贫困心结。云南地处祖国西南边陲,有 25 个世居少数民族、15 个独有民族,全省人口 4740 万,少数民族人口占总人口的 33.67%。千年

---

① 冯鹏志. 文化自信是实现中华民族伟大复兴的强大精神动力[J]. 求是,2017,8.
② 刘玉. 浅议少数民族的文化自信与文化产业发展[J]. 商,2016,8.

来,由于大山隔阂,云南民族地区经济社会发展严重滞后于沿海发达地区。云南民族地区贫困面大、贫困程度深、脱贫任务艰巨。截至 2016 年底,云南还有 363 万贫困人口,占到全国贫困人口的十分之一。调查中,我们发现因为贫穷,云南民族地区高职院校的贫困生在校学习、生活等方面普遍存在贫困造成的自卑心理,毕业后决心走出大山、闯荡世界的勇气不足;因为贫穷和害怕贫穷,高达 85% 以上的云南高校贫困生毕业后不愿意选择返回家乡建设家园,他们宁愿留在大城市打工、"蜗居",也不愿到回到有编制的基层单位扎根与父老乡亲脱贫致富。

二是贫困生企盼家乡摆脱贫困。邓小平同志指出,贫穷不是社会主义,社会主义的本质就是要解放和发展生产力,消灭剥削,消除两极分化,最终达到共同富裕。消除贫困,缩小地区、城乡贫富差距,打赢脱贫攻坚战,实现贫困县如期脱贫摘帽、贫困户脱贫出列,最终达到共同富裕,这是社会主义的本质要求,也是中国共产党的历史使命。以习近平同志为核心的党中央向全党、全国人民和世界各国承诺:到 2020 年贫困人口全部脱贫、贫困县全部脱贫摘帽、全面建成小康社会。党的十八大以来,党中央带领全国各族人民致力于脱贫攻坚,取得了每年脱贫 1000 万贫困人口的辉煌战绩。云南省各族人民在各级党委、政府的坚强领导下,认真贯彻落实中央扶贫开发、决战脱贫攻坚战略部署,向贫困宣战,取得了阶段性成绩。到 2016 年底,云南省贫困人口已从 2012 年的 804 万下降到了 363 万,年均减少贫困人口 110 万。云南民族地区高职院校贫困生基本享受到了国家奖助学等教育扶贫的待遇。调查中,云南民族地区高职院校贫困生 100% 希望家乡早日摆脱贫困,但是有部分学生把脱贫的希望寄托在国家的救济救助上,没有意识到脱贫的主体是贫困地区的贫困群众,没有把自己摆进去。

三是贫困生摆脱贫困缺乏文化自觉自信。90% 以上云南民族地区高职院校贫困生对到近年来云南经济社会发展取得的成就高度肯定。2016 年,云南省实现地区生产总值 14000 多亿元,增长 8.5%,增速位居全国第 6 位;农村常住居民人均可支配收入增长 9.4%,增长幅度高于全国平均水平。但是,云南脱贫攻坚已经进入到"啃硬骨头"的艰难期。脱贫任务艰巨,国际国内经济发展不利形势,多数企业效益持续下滑,资源、环境、人才、资金、技术、管理、就业等方面的压力越来越大。云南民族地区高职院校一些大学生对政府能不能如期完成脱贫任务,自己和家乡能不能摆脱贫困底气不足、信念不坚定。云南民族地区高职院校 45% 的贫困生认为贫困仅仅是个社会问题,没有认识到贫困的根源在于缺乏脱贫的文化自觉自信。云南民族地区高职院校贫困生对贫困的认知反映出脱贫文化教育的缺失,亟待高校采取有效措施,加强贫困生脱贫文化自觉自信培育,改变当前民族地区高校贫困生对贫困的认知,增强其脱贫的文化自觉和自信,强化其参与脱贫的社会责任担当。

2. 民族地区高校贫困生脱贫文化自信自觉培育的重要性

一个民族的文化自觉自信与其经济社会发展的程度息息相关。因贫困导致对本民族文化的不自信是云南高校贫困生的共同问题。培育民族地区高校贫困生脱贫文化自觉自信意义重大。

一是培育贫困生脱贫文化自觉自信有助于"四个自信"教育的贯彻落实。党的十八大以来,习近平总书记把坚定中国特色社会主义的道路自信、制度自信、理论自信发展为道路自信、理论自信、制度自信和文化自信"四个自信"。加强大学生"四个自信"教育是高校思想政治教育工作的一项重要任务。文化自信是道路自信、理论自信和制度自信的题中之义,文化自信本质上是对中国特色社会主义的信念和认同。① 民族文化自信心是各族人民在解放和发展社会生产力的过程中,逐步消灭剥削,消除贫富分化,最终达到共同富裕的目标不断坚定下来的。坚定文化自信,需要对中华文化有一种坚信,对中华文明有一种坚信。② 如何坚定文化自信? 坚定文化自信必须传承中华优秀传统文化,必须发扬中华优秀传统文化,必须不断提升国家文化软实力,坚持以社会主义核心价值观凝魂聚力,大力推进文化创新。③ 坚定民族文化自信,源自我们有几千年的民族文化积淀,源自我们有改革开放四十年奠定的物质基础,源自我们有中国共产党的正确领导和全国各族人民的大力支援,源自我们有 4600 万云南各族人民的自立自强、拼搏奋斗的精神。

二是培育贫困生脱贫文化自觉自信有助于高校人才培养目标的实现。习近平总书记指出,新形势下,高校肩负着培养德智体美全面发展的社会主义建设者

---

① 秦宣. 文化自信实质是中国特色社会主义自信[J]. 求是,2017,8.

② 胡彦. 坚定文化自信的三个层面[N]. 云南日报,2016 - 08 - 05.

③ 燕爽. 以文化自信建设自信文化[J]. 求是,2017,8.

和接班人的重大任务。要教育引导学生正确认识世界和中国发展的大势,从我们党探索中国特色社会主义历史发展和伟大实践中,认识和把握人类社会发展的历史必然性,认识和把握中国特色社会主义的历史必然性,不断树立为共产主义远大理想和中国特色社会主义共同理想而奋斗的信念和信心。云南多民族的文化传统,构成了中华民族文化的一部分。云南多彩多姿的民族文化为打好脱贫攻坚战提供了悠久、丰厚、绚烂的历史文化资源,铸就了云南民族文化自信的基石。帮助大学正确认识贫困问题,增强其对地方经济社会发展前景的信心,增强其对云南各级党委政府提出的与全国同步建成小康社会的决心和信心认同,是云南高校人才培养的目标要求。

三是培育贫困生脱贫文化自觉自信有助于高校社会主义核心价值观培育和践行。当今世界,文化软实力的比拼,说到底是核心价值观的较量。习近平总书记指出,提高国家文化软实力,要努力传播当代中国的价值观念。当代中国价值观念,就是中国特色社会主义价值观念。云南上上下下,要通过多层次多形式的宣传教育和传播阐释,把贯穿其中的科学理论指导、坚定理想信念、正确价值追求,以及以爱国主义为核心的民族精神和以改革创新为核心的时代精神,在全省弘扬起来,把核心价值观贯穿于社会生活和对外交流的方方面面。通过弘扬文化自信,进一步增强全省各族人民的道路自信、理论自信、制度自信。高校是培育和践行社会主义核心价值观的主阵地。大学生社会主义核心价值观的树立关系到高校的办学方向和思想政治工作的成败。培育贫困生脱贫文化自觉自信不仅能提高其对社会主义核心价值观的认同度,转变大学生对贫困问题认识的价值偏差,确立正确的就业观,还能增强其带头践行社会主义核心价值观的主动性,增强社会主义核心价值观教育的实效性。

四是培育贫困生脱贫文化自觉自信有助于高校弘扬民族精神和时代精神。当今中国人的自信源自几千年的传统文化和近代以来在中国共产党带领下创造的社会主义文化。中国共产党人不仅用马克思主义改造了中国传统文化,提炼出了以爱国主为核心的民族精神,而且在不同时期创造了红船精神、井冈山精神、长征精神、延安精神、抗战精神、西柏坡精神、抗美援朝精神、大庆精神、雷锋精神、焦裕禄精神、"两弹一星"精神、特区精神等时代精神。习近平总书记指出,青年一代的理想信念、精神状态、综合素质,是一个国家发展活力的重要体现,也是一个国家核心竞争力的重要因素。云南省举全省之力打好脱贫攻坚战,实现跨越式发展,需要全省各族各界青年主动担当、凝聚智慧、激扬青春;需要不断提高大学生与时代发展和事业要求相适应的素质和能力,鼓励其在学习实践中培养练就真本领;需要引导广大青年学生积极投身改革发展稳定主战场,围绕跨越发展中心任务建功立业;需要在青年中倡导以创新为荣、创业为责、创优为乐,争当创新创业创优先锋;需要来自贫困地区、民族地区的大学生学成后主动到艰苦贫困地区、到祖国最需要的地方去施展才华,带头传播向上向善的青春正能量。云南高校要在大学生中,大力宣扬"高远、开放、包容、坚定、担当、务实"云南精神,增强贫困生的脱贫文化的自觉自信,激励他们学有所获,回到家乡与父老乡亲撸起袖子,埋头苦干,努力打赢脱贫攻坚战。

五是培育贫困生脱贫文化自觉自信有助于促进民族地区经济社会的发展。2014 年全国"两会"期间,习近平总书记参加贵州代表团审议时说,"一个国家综合实力最核心的还是文化软实力,这事关精气神的凝聚,我们要坚定理论自信、道路自信、制度自信,最根本的还要加一个文化自信"。大学生是祖国的未来,社会主义现代化建设的栋梁。来自民族贫困地区的大学生寄托着地方干部群众的梦想,如何引导和教育贫困大学生增强脱贫的社会责任感,立志为实现家乡脱贫致富勤学苦练,立志回乡建功立业,立志到党和人民最需要的地方去,这是高校思想政治工作的着力点。要使贫困大学生认识到,尽管脱贫攻坚任务艰巨,但是只要我们坚定民族文化自信,就一定能夺取脱贫攻坚的伟大胜利。

3. 民族地区高校贫困生脱贫文化自信自觉培育的途径

云南民族贫困地区脱贫工作取得了一定成绩,但是后期脱贫任务将更加艰巨。云南高校培育贫困生脱贫文化自觉自信要加强理论联系实际,用理论教育提高贫困生对贫困问题认识,用事实说话增强贫困生对脱贫的自信心。

一是帮助贫困生点燃脱贫文化自觉自信之灯。云南高校一些来自民族地区的贫困生因为贫困不愿意谈及本民族的文化习俗,没有看到民族文化的经济价值和社会效益。云南作为一个多民族融合的大省,具有十分丰富的民族文化。少数民族是云南的特色和优势,少数民族特有的文化是云南省村旅游可供挖掘的"潜力股"。云南民族文化资源有待开发,这需要改变少数民族文化多年来在政府的扶植下承担着促进民族地区社会团结进步的政治任务,一直以文化事业建设的方式生存的民族文化发展理念。①　实践表明,云南一些民族地区在政府、专家学者的帮助下,充分挖掘民族文化历史底蕴,打造民族文化精品,展示民族文化特色,促进了民族地区旅游业的发展,走出了文化脱贫致富之路。云南高校要教育指导学生深入本地开展民族文化资源调查,探寻文化脱贫新路,增强对本民族文化的自觉自信,做民族文化的发现者、宣传者,大胆进行民族文化创新创业。

二是帮助贫困生融入脱贫文化自觉自信之业。近年来,云南省各地州市为贯彻落实中宣部等部门实施的"贫困地区百县万村综合文化服务中心示范工程",加快推进云南贫困地区公共文化服务体系建设,促进文化精准扶贫,完成了439个村级示范点,按照一个文化活动广场、一个文化活动室、一个简易戏台、一个宣传栏、一套文化器材、一套广播器材、一套体育设施器材的"七个一"建设标准,扎实推进示范村综合文化服务中心建设。云南省近年来出版的纪实文学作品《南侨机工》《南侨机工在德宏》受到海内外华侨高度赞扬,演出的大型原创民族歌舞剧《刀安仁》《目瑙纵歌》分获全国、全省大奖,播放的电影《刀安仁》在第25届金鸡百花电影节成功首映,阿昌族作家孙宝廷荣获全国少数民族文学创作"骏马奖"。《云南省十三五时期文化产业发展规划》中明确规定,"十三五期间,每年重点扶持2—5部云南少数民族题材、历史文化题材、重大现实题材的电影电视剧",民族文化产业将发展成为云南的八大支柱产业之一。云南高校要教育引导贫困生主动融入云南文化产业发展大流,做促进各民族文化交往交流交融的使者,促进全方位、多层次、宽领域的对外文化交流与合作,进一步增强民族文化脱贫的能力,进一步提升民族文化的国际影响力。

三是帮助贫困生争当脱贫文化自觉自信排头兵。云南民族地区在大力发展民族文化的过程中,积极探索出了一条民族文化和基层党建有机融合的新途径。通过繁荣乡村民族舞台、发挥民族文化优势、强化宣传教育引导,切实将民族文化有效地转化为党建资源和党的执政能力,走出了一条民族文化与基层党建共同发展的新路子。在大学生中发展党员是高校党建工作的一项重要任务,把品学兼优的贫困生发展为党员,是高校实施教育扶贫的关键之举。高校要用党的创新理论

---

① 赵敏鉴. 少数民族文化产业化发展中的文化自信研究——云南纳苏彝绣产业创新发展的启示[J]. 黑龙江民族丛刊,2015,2.

武装贫困生头脑,坚定其对中国特色社会主义共同理想和共产主义远大理想的信念;用改革开放的伟大成就和各民族人民群众的殷切期望教育贫困生,增强其对中国特色社会主义建设和服务群众的社会责任感和宗旨意识;用身边的先进典型影响贫困生,激励他们向先进看齐,学先进、做表率,积极响应党和国家号召,到祖国和人民最需要的地方去建功立业;用地方脱贫致富的成就教育贫困生,帮助其重塑健全的人格心理,敢于正视贫困,立志摆脱贫困,敢于担当脱贫责任,以传承、发扬民族文化为突破口,为增强各族群众爱党爱国情怀,强化"三个离不开"思想教育,促进民族贫困地区早日脱贫做出新的贡献。

(六)对接行业文化建设,增强高职院校文化自信

党的十八大指出,要坚持社会主义先进文化前进方向,树立高度的文化自觉和文化自信。文化自觉和文化自信是一个国家的公民对本民族本国经济、政治和文化发展高度觉醒和自信的表现,是建立在道路自信、制度自信和理论自信基础上的思想自觉和精神自信。

我国高职院校虽然起步晚,但发展迅猛。高职院校为国家培养了一大批高素质高技能人才的同时,其内涵建设也得到不断提升。校园文化建设是高职院校继续发展的不竭动力,也是培育特色骨干院校的着力点。高职院校校园文化建设要注重校企文化对接,不断增强广大师生的文化自信和文化自觉。

1. 高职院校文化自信乏力

校园文化的自信和自觉建立在师生对学校办学历史、办学目标、办学基础、办学保障等方面的自觉和自信。我国高职院校主要是通过中升专、联合办学、转轨办学等渠道加入高等学校行列,在办学理念、办学基础、师资队伍、学生素质等方面与本科院校存在较大差距,导致师生对学校发展的自觉性和自信心不足。

高职院校的文化不自信首先表现为对学校的办学能力不自信。

由于高职院校处于高校的尾端,政府重视不够,社会关注不高,家长和学生选择就读高职院校多是无奈之举。一些高职院校的领导认为,与本科院校比,政府投入较少,体制机制不顺,难于做大做强,对学校发展缺乏自信和自觉。

高职院校的文化不自信还表现在师生对学校和自身的不自信和自觉。一些高职院校老师认为,高职院校不讲求升学率,教师教学水平再高也没有用;一些高职院校的老师认为,高职院校不考核科研,生源质量较差,没有职业的成就感;一

些高职教师认为,高职院校定位模糊,发展前景黯淡,管理松懈,没有很好的内外环境。高职院校的学生学习缺乏自信,自律性较差,思想不稳定,对学习、职业等认识不清楚,没有优越感。

高职院校文化的不自信还表现在校园文化建设理念、建设状况无特色和吸引力。高职院校为了提高就业率和办学吸引力,强化职业教育和职业培训,淡化校园文化建设。在校园文化建设理念方面,没有先进的理念和新颖的思路,照搬照套本科院校和社会模式,没有体现出高职院校的特色;已经建设成的一些高职校园文化千篇一律,对本校的历史、专业等体现不够,特色不明显,缺乏吸引力,没有发挥文化育人的应有功能。

2. 高职院校应正视文化自信

文化自信是高职院校师生工作信心、学习自信和发展自信的根本。一所缺乏文化自信的高职院校是没有发展希望的。高职院校的领导、广大师生要高度重视文化自信,要对学校的发展历史、发展实力、发展前途充满自信。

高职院校的文化自信建立在国家对职业教育发展的重视程度上。

《国家中长期教育改革和发展规划纲要》明确指出,发展职业教育是推动教育发展、促进就业、改善民生、解决"三农"问题的重要途径,是缓解劳动力供求结构矛盾和关键环节,必须摆在更加突出的位置。国家将统筹中等职业教育与高等职业教育发展,健全多渠道投入机制,加大职业教育投入。职业教育发展迎来了前所未有的发展良机。一些普通本科院校也在兴办职业教育,抢占发展先机。高职院校要对自身的办学经验、办学基础充满自信。随着社会经济的发展和产业结构的进一步优化,第三产业的兴起需要大量高素质高技能的服务性人才。高职教育培养中国特色社会主义建设者和接班人的任务将更加艰巨,高职院校的发展教育机遇将更多,发展空间将更加广阔。高职院校的教师要有理由对学校的未来充满自信,自觉建立高职院校的文化自信。

高职院校的文化自信还建立在教职工对职业教育的神圣使命上。职业教育属于国民教育体系不可或缺的部分,对社会经济发展起着重要的作用。职业院校文化建设是社会主义文化建设的一部分。高职院校在校园文化建设上,要以马列主义、毛泽东思想和中国特色社会主义理论体系为指导,以立德树人为立足点,吸收社会文化建设之长,与企业文化并生共长,形成有自身特色的校园文化,用先进的职业院校文化凝聚师生思想和精神,促进学校发展。

师生文化自信和自觉是高职院校校园文化建设的重要因素。高职院校教职工要自觉增强文化自觉和自信,认真履行教书育人的使命。高职院校教职工要高度认识到,高职教育为受教育者提供的不仅仅是在校三年的知识和技能学习,更重要的还要进行思想教育、文化修养、品德养成,不仅教育学生成长成才,还要成人。高职院校,要通过校园文化建设,唤醒广大师生的职业文化自觉,树立正确的教育观和成才观,发挥校园文化建设的主人翁作用,促进师生、校园和谐发展。

3. 高职院校增强文化自信

高职院校要在办学中找到找准文化定位,提高文化自觉,增强文化自信。高职院校不仅要强化知识与技能的结合,注重人才培养与企业的对接,还要在校园文化建设上,学会向企业借力,加强与企业文化的有机融合,不断丰富校园文化内涵。企业文化是企业发展的灵魂。高职院校要善于在与企业的合作办学中,学习借鉴企业的文化精神、文化内涵和文化建设经验,注重校园文化建设与企业文化建设的有效对接。

曲靖医学高等专科学校在校园文化建设中,通过加强校企、校院合作,把企业、医院的先进文化理念、管理服务文化制度等引进学校教育教学过程,让教师和学生在企业、医院进修、见习、实习过程中,感悟企业、医院文化,把优秀的院(企)文化带回学校,释放在校园每个角落;学校邀请院(企)领导、专家到校讲课、兼课,又把院(企)的文化融入课堂教学,带入师生头脑。学校与院(企)联手,共建校园文化。学校邀请院(企)专家参与到校园文化建设过程中,担任校园文化活动的指导教师或评委。学校制定管理规章广泛参阅院(企)规章,改造实验实训基地,完全参照院(企)病房或车间进行。学校继续注重学校的内涵发展,注重育人氛围和环境的建设,通过加强校企文化的有效对接,不断提高学校标准化、规范化、精细化和个性化管理水平,树立了"人人是形象,处处皆育人"的意识,在校园精神的塑造上、制度创新上、绿化美化校园环境上及开展校园文化活动上,学校软实力得到了不断增强,教职工教书育人的自觉性和自信心不断增强,学生学习的自觉性主动性和不断增强,毕业学生的就业质量不断提高。

学校精心打造有医学特色,适应院(企)工作环境和社会发展需要的医学校园文化。学生入学伊始,就被赋予"健康所系,性命相托"的神圣使命,承担着"竭尽全力除人类之病痛,助健康之完美,维护医术的圣洁和荣誉"的历史责任;在医学生诗词碑前集体宣誓决心:"救死扶伤,为祖国医药卫生事业的发展和人类身心健康奋斗终生!"

学校在开展各种校园文化活动中,把"生命至上、生存根本、生活追求、大爱无疆"作为主题,提高校园文化活动的针对性和实效性。开展珍爱生命、关注健康校园文化活动,帮助广大师生树立了正确的人生观、生命观,唤醒了学生对生命的尊重和呵护,并在尊重、保护自己生命的同时,努力去构建和谐的人际关系,促进各种生命体共生共荣;开展技能比拼、养心增智生存校园文化活动,增强了学生就业危机意识,培养了学生自立增强、团结拼搏、共同进取的职业竞争力;开展"魅力青春、锦绣医专"生活校园文化活动,培育了学生健康的生活情趣,培养他们养成良好的学习生活习惯,使他们学会在生活中帮助弱势群体,在生活中回报社会,在生活中处理好人际关系,帮助他们树立了正确的消费观,追求积极健康的生活方式。

专题五

高职院校学生管理工作若干问题探讨

高职院校学生是学校教育的对象。高职院校加强学生管理工作要以思想教育为主,关注关心学生学习、生活,及时帮助学生解决遇到的困难和问题,帮助学生端正学习态度,提高学习效率,增强为国家和人民学习的社会责任感。

一、高职院校学生党课教育

在大学生中发展党员关系到党的事业是否后继有人和中国特色社会主义事业建设的成败。医学院校培养的人才是将来直接服务人民群众健康、推进健康中国建设的主力军和生力军。在医学院校中发展学生党员,是医学院校党团组织的一项重要任务。为了了解新形势下医学院校学生党员发展状况,我们选取曲靖医学高等专科学校近三年150名入党积极分子进行了问卷调查,对学生入党积极分子的教育培训情况进行分析。

(一)高职院校学生党课教育现状

学生入党的动机是理性纯洁的。改革开放以来,受市场经济的冲击和国内外各种思潮的影响,部分大学生对党的认识发生了偏移,入党动机里面夹杂着功利性的价值取向。但是,我们对曲靖医学高等专科入党积极分子的调查显示,有32%的学生申请入党是出于"对党的认识",有68%的学生认为入党是出于对马克思主义和共产主义的"信仰",没有一人认为是为了"升学""就业""虚荣"。多数学生认为"入党与就业没有直接关系","入党与升学也没有直接关系"。也有学生承认"入党对于报考公务员、事业单位、参军或许有作用,但主要还是看个人的综合素质和就业竞争力"。可见,学生选择入党是理性的,而不是一时的冲动。

学生对党的认识有一定的基础。入党首先要认同党的理论知识,党的理论知识包括马列主义、毛泽东思想、中国特色社会主义理论体系、习近平新时代中国特色社会主义思想等理论知识和党的历史、党制定的路线方针政策、党和国家领导人的讲话、有关党的新闻报道。调查显示,有15.9%的学生经常阅读马克思主义理论和党的历史书籍,56.3%的学生阅读部分马克思主义理论和党的历史书籍,27.8%的学生读过少量的马克思主义理论和党的历史书籍;有12.2%的学生非常关注中国共产党的新闻和有关习近平总书记活动的新闻,51.3%的学生经常关注中国共产党的新闻,34.6%的学生偶尔关注,只有1.9%的学生不太关注这方面的新闻;7.2%的学生十分了解党的历史,75.7%的学生基本了解党的历史,16.4%的学生了解党的部分历史,只有0.7%的学生不太了解。学生了解党的历史主要是通过思想政治理论课教师课堂讲授和课外通过电视、广播、网络等媒体了解,学校要求学生每天坚持收看央视"新闻联播"等栏目,部分思想政治理论课教师在课堂上开展"每周新闻播报"等活动促进了学生对党和国家大事的关心了解。但是,学生对党的历史的了解主要要停留的教科书上,主动阅读马克思主义理论,主动学习党的历史的自觉性还不够,客观原因是学生日常专业课程学习任务繁重。

学生基本是上大学后才申请入党的。根据党章规定,只有年满18周岁学生才可以提交入党申请书,由于学习任务重、年龄小,所以高中阶段能入党的学生很少。调查显示有26.8%的学生在中学时期参加过党课培训,70.5%的学生在中学期间没有参加过党课培训,2.7%的学生不清楚在中学是否参加过党课培训。参加过培训的学生反映当时的党课培训是学校开展的一种思想政治教育活动,不是对入党积极分子或发展对象的集中教育培训,因为培训之前没有提交过入党申请书。对学生进行党的知识、思想教育培训应当从小抓起,而不是等到了学生入党的时候才进行。正是因为有些中学党组织和教师认识到了这点,把党课教育纳入到学生思想政治教育活动中,让党性在学生心中生根。

(二)学校多形式对学生"推优"入党,"推优"依据有待改进

学校根据学生不同情况灵活采用多种形式"推优入党"。根据党员发展细则规定,在校学生入党主要提通过学校团组织"推优"入党。"推优"就是将在思想上、学习上、工作上特别优秀的共青团员、青年学生向党组织推荐培养发展为党员。为了做好"推优"工作,曲靖医学高等专科学校制定了"推优"办法,每学期向各系党总支推荐一批品学兼优的学生参加党课培育和入党教育。调查显示,

32.1%的入党积极分子是通过班级团支部"推优"产生的,45.9%的入党积极分子是由班级学生民主推荐的,12.6%是由班主任直接推荐的,9.4%是由系党总支提名推荐的,班级学生"推优"占到了78%。班级学生推荐是在班主任和辅导员的指导下完成的,考虑到部分学生学习成绩优秀,思想品德端正,但是由于性格等原因,在班级缺乏人缘,班主任直接推荐给这样的学生提供入党的新途径,还有部分校系学生干部,学习成绩一般,但是思想觉悟高、组织能力强、热情为同学服务,由系部党总支直接推荐也为这些学生创造了入党的条件。

学生干部被"推优"参加培训比例较高。尽管学校采取多种形式推荐优秀学生作为入党积极分子参加党校集中培训,但从曲靖医学高等专科学校150名入党积极分子产生的情况来看,有40.7%的是班干部,14.9%的是系部学生干部,11.3%的是校学生会或部委干部,学生干部占66.9%,只有33.1%的是普通学生。团学干部能力强、学习成绩较好,在团学中有一定的影响力,与学生管理部门的老师接触较多,无论是班主任还是系部在推荐的时候都把团学干部作为首选。把团学干部作为入党培训的重点是学校长期以来对学生培养教育的结果。

在"推优"标准上还存在重学习成绩、轻其他方面的现象。通过对150名入党积极分子的问卷调查和走访发现,在推荐学生作为入党积极分子参加培训时,学校和系部将学生成绩作为主要依据,并规定"凡是有课程补考的一律不推荐",20.1%的学生认为班上在"推优"时主要看学习成绩,41.4%的学生认为主要看政治思想表现,3.1%的学生认为主要看是否为学生干部,35.4%的学生认为主要看平时(学习、参加活动获奖等)表现。根据党章规定,入党主要看申请人对党的认识,学生只要具备了入党的基本条件,都应作为被"推优"的对象。一些教师和学生反映,学生入党主要应看政治思想表现,不能用学习成绩"卡"学生,也不能"唯干部论"。

(三)入党积极分子集中培训教育深化了学生对党的认识

根据党员发展和教育有关规定,高校对学生入党积极分子必须进行系统的理论教育。要通过教育,加深学生对党认识,提高政治思想水平和觉悟,使他们在思想上认同党,在行动上向党员看齐,在学习、工作上优于普通同学。通过集中培训教育,学生的思想认识发生了明显变化。

学生高度认同中国共产党的领导。对150名入党积极分子调查显示,有

71.3%的学生充分肯定中国共产党的执政业绩,28.7%的学生肯定中国共产党的执政业绩,学生普遍认为中国共产党不仅领导中国人民取得了新民主主义革命的胜利,建立了新中国,实现了民族的独立和解放,还领导全面各族人民开启了改革开放的新征程,取得中国特色社会主义建设的伟大成就,使国家更加富强、人民备感幸福;尽管党内还存在"腐败"等现象,但学生对中央反腐败的力度、成效十分满意,基本能正确认识腐败产生根源。

学生高度信任中国共产党。学生认同党的理论、路线、方针、政策,认同党的核心领导,认同习近平总书记在全党的核心地位,有79.6%的学生十分信任中国共产党,20.4%的学生信任中国共产党,150名入党积极分子没有1人不信任或不太信任中国共产党。学生信任中国共产党是基于中国共产党领导中国人民取得的伟大成绩,基于对国际形势比较得出的结论,还有的学生认为自己入党是深刻认识到"只有在中国共产党的领导下才能实现中华民族的伟大复兴"。

学生明确自己入党发展重点。如何成为一名学生党员,有98.7%的学生认为应认真学习党的理论,提高思想认识;96%的学生认为应参加党组织活动,提高能力;96%的学生认为应学好专业知识,提高服务本领;95.3%的学生认为应弘扬党的优良作风,促进校风学风好转;89.3%的学生认为应发挥示范带头作用;62%的学生认为应在思想上、政治上、行动上与党中央保持高度一致。

(四)加强学生入党积极分子培养教育的对策

尽管调查结果令人振奋,但是调查对象毕竟是学生的佼佼者。卫生职业院校如何通过对入党积极分子的培训教育,发挥"领头羊"的示范带动作用,更好地加强和改进学校党建和思想政治教育工作,培养"四有"人才,应采取积极有效的对策和措施。

做好宣传思想工作,提高学生对入党的重视。要针对学生中存在的入党功利化思想,进行入党教育,端正学生入党的动机,提高学生对入党的重视。要使学生认识到,入党有利于培养大学生的爱国意识,有利于大学生加强对党的认识;要使大学生能够更加自觉地贯彻执行的党的基本路线,在改革开放和现代化建设中做出贡献,摆正党和人民的利益与个人利益的关系,逐步培养和树立甘愿吃苦、为人民务实奉献的人生价值观,纠正"入党就是为了显摆、就是为了就业"等错误认识。

规范学生入党教育管理,提高党员发展的质量。学校应加强学生入党积极分子的教育培养,要针对专科学生党员培养的实际,及早入手,积极慎重选苗,通过查阅学生档案,了解学生在中学期间的政治思想表现,通过班主任及任课教师了解学生学习情况、群众基础、道德品质等,坚持"早选苗、早培养"的原则,做好"推优"入党工作,把好"进口关";要积极组织学生党员和入党积极分子开展社会实践活动,促进理论与实践相结合;要加强学生党员管理,增强学生党员队伍的活力,提高思想认识;要加强学生党员入党后教育,充分发挥学生党员的自我管理、自我教育的积极性和能动性;要给入党积极分子多压担子,使他们在实践中锻炼提高;要以党支部为单位,经常组织学生党员开展谈心交流活动,提高学生党员的批评与自我批评的自觉性;要加强调研,深入了解当前学生党员的思想实际,把握教育对象存在的问题和自身符合点,探索出解决问题的方法和教育培训模式,正确高效培养出合格学生党员;要通过系统化理论教育,提高学生党员的政治认识能力,利用多样化的教育资源,强化大学生党员的正确的政治情感和态度;要积极组织学生党员参与学生思想政治教育和学生事务服务管理工作,参与学生班级、学校学生会或团委干部、学生社团等大学生教育管理工作,促进其关心自己和同学健康成长,注重听取和反映同学们的意见,帮助同学解决困难;要关爱帮助贫困学生党员,鼓励他们树立自信,及时理解他们的思想动向,注重人文关怀和心理疏导,广泛开展结对帮扶,及时帮助他们解决思想上、生活上的困惑和困难;要不断修订和完善学生党员发展标准,对学生党员发展对象的考察不应该只看成绩,更应该看其注重立场是否坚定,理论知识储备是否充足等。

二、加强学生人本思想教育

科学发展观强调以人为本,突出保护人的基本权利,尊重人人格和地位,重估人的价值,不再避讳人道主义精神。人本思想作为一种道德教育理念,符合科学发展观提出的以人为本精神,社会主义道德教育其目的也是为了塑造人,而不是塑造神。学校道德教育不能离开人来进行空泛的教育,应把人本主义教育作为基本的道德教育,只有培养懂人道、践行人道主义的人,才会成长为一个合格的社会主义建设者和接班人。

在《思想道德修养与法律基础》课教学中,笔者给学生举了这样一些实例:一名高校教师在地震发生时,不顾学生安危,自己首先冲出了教室,事后受到有关部门的严厉处分;北京残奥会组织者,为了方便运动员和残疾观众,实行无障碍服务;汶川大地震后,我国政府宣布了新中国第一个国家哀悼日。请学生结合科学发展观提出的"以人为本"思想,谈谈自己的看法。尽管学生的看法不尽相同,但都强调了要对人的尊重。

我们一直在反思中国的道德教育为什么见效不明显。有人批评说我们的道德教育是空洞的理论说教,脱离现实灌输,道德教育理论与实际分离,道德教育没有关注基本的道德问题,比如人道主义问题。我们要求学生从小树立为人民服务的思想,教育学生热爱祖国、热爱人民、热爱社会主义,而没有教育学生尊重其他人,关心身边的人,帮助身边的人,热爱自己的父母、老师和同学。道德教育总是没有针对性,没有体现人性。

(一)道德教育必须坚持以人为本,人道主义教育是道德教育的基本内容

坚持以人为本,注重人道主义教育,是十六大以来我们党在思想政治教育工作社会主义道德建设方面做出的开创性工作。党的十七大强调,加强和改进思想政治工作,注重人文关怀和心理疏导,用正确方式处理人际关系。党的十八大指出,要加强和改进思想政治工作,注重人文关怀和心理疏导,培育自尊自信、理性平和、积极向上的社会心态;党的十九大强调,要加强和改进思想政治工作,深化群众性精神文明创建活动。《中共中央国务院关于进一步加强和改进大学生思想政治教育的意见》指出,思想政治教育工作要"坚持以人为本,贴近实际、贴近生活、贴近学生,努力提高思想政治教育的针对性、实效性和吸引力、感染力,培养德智体美全面发展的社会主义合格建设者和可靠接班人"。我们不会忘记,当人民群众的生命财产受到严重威胁的时候,党和国家领导人不顾个人安危,身先士卒,亲临第一线,把抢救群众生命摆在第一位。

学校德育内容,不能仅仅是政治教育。在社会成员出现对政治漠不关心情形的影响下,纯粹的政治信条教育已经不能打动学生的心。学生更多关心的是自己的前途和命运。多数学生思考个人的实际问题较多,考虑别人、国家的大事较少。个人本位思考在回位。对种种变化,作为学校德育教育工作者,不能不进行思考。学校德育教育不能回避基本的人性问题,应将人本主义纳入学校德育教育的教育教学内容。

（二）人本主义教育有助于促进中国特色的社会主义道德教育

道德教育的目的就是要使人成长为一符合道德要求的社会人。学校道德教育首要的事务是教会学生如何做人。人本主义承认人的首要价值,肯定人有生存、自由、幸福和表现自己才能的权力,强调人的利益、人民的利益是评价社会制度的根本标志,平等、正义、人道是人民正常关系的行为准则。人本主义是道德教育的基础。学校道德教育除了应在教学内容上增加人道主义的内容外,还应把人文精神关怀渗透到道德教育活动中。

社会主义人本主义是革命的人道主义,它既不同于中国封建传统的道德教育,也不同于资本主义抽象的人道主义。西方抽象的人道主义忽视了人的社会性和实践性,在道德教育上脱离了人所生活的现实世界,在强调尊重个体价值的同时,忽视了集体的价值,在尊重本国人价值的时,轻视异国人的价值。思想道德教育要提出要"以人为本",把人本身作为目的,促进人的全面而自由的发展。做到人伦实现、人格圆满和人性完善的有机统一。

"以人为本"的道德教育,是人道主义道德哲学和马克思主义人学的内在要求,也是社会进步和科学发展的必然结果。今天突出"以人为本"主题,就是要把马克思主义的人道主义与社会主义道德教育结合起来,更加关注人的尊严、价值和发展。笔者认为,马克思主义的人道主义包括革命的人道主义与和谐发展的人道主义。在和平建设时期,和谐发展的人道主义教育更适应社会对道德教育要求。

在思想道德教育中,把人本主义作为德育的内容和目标之一,更能发挥德育的功能,减弱德育的空洞说教的负效应。德育必须关注生命个体、人的价值和尊严,国家有界,而人道有共性。当我们遭遇地震等特大自然灾害时,世界各国从人道主义的角度给予我们物质援助和精神鼓励。云南省率先提出要在各级各类学校开展"三生"(生命、生活、生存)教育,也是积极探索实践和谐发展的人道主义道德教育有效途径。和谐发展的人道主义教育有助于促进中国特色社会主义道德教育。

（三）人道主义教育在学校德育教育中是基本的道德教育

根据《公民道德教育实施纲要》,学校道德教育主要包括社会主义理想信念教育、社会公德教育、职业道德教育和学生行为规范教育等。最近几年,越来越多的专家学者主张,应把生命教育、人道主义教育作为学校德育的基本内容,要教育学生善待生活,尊重他人,学会关心他人,加强感恩教育、同情心教育等。人类只有关注生命,善待生命,才能切实做到"以人为本",处理好人与人、人与社会、人与自然的关系,才能推动"和谐社会"、"和谐世界"的建设和发展。

《中共中央关于构建社会主义和谐社会若干重大问题的决定》指出,要"加强青少年思想道德建设,在全社会形成知荣辱、讲正气、促和谐的风尚,形成男女平等、尊老爱幼、扶贫济困、礼让宽容的人际关系",要"注重促进人的心理和谐,加强人文关怀和心理疏导,引导人们正确对待自己、他人和社会,正确对待困难、挫折和荣誉"。构建社会主义和谐社会,需要我们着力去进一步研究如何在学校德育工作中加强和谐发展的人道主义教育。

三、在禁毒防艾教育中增强学生的社会责任感

当今社会,禁毒和预防艾滋病已经成为国家和全民的行动。大学生作为社会的活跃群体,是禁毒防艾的重点对象。高校不仅要对大学生加强禁毒防艾方面的宣传教育,还要组织学生参加禁毒防艾志愿者服务活动,增强学生的社会责任感。

曲靖医学高等专科学校作为一所地方医学高等专科学校,积极参与"预防艾滋病"等公益活动。学校于 1999 年就成立了以校长为组长的"学校艾滋病预防教育领导小组",由学校教务处、团委、学生处、思政部等部门具体负责在学生中开展预防艾滋病的宣传教育活动。学校与曲靖市红十字会合作,先后派出了 11 名教师参加由云南省红十字会与澳大利亚红十字会共同组织的艾滋病"青年同伴教育"主持人、观察员培训。这些老师在学校、机关、农村、社区、戒毒所开展了 60 多场培训,有 2000 多人参加了听课。学校于 2003 年受到云南省红十字会的表彰,被评为"艾滋病青年同伴教育最佳支持单位",多名老师被评为"云南省青年同伴教育项目优秀主持人、观察员"。学校每年都在学生中开展了"禁毒防艾"专题讲座等活动。

(一)培训骨干教师,在学生中加强禁毒方案宣传专题教育

为了让禁毒防艾工作在校园内掀起高潮,学校于 1987 年就派出了以预防教研组谭华教师为主的首批云南省预防艾滋病教师培训;1988 年,学校又将艾滋病相关知识纳入《预防医学》和《传染病学》两门必修课程教学活动中,并安排了 8

个课时,由预防医学教研组和内科教研组的老师担任教学工作,将预防艾滋病教育教研室设在预防医学教研组。学校还安排老师开展预防艾滋病第二课堂讲座,自1988年以来,每学期都举行一到两次以禁毒和预防艾滋病为主题的专题讲座,授课结合讲座,把禁毒防艾工作落到了实处。

2006年以来,学校每年在校本部和分部同时开展了"禁毒防艾"专题讲座,组织全校学生参加,由参加省高校预防艾滋病宣传教育骨干教师培训的三位老师主讲,学生认真做了笔记。学校团委还对学生进行了"禁毒与预防艾滋病教育"问卷调查,并抽查了参加听讲座的部分学生的听课笔记,口头问询了相关问题。从反馈的情况来看,我校学生对讲座非常满意,防艾知识知晓率达到90%以上。

(二)立足学校,面向社会,积极开展禁毒防艾宣传教育活动

学校教务处将禁毒防艾教育教学工作纳入《预防医学》和《传染病学》教学计划,安排了8个课时的教学时间。担任两门学科教学的老师,不仅做到了把教材内容讲清、讲透,还收集了大量的素材,运用多媒体和电视录像提高学生学习的积极性,引起学生对禁毒防艾的高度重视,增强了学生禁毒防艾的自觉性。

2007年以来,学校加强与云南省防艾办、曲靖市防艾办、曲靖市疾病预防控制中心等组织机构合作,立足校园防艾宣传教育,面向社会开展宣传活动。每年,学校组织200多名学生到麒麟区戒毒所开展禁毒宣传教育活动;组织了500多名学生参加了云南省新型毒品暑期宣传活动启动仪式;组织40名大学生参加云南省2007年暑假大学生禁毒防艾宣传志愿者社会实践活动;邀请了曲靖市红十字会到校开展了禁毒防艾有奖知识竞猜活动;请曲靖市电影公司到学校为全校学生播放了《预防艾滋病》专题教育影片,组织了120名学生分组到曲靖市火车站、珠江源广场、艺术剧院广场开展禁毒防艾知识宣传,向群众发放宣传资料15000多份。

(三)组织大学生禁毒防艾志愿者,积极参与季度防艾宣传教育活动

2006年以来,曲靖医学高等专科学校组织了"禁毒防艾志愿者",动员400名学生报名参加了"禁毒防艾"志愿活动;每年在国际禁毒日宣传活动,向商店及行人发放宣传资料1000余份;组织开展了"禁绝毒品,预防艾滋、共享生命"等征文活动,组织参加了"青春同行,抗击艾滋"大学生电视演讲比赛初赛;组织开展"预防艾滋,健康生活"大学生书画比赛;组织学生参加了由省教育厅在警官学院举办的云南省2007年高校禁毒防艾知识竞赛,获得了"优秀奖";组织了52名大专生

到珠江源大剧院听"云南边防部队三年禁毒人民战争"专场报告会,使大学生们接受了禁毒防艾教育;举办了全省高校"青春无悔,共抗艾滋"大学生电视演讲比赛预赛和禁毒防艾知识竞赛,通过电视转播对全校学生进行了生动的禁毒防艾基本知识宣传教育活动;举行了禁毒图片展,一幅幅反映吸毒、禁毒典型事例和有关法规的图片吸引了同学利用课间休息时间前来参观。

四、高职院校学生就业创业创新教育

国际经济形势复苏缓慢,我国经济进行结构性调整,2017 年全国高校毕业生795 万人,势必造成今年更加严峻的就业形势。这些年来,我国高职院校走的是依靠规模求生存,依靠政策谋发展的道路,中等职业教育享受到国家的大力扶持政策,本科以上院校在生均经费等方面明显胜于高职院校,高考的优质生源流向重点院校和本科院校,高职院校数量和在校生人数虽然占据高等院校半壁江山,但是潜存的危机和面临的挑战十分严峻。

学校发展的关键是学生的"出口"。学生能就业,能充分就业就能使高职院校的发展带来强劲动力。曲靖医学高等专科学校作为我国边陲云南省的一所普通高等医学高等专科学校。学校招生规模逐年扩大,专科在校生由 2006 年的 520 余人增加到 2017 年的 8000 多人。学校重视学生就业工作,成立的就业工作领导小组和招生就业部门,秉承"认真工作,力求零差错;服务学生,争取百分百"的工作原则,积极探索适合学校实际和满足社会需要的就业路子,调动各方积极性,大力促进学生就业。2009 年首届专科学生就业率达到 96.8%,2017 年达到 98.5%。

(一)健全机制,加强就业工作领导

学校党委和行政高度重视就业工作,把就业工作放到"关乎社会稳定、关乎学校生存发展"的战略高度,成立了学校就业工作领导小组,以学校党委书记、校长为组长,学校党委副书记、副校长、校长助理招生就业处处长为副组长,校团委、学生处、教务处、各系部主要负责人为组员,落实就业工作"一把手"工程,真正做到组织到位,分工明确,形成主要领导亲自抓、分管领导专门抓、招生就业处综合协调、各相关职能部门密切配合、层层落实、全校重视、全员参与的就业工作服务体系,确保就业工作的稳步推进。

为了调动各方面积极性,每年年初,学校都要召开"就业工作总结表彰暨部署

会"，学校与系部、各系部与各班主任分别签订就业工作目标责任书，实行校、系、班三级就业工作考核管理模式；年中，学校召开就业工作推进会，分析今年就业工作的重点难点，研究当前做好就业工作的方法，进一步推进就业工作落到实处。通过召开各种就业会议动员广大教职员工群策群力，利用学校有限的条件和资源为毕业生提供岗位需求信息和帮助，对学校各阶段就业目标做出了明确规定和要求。

（二）加大投入，保障就业工作条件

学校从政策、人力、物力等方面加大就业工作投入。学校及各系部负责就业工作的专职和兼职人员近 30 人，办公室设施都是学校最好的。学校根据需要实报实销，在经费上给予保证。据不完全统计2014 年就业工作经费60 万元，占全校学生学费的2%。校领导对就业工作给予高度支持，宣传费、市场调研、交通差旅费、接待费、印刷费、年终考核奖励等费用给予实报。

（三）完善制度，构建"全程化"就业指导体系

学校实行就业工作重心向系部下移，实施考核激励机制。就业工作任务繁重、涉及面广，需要学校各部门密切配合和全体教职工的通力协作与共同努力。借鉴其他院校先进经验，结合实际，在制度管理和服务上下功夫，建立了《曲靖医学高等专科学校就业工作实施意见》《曲靖医学高等专科学校就业工作职责》《曲靖医学高等专科学校就业工作考评及奖励办法》《曲靖医学高等专科学校就业指导课实施细则》《曲靖医学高等专科学校就业指导手册》，实行规章制度管理、考核奖励机制，并划拨专项经费进行奖励，充分调动各部门就业工作积极性，促进了学校就业工作的开展。

为拓展就业渠道，转变学生的就业观念，建立了"全程化"就业指导体系，有计划为学生分期开展职业生涯规划与就业指导课，宣传国家的就业政策，通过讲座、报告会、咨询会、创业意识培训等多种形式，组织学生学习和利用就业政策，掌握就业流程，了解就业前景、大力宣传"贷免扶补""专升本""三支一扶""预征入伍"及"自主创业"等就业政策，积极转变就业观念。帮助学生了解就业途径，认清就业形势，鼓励学生多种渠道就业，建立了校、院系、专业不同层面的就业指导与辅导体系，使学生受教育面全员覆盖。

（四）加强调研，找准专业就业定位

学校各系深知"出口畅，进口才会旺"，就业工作好坏与教师效益挂钩，在全校制定"十三五"规划过程中，各专业就业率的高低成了学校专业设置、招生规模调整，学科建设的主要参考依据。实事求是，深入基层开展调研，面对日益严峻的就业形式，学校协调各部门坚持"走出去"、"请进来"的方法，学校领导亲自挂帅，分6组，两次到文山、红河、昭通及曲靖等个地州开展就业工作调研，摸清了各专业就业市场需求，掌握了市场对各专业人才的需求信息和招聘渠道，并积极争取就业岗位。

学校还利用组织学生寒假到家乡的市、县、乡、村医院（卫生院）等医疗卫生机构，进行社会对医学生需求情况等方面的调查，请各用人单位协助完成"两表"，即《用人单位对我校毕业生评价调查》和《用人单位人才需求调查》。学生在调查后，根据调查情况形成了社会实践调查论文571篇。根据市场调研结果分析，初步确立了各专业的就业市场定位和定向，形成了"临床专业远离中央，占领地方，以县、乡基层就业为主；护理专业以省、市、县事业单位为主；眼视光技术专业以大城市眼镜企业和公司为主等"分专业就业定位的指导思想。

学校加强就业追踪，及时掌握就业动态。学校大力加强毕业生就业签约情况的反馈和统计工作。根据就业工作的要求，建立了实习生生源数据统计表和应届毕业生就业率统计表，班主任实行就业率有变化就及时报，系部每周一报，及时反馈毕业学生的就业信息，核实并记录毕业学生的就业状态，确切掌握每个学生的就业情况，及时调整和做好就业服务工作。

学校积极参加科学出版社组织的《高职高专大学生创业与就业指导教程》课题组的研究，加强新形势下就业工作的问题集对策的探讨和研究，对做好就业工作起到了积极作用。市场调研，找准专业就业定位，根据市场调研结果分析，初步确立了各专业的就业市场定位和定向，是保证高就业率的关键。

（五）开辟新路，多渠道促进学生就业

学校积极做好对外交流与合作工作，积极开拓国外就业市场，2014年选派3名学生赴英国留学，为提高我校学生就业竞争力打下了基础。选派就业指导人员参加在北京举行的"医学院校就业指导（Work Skills课程）职业能力公益培训"，提升了我校就业指导教师的专业知识、社会实践经验、综合职业能力。

学校充分利用大中专学生就业招聘网络平台,为我校优秀学生提供网络招聘平台,推选了51位优秀学生,进行了视频采集,学生视频通过就业平台得到自我展现,方便和增加了就业机会,展现了我校毕业生的风采。目前2017届已有650名实习同学通过网络招聘平台提前找到了用人单位。

学校积极与社会有关部门和用人单位联系,为学生搭建就业平台。有专人负责收集用人信息,利用企信通、飞信、QQ及时向毕业生发送短信,传达应聘单位资质、待遇及岗位需求,通知在实习医院的学生并组织应聘。2017年发布就业信息116条,发布5万人次学生。实行多点开花的方式,组织校、系招聘会40余次,邀请用人单位100多家,提供就业岗位1000多个,签署意向就业协议书800多份。

学校各系部开展一系列与就业相关的活动,促进学生进一步了解就业流程、转变就业观念。组织就业模拟大赛、就业知识竞赛,通过现场模拟让更多的同学清楚招聘方式、就业礼仪及医学生的就业前景。2014年推选学生参加"云南省第三届贤士榜杯就业也模拟招聘大赛",充分展现体现我校学生的综合素质和风采。

为了做好学生就业工作,缓减学生就业心理压力,避免学生离校前的破坏行为危及学校和社会的稳定。学校成立了以书记、校长为组长的"毕业生文明离校工作小组",为了让学生知道各种就业手续的办理,把"毕业生办理就业手续流程"、"毕业生回生源地办理就业手续流程"、"毕业生改派流程",通过就业政策宣讲会海报、展板的形式张贴宣传出去,让每位来办理离校手续的同学,都清楚地了解各种手续办理的地点及时间,确立了专人负责办理就业登记证。为学生办理好各种离校手续和就业登记。倡导学生"感恩母校——为母校做点事"活动,让学生在活动中受教育,文明离校的氛围在校园悄然形成。

五、高职院校贫困生生源地贷款资助途径

党中央、国务院高度重视和关心贫困生助学工作。2009年7月,教育部发出了《关于切实做好2009年普通高等学校新生入学"绿色通道"和贯彻落实国家资助政策有关工作的通知》(教财〔2009〕15号),要求各地教育行政部门要按照2009年全国学生资助工作会议要求,积极配合当地财政、银监等部门和有关金融机构,大力推进、扎实做好生源地信用助学贷款工作,力争在贷款学生人数和贷款金额上有大的突破。同时要求各高校,要继续认真做好高校国家助学贷款工作并积极

配合做好生源地信用助学贷款工作,确保家庭经济困难学生尤其是新生"应贷尽贷"。

云南省规定的,凡是符合"生源地信用助学贷款"申请条件的学生,均可以向生源地的县级教育局提出最高额不超过 6000 元的助学贷款。生源地信用助学贷款是指学生通过生源地县级教育部门,向金融机构申请办理助学贷款。国家于 2007 年 8 月出台了"生源地信用助学贷款"政策,并在湖北、黑龙江、江苏、陕西、甘肃、重庆 6 个省市进行试点。2009 年 5 月召开的全国学生资助工作会议上确定全国所有的省(自治区、直辖市)都要全面开展生源地信用助学贷款,要力争覆盖所有的市、县,实现家庭经济困难学生"应贷尽贷"的目标。

曲靖医学高等专科学校是 2006 年经国家教育部批准在原曲靖市卫生学校的基础上升格的一所全日制公办医学高等专科学校。学校现有全日制在校学生 8000 余名人,在校生中,90% 来自我省贫困地州县市,贫困学生占到学生总人数的 55%,特困学生占到 30%。近年来,学校党政领导高度重视贫困生资助工作,认真贯彻落实国家新资助体系政策,在助学贷款等方面进行了有益的探索,为努力兑现"不让一名学生因贫困而退学"的承诺做出了贡献。

(一)生源地信用助学贷款是国家学生资助体系中最主要、最有效的方式

贫困生自主体系包括国家资助、社会资助和助学贷款三个部分。国家资助体系包括国家奖学金、国家励志奖学金、国家助学金、国家助学贷款和教育部师范院校免费资助等。国家助学贷款又分为国家助学贷款和生源地信用助学贷款。

国家助学贷款与生源地信用助学贷款相比,在申请对象、贷款额度、贷款期限、贷款利率、贷款方式、申请程序等方面大体相同。但在执行过程中,国家助学贷款靠信用作担保给银行和学校带来了许多问题,造成借贷学生因不守信用等因素借贷成功率和按时还贷率低。曲靖医学高等专科学校 2006 年有 100 余名贫困生在学校的协助下向曲靖市的国家商业银行贷款,都没有贷到款。一些银行的负责人告诉学校,如果学校肯作担保或学生能找到可靠的担保人,银行才敢放贷。国家助学贷款对银行存在巨大风险。通过学校与学生家长的努力,2007 年学校有两名学生获得了国家助学贷款,但都是有父母作了担保。2008 年,学校与银行配合,在新生生源地教育行政部门的努力下,我校有 80 名学生获得了生源地信用助学贷款;2009 年,有 253 名学生获得生源地信用助学贷款。

生源地信用助学贷款对贷款对象没有作过高的限制,只要符合贷款条件的学生,办有关手续后,都可以在一个月左右获得批准。生源地信用助学贷款期限较长,学生在学生期间的利息由国家财政贴息,国家还为生源地信用助学贷款设立风险补偿专项基金,降低了银行的贷款风险;采取由申请贷款学生及其家长之一组成生源地贷款共同借款人,强化了申请人与担保人的共同责任意识;在国家强有力地推动下,生源地信用助学贷款受到学生、学生家长、学校欢迎。与国家助学贷款相比,国家助学金、奖学金、社会捐助、学生学费减免等资助方式覆盖面窄、投入有限、受惠人少,只能作为资助体系的辅助方式。近年来,我校在办学经费严重困难的情况下,每年用于学生资助的费用高达 90 万元左右,占到学校可用经费的6.1%。自国家实行生源地信用助学贷款政策以来,可以缓解学校靠自身资助贫困学生的压力。笔者认为,国家生源地信用助学贷款是国家新助学体系中最主要、最有效的方式。

(二)进一步完善国家生源地信用助学贷款政策

国家从 2009 年开始,将生源地信用助学贷款作为一项惠民工程面向全国各省、自治区、直辖市推行。但对于高校,在配合银行、市县区教育行政部门落实这一政策时也遇到了一些问题和困难。

首先,生源地信用助学贷款对申请人条件中要诚实守信、遵纪守法和家庭经济困难等规定,高校在操作过程中遇到困难,对于新生和实习期较长的学生,学校对学生的道德品质和遵纪守法考核难以做到。应建立不同的考核办法,由中学对新生、高校对在校生、实习单位和用人单位对毕业学生进行这方面的管理和考核。对学生家庭经济是否困难,学校难以一一进行实地考察。这方面的责任应由学生生源地的地方政府有关部门和银行共同进行。

其次,生源地信用助学贷款额度规定为 6000 元,不能适应学生日益增长的学费支持实际情况。据笔者对我校学生学费情况的调查,每生每月的最低生活费用支出在 350 元,每年需要 4000 元左右;加上学费等支出,每生每年最低学习生活费用为 12000 元左右,国家助学贷款显然不能满足学生的实际需要。国家应根据经济发展情况和社会消费水平的变化,逐年增加助学贷款额度。

再次,银行与学校转账方式存在困难。每个高校都有独立的银行账户。目前办理生源地信用助学贷款的银行是国家开发银行,多数高校没有与国家开发银行建立业务联系,办理生源地信用助学贷款主要是帮助学生缴纳学费等基本费用,给学校与银行带来转账等方面的困难。国家应增加办理生源地信用助学贷款的银行,方便学校也方便学生。

最后,生源地信用助学贷款政策对学校是否应承担协助还贷责任没有做出明确规定。随着获得生源地贷款的学生人数不断增加,学校在加强学生诚信教育、积极配合教育行政部门和银行做好贷款工作的同时,也感到应当协助做好借贷学生毕业后的还贷工作。但是,国家生源地信用助学贷款政策没有作出明确的要求和规定,好处是学校的责任负担减轻了,造成的问题是学校的对学生的诚信教育和借贷协助工作成效后继乏力。

(三)认真贯彻落实国家新资助体系政策,协力做好生源地信用助学贷款工作

根据教育部、省教育厅关于切实做好普通高校新生入学"绿色通道"和贯彻落实国家资助政策的有关工作的文件精神,高校要在从贯彻落实科学发展观、维护校园稳定的政治高度认真贯彻落实国家新资助体系政策,重点是配合教育行政部门、财政部门和银监部门,协力做好生源地信用助学贷款工作。

一是认真学习领会文件精神,做好资助政策和生源地贷款动员宣传工作。高校要把国家资助政策向学生、学生家长作重点宣传,使党和国家的惠民政策人尽皆知,让有经济困难的学生都能享受政策提供的好处。特别是要大力宣传好生源地信用助学贷款政策。学校可利用给新手寄录取通知书和给老生寄成绩通知书的同时将国家生源地信用助学贷款政策手册一并寄到每个学生手中。

二是协助抓好生源地信用助学贷款申请工作,认真做好在校学生的贫困情况、遵纪守法情况的认定、评定工作。学校通过多种方式来确定学生的贫困情况,做好贫困生的贫困身份认定工作:一是通过新生报到缴费情况,掌握一部分家庭确有困难的学生名单;二是要求辅导员、班主任深入学生中间做细致工作,对学生平常的衣、食、住、行和其他同学的反映来全面了解学生家庭情况;三是在第一个学期结束时由学生根据一个学期来的相互了解进行一次学生评议;四是对极少数情况进行电话或函件咨询核实。学生处对各系上报的贫困生的基本材料还要进行反复认真的审核,凡发现有不符合贫困生要求的,则马上从贫困生档案里清除。

建立固定贫困生档案和临时困难学生的档案和诚信档案,对贫困生实行动态管理。对于结果确认符合贫困生条件的学生由各系部和学生处建立固定的贫困

生档案,对于本人或家庭其他成员遭遇重大天灾、人祸或疾病等意外事故从而引起家庭经济发生困难的学生,经过一定的确认程序建立临时困难学生档案。如果发现或收到举报有申报弄虚作假者或在校吸烟酗酒或长期高消费等行为的,则及时清除出档案,取消资助资格。

三是加强学生诚信教育,为做好助学贷款工作提供思想保证。生源地信用助学贷款是建立在借贷人的信用基础上,加强学生诚信教育,不仅是学校思想政治教育工作的一项重要内容,也是学校配合有关部门做好助学贷款工作应尽之责。

四是全面落实国家资助政策,抓好奖、助、勤工俭学等辅助工作,解决家庭经济困难的学生及家长后顾之忧。尽管奖助学金、勤工俭学和学费减免等措施是助学贷款的辅助措施,但随着国家不断增加投入、加大资助力度,抓好这些辅助资助工作也很重要。学校将不断增加这项工作的人力、物力投入,确保这些措施落到实处,发挥积极效应。

专题六

高职院校加强和改进党建工作对策

高职院校各级党组织是学校改革发展的核心和中坚。新形势下,加强和改进高职院校党建工作,要按照建设学习型、服务型、创新型基层党组织要求,坚持党要管党、从严治党,开展好专题教育活动,加强党风建设、思想建设、组织建设、制度建设,发挥基层党组织的战斗堡垒作用和党员干部先锋模范作用。

一、加强高职院校基层党组织规范化建设

高职院校基层党组织是学校教育教学改革的政治领导核心。曲靖医学高等专科学校党委下设临床、护理基础、医技公共、药学四个党总支和机关、离退休两个直属党支部,共有党员 300 余人,在深入开展"两学一做"学习教育中,学校把规范党组织建设作为加强和改进学校党建工作的重点。

为深入开展"两学一做"学习教育,推进学校基层组织规范化建设,学校党委专题研究,按照上级党组织提出的"组织网络明晰化、设施配套标准化、工作制度系统化、骨干队伍专业化、主体功能多元化、组织活动经常化、主题活动品牌化、管理维护常态化"基层组织建设要求,统一思想,提高认识,健全机构,明确责任,强化联动,注重融合,进一步发挥基层党组织战斗堡垒作用,为全面推进学校各项工作,促进学校科学发展、和谐发展和跨越式发展提供了坚实的思想保障和组织保障。

(一)统一思想,提高认识,进一步强调基层组织规范化建设的重要性

党的十八大明确提出,要把全面贯彻党的教育方针,培养社会主义建设者和接班人,贯穿高等学校党组织活动始终,发挥党组织在推进教育改革、搞好教书育人、加强教师队伍建设中的领导核心作用。学校党委强调,基层组织规范化建设

是学校加强基层党组织建设的重要举措,党员干部要进一步统一思想,提高认识,增强加强基层组织规范化建设的重要性和紧迫性。

1. 加强基层组织规范化建设是由高校党建工作的特殊性决定的。高校党组织是一级基层党组织,加强学校基层党建工作,事关党和国家事业全局,事关高校改革发展稳定大局,是学校党组织必须承担的政治责任;校院系两级党组织是学校的领导核心、政治核心和战斗堡垒,扎扎实实搞好基层组织规范建设工作,对学校能否适应形势、抓住机遇、迎接挑战,掌握战略主动权,具有决定性意义。

2. 加强基层组织规范化建设是由学校面临的形势和任务决定的。当今社会正处于大变革、大调整、大转化的转型时期,人民群众对医疗卫生需求的多元化、高质量对医学教育提出了更高的要求,学校要适应经济、社会、文化、科技发展的需要,适应国家医疗卫生体制改革需要,要建一流名校,树一流名师,育高素质精品学生,实现"一年打基础、两年建合格、五年创示范、十年专升本"的发展战略,就必须按照"八化"要求,规范党建工作,增强党组织的凝聚力、战斗力,把广大教职工团结在党组织周围,按照既定的目标,团结一致,奋勇争先,埋头苦干,务求实效。

3. 加强基层组织规范化建设是由学校党组织自身状况决定的。近几年来,学校党委学习中国特色社会主义理论体系,坚持党的路线、方针、政策,认真贯彻执行党的教育方针和卫生工作方针,采取一系列行之有效的措施,加强学校党的政治建设、思想建设和组织建设,取得了一些成绩。但是,与新形势和新任务的要求相比,还存在不少问题,还有许多薄弱环节,还显得不很适应。如:一些社会的腐败丑恶现象对学校党员有着很大的思想影响,一些党员的信念、信仰、信心产生了动摇;党组织机构不健全、制度管理不完善、宣传影响不得力,有的教职工对党组织的政治信任、组织归属、作风带动认可度不高;基层党组织的思想引领、政治保障、任务执行作用不明显;党员教育发展、思想政治工作、德育工作、精神文明建设工作,资金投入不足,队伍不够稳定,人员素质不高,工作针对性、实效性不强,方法手段滞后;等等。

为此,只有加强基层组织规范建设工作,使学校党组织坚强有力,始终保持蓬勃生机和旺盛活力,才能发挥政治核心和战斗堡垒作用,才能采取有效措施,战胜繁多困难,解决复杂矛盾,学校的发展才能道路通坦。

（二）健全组织，强化责任，进一步落实基层组织规范化建设的各项任务

学校党委紧紧围绕"培养什么人，怎样培养人；办什么样的学校，怎样办好学校；建设什么样的党组织，怎样建设"的根本问题，按照"八化"要求，进一步落实基层组织规范化建设的各项任务。

1. 健全组织，做到组织网路明晰化。学校按照《中国共产党普通高等学校基层组织工作条例》的要求，积极推行学校标准化党总（支）部建设，在支部建制的基础上调整成立了四个系部党总支、两个直属党支部，配齐党总支、党支部班子，并在高年级学生班级逐步建立学生党小组、党支部，积极探索在实习生相对集中的单位建立流动学生党组织，加强实习学生党员的教育管理，扩大党组织覆盖面，发挥学校各级基层党组织在教育教学、行政后勤管理、社会服务等方面的政治核心作用；通过抓好党建带团建、党建带群工，增强党组织和党员对民主党派、群团组织和普通教职工和学生凝聚力，提高基层党组织对学校民主党派、群众团体的辐射影响作用。

2. 加大投入，做到设施配套标准化。学校党委建有二十四平方米的活动室，各系党总支设立专门的办公室，学校投入八万元，配置了办公桌椅、文件柜、电脑等，为每个党总支（部）订了《人民日报》《求是》《学校党建与思想教育》等报刊；各党总支（部）按照"一室多用"的要求，美化活动阵地，突出党建宣传室、党员服务室、职工文化娱乐室等综合功能。目前，已经有三个党总支的活动室做到"五有五上墙"，年底其余党总支（部）也建设到位。

3. 完善规章制度，达到工作制度系统化。近年来，学校党委制定和完善了《党委议事制度》《标准化党支部建设标准》《创先争优实施办法》《党委会议制度》等近十项规章制度，以健全民主集中制为重点加强制度建设，以完善惩治和预防腐败体系为重点加强反腐倡廉建设，把制度建设贯穿于党建工作各个方面，建立健全保持共产党员先进性的长效机制。

4. 选好用好干部，力求干部队伍专业化。学校党委高度重视、切实加强学校中层干部的培养、使用、教育、管理与监督。学校干部制度建设，主要在以下几方面有创新，有突破：一是按照党管干部的原则，坚持按"四化"方针和德才兼备标准选拔、任用干部；二是制定和完善符合科学发展观要求的干部考核体系，为干部的选拔、任用提供科学依据；三是推进公开选拔干部的工作，选拔、任用干部加强透

明度,增强群众参与的程度;四是积极推进干部竞选制度;五是建立各部门干部主管领导负责制。学校党的组织部门,加强对干部的教育,提高干部遵守和维护组织纪律的自觉性。广大干部发挥先锋模范作用,以浩然正气和无私形象引导全校教职工同心同德、共同致力于学校的改革发展。

5. 坚持一室多用,体现主体功能多元化。各党总支活动室,既是党员开展理论学习、组织生活等场地,也是系部教职工举行各种活动的阵地,成为系部职工和师生最经常集聚的场所,活动室的主体功能得到了充分发挥。

6. 丰富党员活动,保持组织活动经常化。各系部党总支充分利用活动阵地,结合教育教学工作和学生管理工作,开展了"早日站在党旗下""党旗在我心中""我为党旗添光彩""党旗召唤"活动及"三个一"魅力党员群众评选活动,引导广大教职工积极参与到重点任务、中心工作中去,在资助生活困难学生,做好师生心理疏导,帮助毕业生就业,维护校园安全稳定等方面发挥积极作用。

7. 结合实际,重点打造,追求主题活动品牌化。各党总(支)部,结合实际,创造性开展活动。机关直属党支部开展了"比学习,创一流素质;比团结,创一流队伍;比服务,创一流作风;比技能,创一流业绩;比贡献,创一流形象"的"五比五创"实践活动;教学系部党总支开展了"树立良好师风,争当育人标兵;树立良好学风,争当学习标兵;树立良好作风,争当服务标兵"的"三树立三争当"主题实践活动。各党总支在开展活动中,抓好重点,突出特色,打造品牌,扩大影响。基础护理系党总支开展的"技能比拼"主题活动,坚持开展师生护理操作技能大赛,有七人参加全国大赛获奖;临床党总支开展的"牵手助困"主题活动,党员累积捐款近万元,有力帮助了困难职工和数名贫困学生;医技系党总支开展的"党员促就业"主题活动,组织党员主动帮助学生联系用人单位,推荐学生积极就业,使眼视光等专业学生就业率达到98%以上。

8. 统筹协调,明确责任,做到管理维护常态化。学校党委统筹全校基层组织规范化建设工作,组织部具体负责落实建设任务,宣传部、纪检部门、党办协助配合抓好各项工作,各党总支(部)具体落实建设任务;学校党委进一步明确党委书记负总责,党总支(部)书记为第一责任人。各党总支(部)安排专门人定期更换活动室展出内容,维护活动室设施,保证各项活动顺利开展。

(三)基层组织规范化建设促进学校实现跨越发展

学校党委高度重视基层组织规范化建设工作,加强领导,建立健全组织,完善管理制度,注意发现和培育典型,发挥示范带动作用,加强监督坚持,做到赏罚分明,极大地激发了学校各级党组织的创造性开展工作,促进了学校科学发展、和谐发展、跨越发展。

1. 基层组织规范化建设夯实了学校发展基础。学校 2010 年 10 月顺利通过教育部合格医专评估,2011 年 4 月启动了创建云南省特色、骨干院校工作,2016年启动的了"专转本"工作。学校党委把创建省级特色、骨干院校作为落实创先争优活动的重点工作,成立领导机构,编制项目建设任务,召开全校动员大会,号召学校各级党组织和全体党员投入创建工作,确保了学校"十二五"发展目标基本实现。

2. 基层组织规范化建设增强了学校发展活力。学校党委以加强社会主义核心价值体系为核心,坚持以人为本、任人唯贤,做到人尽其才、各尽所能,充分调动广大党员和教职工的积极性;及时调整、补充了中层干部,把学历高、年富力强的同志安排到重要岗位历练本领;学校领导关心教职工学习、生活,及时为教职工排忧解难,做好教职工思想政治工作,广大教职工干事有依靠、说话有人听,心情舒畅,党员干部形成了"个人形象一面旗、工作热情一团火、谋事布局一盘棋"团结干事的局面。

3. 基层组织规范化建设促进了学校跨越式发展。2010 年以来,学校共获得国家级质量工程项目和省级质量工程项目 21 项,成功申报国家级、省部级、市级科研课题及项目 20 余项;在校生规模由 2006 年的 2000 人增加到 2017 年的 8000余人;2012 年,学校党风廉政建设考核进入全省先进行列,学校被评为云南省高校创先争优先进学校。

4. 基层组织规范化建设激发了党员先锋模范作用。在基层组织规范化建设中,学校党委确立了 4 个党建工作示范点,每年树立 10 个左右学习典型,涌现出了一大批创先争优先进集体和个人。近年来,有 11 名党员教师被评为云南省教学名师,有 4 名被评为曲靖市骨干教师,多名党员教师被评为校级专业带头人、教学名师和骨干教师;学校有 5 个党支部被评为市级以上先进基层党组织,20 余名党员教师被评为市级以上"优秀党员"和"优秀党务工作者",近 500 余名学生党员和入党积极分子被评为省级"三好学生""优秀学生干部""优秀毕业生";在学校各类表彰中,党员占到了80%以上,"为党徽增光、为党旗添彩"成为每位共产党员的自觉行动。

5. 基层组织规范化建设促进了校风教风学风建设。在基层组织规范化建设中,学校各级党组织和广大党员以优良党风,正校风、促教风、带学风,弘扬爱国精神、科学精神、人文精神,培育了以社会主义核心价值观为主体的,具有医学教育特色的校园文化;学校坚持"以人为本、立德树人"育人方针,大力加强党员干部廉洁奉公、服务群众工作作风建设,大力加强教职工廉洁从教、教书育人师德建设,大力加强大学生核心价值观教育,凝练出了"坚定信念,爱国为民;忠诚教育,德学塑人;献身医学,救死扶伤"的教师核心价值观和"爱党爱国,立身做人,钻研医道,立志成才;德技双进,立业为民"的医学生核心价值观;校园文化建设成为云南医科院校的一道靓丽风景;校园绿化、美化、亮化工程成效明显,被评为市级、省级园林单位;"文明处室""文明班级""文明宿舍""文明家庭"评选活动,师生重品行、讲文明蔚然成风。

二、加强高职院校服务型党组织建设

我国高校是党委领导下的以培养社会主义可靠接班人和合格建设者为目标的教育机构。中央和教育部党组强调,高校开展党的群众路线实践教育活动要立足高校教育教学科研工作实际,着眼增强服务意识、改进服务态度、转变服务作风、丰富服务内容、提高服务质量等各项工作,通过抓服务型党组织建设,扎实有效促进学校各方面工作。

(一)树立群众观点,强化服务意识,转作风促校风教风学风

党的群众观点就是马克思主义的群众观、人民观、历史观的具体体现。高等院校各级党组织和广大党员干部,只有树立党的群众观点,才能将广大师生员工凝聚在党组织的周围,激发他们建校强校的智慧和热情,才能克服改革发展中遇到的各种各样困难;也只有树立党的群众观点,才能真正自觉抵制形式主义、官僚主义、享乐主义、奢靡之风的侵蚀,才能真正深入群众,体察民意,代表好、维护好、实现好广大师生的根本利益,才能提高党的路线、方针、政策的执行力。

当前,我国高校各级党组织总的形势是好的,但是也存在一些不容乐观的情

况。一些高校党组织软弱涣散,少数党员干部违纪违法时有发生,党风不正导致校风教风学风滑坡。近年来出现的学术不端、学术腐败等与高校党风廉政建设工作不无关联。一些高校在教育实践活动调研征求意见中,部分师生反映有些职能部门的工作人员服务态度不够好,存在着"门难进、脸难看、事难办"的现象,服务的意识不强。学校党政机关是学校对内对外服务的窗口,代表着学校的整体形象。

首先,要增强机关党员干部为师生服务的意识,转变工作作风。要教育学校机关党员干部和一般工作人员认识到学校党政机关的职能就是服务好师生,服务态度的好坏都直接显示出机关工作人员的精神状态、基本素质和管理水平。转变学校机关干部作风建设,要切实变指挥命令、僵化刻板为周到热情服务,树立正确的事业观和权力观,创建服务型党组织、服务型部门。工作人员要自觉增强服务意识和责任意识,做到感情到位、责任到位、工作措施到位,实现工作快节奏、办事高效率、服务优质化,不断增强服务的主动性、预见性和实效性,以优质高效的服务质量促进学校各项工作的开展。

其次,学校各级领导干部要带头抓作风,带头树立服务师生的公仆意识,改善服务态度,提高服务质量,要积极主动地听取广大师生员工的呼声,想问题、办事情要设身处地地为师生员工着想。对能办的事情,要立即办;对能够办但有困难的事情,要想方设法办;对因条件不具备,政策不允许,暂时不能办的事情,要讲明原因,做好工作,取得谅解。

再次,学校各级领导干部、共产党员要加强理论学习,提高贯彻执行党群众路线的自觉性和主动性。要自觉地"照镜子、正衣冠、洗洗澡、治治病",要通过此次学习,明确今后努力方向;要通过学习振奋精神,处理好学校发展与个人利益的关系,从学校的长远利益着眼,自觉维护发展成果,努力推进发展速度,全力解决发展中存在的问题;要通过学习,改进工作,提高效率;要通过学习达到"科学理论武装、具有世界眼光、把握发展规律、提高工作能力"的目标;要通过学习增强服务意识,提高服务本领,多沉到基层,少发号施令,克服官僚思想,带头干事,充分调动广大教职工的积极性、自信心,集思广益,群力推动学校去发展。

最后,要切实通过抓党风、作风建设,促校风、教风、学风好转。高校要利用党政机关深入开展作风转变年良好契机,扎实抓好党员干部的思想作风、领导作风、工作作风、生活作风建设,进一步增强党员干部的学习意识、大局意识、责任意识、效率意识、服务意识、廉洁意识和争优意识。要通过抓党风提振校风、教风、学风建设,营造教书育人、健康向上的氛围。当前,高校要认真组织党员、干部深入学习习近平新时代中国特色社会主义思想、党的十九大精神,提出的"八项工作要求",科学谋划学校的发展,坚持理论联系实际,在实干上下功夫,在落实上见成效,扎扎实实地做好学校的各项工作,为学校健康、持续的发展提供了思想保证。

(二)践行群众路线,提高服务质量,深入群众摸底调研

党的群众路线倡导一切为了群众,一切依靠群众,从群众中来,到群众中去。高校开展群众路线实践教育活动,建设服务型党组织,就要把工作的着力点放在提高为师生服务的质量上。服务质量体现着一所高校的管理水平和工作人员的素质。这就要求高校各部门要树立大局意识、协作意识,既要各司其职,又要分工合作,增强团结协作精神,补台不拆台,主动担当不相互扯皮,尽可能减少工作环节中人为中间环节和推诿扯皮的现象,提高办事效率,增强合作合力。

学校党员干部要深入群众蹲点调研,摸底掌握实情。云南省高校在"四群"教育活动中,学校领导深入社区乡村走访农户,进行调研,以座谈、实地察看等方式,对农村、社区的医疗卫生、基层文化、乡村教育等进行了调研。一些学校立足学校,安排校领导及党委班子成员联系校内一至三个部门、一至三名教职工和三名贫困学生;中层领导干部联系一至二名教职工、一个学生班级、二名贫困生;教职工普通党员联系一名困难学生。学校各级领导和普通党员把开展"四群"教育活动、密切联系群众各项任务落到实处,力求实效。学校领导干部和党员教职工深入教职工及学生,了解真实情况,研究问题、解决困难、指导工作,同干部谈心,同师生座谈,倾听师生意见、化解矛盾、集中智慧、积蓄力量,寻求解决问题、推动工作的方法和途径,扎实推进工作,构建和谐美好校园。学校党员干部通过深入调研,走访民情,广泛征集广大师生反映的突出问题,摸清摸准摸透师生最关心、最需要、最迫切需要解决的问题,理论联系实际,撰写调研报告和理论研究成果,召开专题研讨会,听取汇报,集中研究解决制约学校发展突出问题,进一步统一思想认识,理清发展思路,明确发展战略和步骤,全力推进学校各项改革,努力实现科学发展、跨越发展发展、和谐发展目标。

我校党员干部在践行党的群众路线、建设服务型党组织大走访、大调研中,一

方面看到了近年来学校在党建与思想政治教育、教育教学改革、基础设施建设、人才培养质量等方面取得了显著成绩;另一方面也进一步了解到在竞争日益激烈的环境下,学校一些党员干部队伍思想认识不统一、教职工精神懈怠、学生厌学情绪有所抬头,已经成为学校进一步改革发展的障碍。比如:一是管理体制不够科学,管理规章制度形同虚设。学校制定的各种规章制度,大多数在制定时没有经过教职工的认真讨论,没有广泛征求群众的意见,实用性、针对性、可操作性不强;在执行过程中,领导主观臆断、随意性和执行部门不依规办事,奖罚不明,责任不清,出现有规不依、执规不严、违规不究的现象。学校已经初步确定了"校系两级"管理体制,但是院系部、处室的管理实体责、权、利没有真正落到实处,二级管理机构的职能没有得到有效发挥。部门之间的职责没有真正明确,经常出现工作推诿、扯皮的情况。二是干部责任意识、全局意识不强,带头谋事、干事劲头不足。部分干部,考虑个人得失多,关心学校不够;凡事权衡利弊,利己之事抢着干,累活、见不到成效的活推给别人干;与人不是比工作,而是比出差、比清闲;出风头的机会绝不退让,埋头苦干的事绝不揽活;做事一级推给一级干,汇报工作只讲成绩不谈不足;不是从学校发展的大局谋事干事,而是从"升官发财"的角度谋事干事。甚至为了个人或小圈子里的人的利益,排挤不同政见、不同利益群体的人;有了好事只想着自己或小圈子的人,出了问题、有了困难要么推向上级,要么推责给老实人;执行规章制度个个充当"老好人",害怕得罪人,自己也不想负责。学校和有些部门对教职工采取"命令式""家长式"管理,亲疏有别,不是就事论事,而是看人办事。三是教职工安于现状,不求进取,危机意识不强。60后的教师等待退休养老,70后的教师忙于晋职称,80后、90后的教师疲于教书,潜心做学问的屈指可数,真心教书育人的不多。一部分青年教职工认为工作主要是为了"实现个人的人生价值",挣钱就是为了"养家糊口""买车买房",有少数青年教职工认为工作的主要动力是"物质待遇";少数教职工认为"只有混个一官半职才有前途",有个别教职工认为"只有有了权力才不会被人整",还有个别青年教职工对学校和个人前途感到"无望""渺茫";多数青年教职工认为当前教师的工资待遇没有公务员高,应当提高教师收入;一些青年教职工建议学校领导重视培养青年教职工,大胆提拔和使用青年教职工,把品德高尚、能力强的青年教职工放到一些岗位上进行锻炼。四是学生管理停滞于中专时代,学生普遍厌学。少数学生认为理论课课堂教学

"太枯燥""课堂气氛有点沉闷,互动较少""太理论化",并有些不切实际,给人一种"飘"的感觉、"枯燥无味,空洞"、"空口号,不生动";在教学活动中,一些任课教师反映,学生基本上是踩着铃声进教室,打瞌睡、思想开小差、作业应付、考试蒙混过关,学习目标不清楚,学习动力不强。部分学生反映,学校理论教学与实践教学脱节,学生学习活动缺乏自主性。

(三)密切党群关系,为民办实事好事,推进服务型党组织建设

服务型党组织建设是一项系统工程,需要内外沟通、部门协作。践行党的群众路线、建设服务型党组织的最终目标是维护好、实现好、发展好广大人民群众的根本利益,落实到亲民为民,为民办实事好事。

曲靖医学高等专科学校在开展群众路线教育活动中,学校5位校领导及部分中层干部按照省市委要求,积极做好"四群"教育联系点、联系户的"四群"教育工作,先后4次到富源县大河乡黄泥村委会开展调研,对联系户进行入户座谈及走访慰问活动,为联系点、联系户解决和发放慰问费2万余元;指导村干部和农户要做好防灾预防,确保粮食颗粒归仓;帮助1名村民就近联系了一家煤矿企业,解决了难找工作的困难;帮助黄泥村购买了4件血压计、10个书架、2个文件柜等,准备近期将这些物资运到黄泥村,进一步改善该村办公设施和村卫生所医疗服务条件。

学校领导和党员干部加强校内教职工和学生联系,帮助困难教职工和贫困学生解决实际问题。学校党委关心教职工生活,在编制十分紧张的情况下,协调将两位老师的爱人调入学校,帮助他们解决了夫妻多年分居的问题;药学系党总支扩大"四群"联系对象面,把工作重点放到对残疾学生、"后进学生"的关心、帮扶上;临床系党总支创造性开展"四个帮扶""五个结合""四群"教育活动,从思想、学习、生活、工作等方面对"后进生"、困难生进行力所能及的帮扶;医技公共党总支在"四群"教育活动中把解决学生就业难作为工作的突破点,动员党员干部调动各方面的社会关系,千方百计帮助今年毕业的287名学生解决就业难题,经过学校、系部、教师和学生家长的共同努力,目前就业率已达到80%以上;护理基础党总支向全校师生发出倡议,为11级护理9班患白血病的一名学生募捐到了近5万元治疗费,尽力帮助该学生家庭解决一部分困难。

三、高职院校创建一流基层党组织

高职院校各级基层党组织要按照中央和省市委要求,统一思想,提高认识,从严治党,建立健全一流党组织创建工作方案,明确目标任务,将党建工作与学校的教学、科研、管理工作紧密结合,严责任、抓关键、破难题、补短板,抓规范、创一流,有效发挥党委的政治核心作用、基层党组织的战斗堡垒作用和党员的先锋模范作用,着力打造一流党建工作品牌,用教学、科研、管理成绩来展示创建一流党建工作的成果;以创建一流党建为学校升本及优质学校建设奠定坚实的思想基础和提供坚强组织保证及政治保证。

(一)紧扣立德树人,落实主体责任

立德树人是学校工作的根本任务。高职院校各级党组织聚精会神抓党建,重视思想建党,牢牢把握社会主义办学方向,牢牢把握意识形态工作主导权。增强师生共识,筑牢育人阵地,为推动内涵建设和科学发展提供坚强的思想保证和组织保障。

1. 把握主题,深刻认识全面从严治党新要求

高职院校各级党组织紧紧围绕坚定不移推进全面从严治党主题,以党章为根本遵循,以习近平总书记系列重要讲话为指引,以中心组学习、"三会一课"、党员固定活动日为载体,把思想建党和制度治党紧密结合,推进"两学一做"学习教育的常态化制度化,坚持把思想政治建设摆在首位。围绕坚定理想信念,加强理论武装,在全体党员中扎实开展理想信念和宗旨教育,加强党性和道德教育,坚定对马克思主义的信仰、对共产主义的信念和全心全意为师生群众服务的宗旨。按照"基层党建提升年""两学一做"学习教育常态化制度化工作要求,对创建一流党建工作进行全面安排部署,切实把全校党员干部的思想认识统一到全国高校思政工作会的精神上来,统一到坚持社会主义办学方向、坚持党的全面领导的政治要求上来,统一到一流党建的创建活动上来,进一步把管党治党、办学治校主体责任落细落小落实。

2. 加强分类指导,推进三级联创

高职院校一流党建的创建始终坚持贯彻"围绕中心抓党建,抓好党建促发展"的工作思路,加强分类指导,推进三级联创。针对党员领导干部、教职工党员、学

生党员等不同群体,按照党委、党总支、党支部不同层级,精准施策,开展"三级联创",构建系统完备、科学规范、运转有效、对象清晰的党建工作体系,推进党的组织架构扁平化、高效化,推动一流党建向纵深拓展。学校党委班子多次深入到各党总支、支部开展实地调研指导。聚焦问题导向,着力解决党建工作中的重点、热点和难点问题,要求基层党组织不断创新工作载体、探索活动模式,通过一流党总支、一流党支部的创建活动,倡导各支部开展"有思想引领、有丰富内涵、有鲜明特色、有活泼形式、有务实收效"的主题活动,提升党总支、支部活力和组织生活的吸引力,形成了一个党员一面旗帜,一个支部一个品牌的示范效应,保证创建活动突出特色,取得实效。

(二)围绕意识形态,推进思想建设

学校党委坚持党的教育方针不动摇,坚守党的意识形态阵地不松懈,牢牢掌握意识形态工作的领导权、管理权、话语权,规范党内政治生活、严守政治规矩,认真学习贯彻习总书记在全国高校思想政治工作会议上的讲话精神,全面加强学校思想政治工作。教育引导广大师生在思想上、政治上、行动上同党中央保持高度一致,确保社会主义办学方向。

1. 社会主义核心价值观融入教育教学全过程

高职院校要按照培育和践行社会主义核心价值观教育,组织开展社会主义核心价值观为主题的专题讲座、演讲比赛,开展师生践行社会主义核心价值观有效路径、社会主义核心价值观融入思想政治理论课教学和融入群团组织建设、校园文化活动的研究。针对教师、学生、管理人员等不同群体的特点,采取不同教育方式和途径,充分发挥思想政治理论课"主渠道"与日常思想政治"主阵地"教育的作用,通过课内课外相结合,理论实践相结合,推动社会主义核心价值观"入脑入心",内化于心、外化于行,使之成为全体师生的群体意识和自觉行动。

2. 加强思想政治理论课主阵地建设

思想政治理论课是对学生进行思想理论教育的课堂。胡锦涛同志指出,"用科学的理论武装青年,关系到我国社会主义现代化建设的前途和二十一世纪中国的面貌,意义特别重大。使建设有中国特色社会主义理论深入浅出进入课堂、进入教材、进入广大青年头脑,要作为一项紧迫的任务提上我们重要工作日程,努力付诸实施。"①习近平总书记指出,做好高校思想政治工作,要因事而化、因时而进,因势而新。要遵循思想政治工作规律,遵循教书育人规律,遵循学生成长规律,不断提高工作能力和水平。要用好课堂教学这个主渠道,思想政治理论课要坚持在改进中加强,提升思想政治教育亲和力和针对性满足学生成长发展需求和期待。② 高职院校要按照国家标准,加强思想政治理论课建设,充分发挥思想政治理论课主阵地、主渠道作用,巩固省级思想政治理论课建设优秀等级成果;深入实施高校思想政治理论课建设创新计划,严格执行思想政治理论课建设标准,规范使用国家统编教材;组织教师参加各级培训,不断提高教师教育教学水平和科研能力;以课堂教学为主体,以第二课堂、实践教学和网络教学为两翼,深化思想政治理论课教学模式和教学方式改革,增强思想政治理论课教学的实效性,真正把思想政治理论课建设成为大学生真心喜爱、终身受益、毕生难忘的优秀课程。

3. 着力加强学校思想文化阵地建设管理

加强对课堂教学、讲座论坛、社团活动、校报校刊、校内广播电视以及微信、微博、网络平台的管理。全面推进校园文化建设,强化荣誉意识,努力用科学理论、正确思想、先进文化占领学校思想文化阵地,不给各种错误思想和不良思潮提供传播渠道。特别是加强校园网络的建设和管理,加强网上舆情的监测、研判,及时掌握思想动态,敢于和善于回应师生关切的重大理论和实践问题,有针对性地做好引导工作,形成网上网下思想政治教育的合力。习近平总书记指出:"要创新改进网上宣传,运用网络传播规律,弘扬主旋律,激发正能量,大力培育和践行社会主义核心价值观,把握好网上舆论引导的时效,使网络空间清朗起来"③

严格执行报告会、研讨会、讲座、论坛"一会一报"制,确保学校各项工作在思想上、政治上、行动上与习近平同志为核心的党中央保持高度一致,绝不允许公开发表同党中央决定相违背的言论。

(三)强化基层工作,夯实组织建设

高职院校党建工作围绕加强基层党组织建设为重点,充分发挥各党总支(支

---

① 胡锦涛. 胡锦涛文选. 第一卷[M]. 北京:人民出版社,2016:133.

② 习近平出席全国高校思想政治工作会议并发表重要讲话[M]. 人民日报,2016 – 12 – 09.

③ 习近平. 习近平谈治国理政[M]. 北京:外文出版社,2014:198.

部)的创造力、凝聚力、战斗力,以服务学校专升本、服务教学、服务学生为重点,切实加强一流党组织建设。

1. 规范设置基层党组织

充分结合各党总支(支部)实际情况,建立了政治强、业务好的班子,以项目管理的方式积极推进各级基层党组织创先争优常态化、长效化,切实推进基层服务型党组织、创新型党组织建设,提升基层党组织建设科学化水平;主动适应办学体制、内部管理体制、组织结构和党员队伍构成的新变化。各党总支(支部)班子成员依据各自职责,分工明确,在一流党建的创建活动中,带领全体党员团结共事、锐意进取,用事业凝聚人心、用成绩推动发展,成为学校各项事业改革发展的"总抓手"。

2. 认真开展党员发展工作

坚持把政治标准放在首位,严格党员发展程序和纪律,按照"坚持标准、保证质量、优化结构、发挥作用"的十六字方针,积极稳妥地发展党员。重视把青年教师特别是学科带头人和学术骨干等各类优秀人才凝聚到党和国家的事业中来,把教师党员的发展作为重要任务。健全入党积极分子动态管理机制,按照5个阶段、25个步骤要求,严格时段管理,确保发展的党员成为社会主义的合格建设者和可靠接班人。

3. 加强干部队伍建设。

曲靖医学高等专科学校开展一流党建创建活动以来,举办了干部履职能力提升专题培训班,全校近60名干部参加培训;举办了党务干部培训,全校50余名党务干部参加学习培训;组织12名中层干部及党务干部参加井冈山干部学院和延安大学举办的党性教育培训班;举办了全员培训,全校300余名教职员工参加学习培训。通过培训学习,进一步加强基层党建工作,提升党员干部抓好党建、履职尽责、服务群众的能力;明确了党建工作思路,充实了基层党建工作的理论知识,为创建一流党建活动及进一步发挥党总支(支部)战斗堡垒作用和党员的先锋模范作用,奠定了良好的基础。

(四)严守政治规矩,加强作风建设

严明党的政治纪律,严守党的政治规矩,聚焦全面从严治党,严格执行党的政治纪律、组织纪律、廉洁纪律、群众纪律和生活纪律等各项纪律,引导全体党员干部自觉树立纪律意识、规矩意识、底线意识。确保全校教职工能自觉维护党中央的权威,在思想上政治上行动上与以习近平同志为核心的党中央保持高度一致,对党、对人民、对事业忠诚可靠。严格控制"三公经费"支出,规范管理,增强服务意识,提升服务水平。全面落实党务公开制度,充分利用校园网、公告栏、职工大会等载体公开党建工作相关事宜,自觉接受党员和职工的监督,实现党务公开常态化。

学校各级党组织始终将师德学风建设作为作风建设的重要抓手,坚持倡导优良学术风尚,着力抓好专业技术、管理、服务三支队伍建设。毛泽东同志指出,"社会上的歪风一定要打下去。无论党内也好,民主人士中间也好,青年学生中间也好,凡是歪风,就是说,不是个别人的错误,而是形成了一股风的,一定要打下去。打的办法就是说理。只要有说服力,就可以把歪风打下去。没有说服力,只是骂几句,那股歪风就会越刮越大"。[①] 高职院校要通过"三会一课"、党员固定活动日、专题党课等形式,教育引导广大党员和师生员工讲党性、重品行,努力做社会主义道德的示范者、诚信风尚的引领者、公平正义的维护者,以实际行动促进作风建设,以作风建设带动和促进优良校风、学风的形成,推动学校教育事业的科学发展。认真贯彻落实《党政领导干部选拔任用工作条例》,建立完善干部轮岗交流等规章制度,加大对干部的选拔、培养、教育和使用力度。按市委组织部的要求,今年上半年学校完成了两批干部轮岗工作。

(五)致力改革创新,完善制度建设

学校进一步加强规章制度建设,对几年来的规章制度进行全面梳理,尤其是党建方面的规章制度,结合新的形势、新的要求制定完善了《党政联席会议制度》《"三会一课"制度》《党员积分制管理办法》等,并通过《2017年党委书记落实基层党建责任清单》《2017年度党风廉政建设责任书》《"基层党建提升年""创建一流党建"工作责任书》等,将党建任务细化落实到人。通过加强制度建设,提升党建工作规范化水平。

在全校争创"一流党建"的进程中,学校党建围绕学校升本工作,抓住"办什么样的大学,怎样办好大学"这一问题,集中力量解决好改革、发展的重大问题,促进

---

① 毛泽东. 毛泽东文集. 第七卷. 北京:人民出版社,1999:197.

管理体制机制创新;充分发挥党委总揽全局、协调各方的作用,做好学校建设和发展的顶层设计,坚持统筹深化学校改革的各个方面、各个层次、各个要素,发挥整体的引领带动作用;以学校章程的制定和实施为契机,通过专业设置、教学整改、人才培养模式改革,正确处理好教学和科研、教学和管理之间的关系,实现规模、质量、效益相互协调发展,确保发挥优势,突出特色,提高教育教学质量。

(六)开展廉洁教育,促进反腐倡廉建设

加强党风廉政教育,落实党风廉政建设责任制和"一岗双责"制度,践行"四种形态",把党风廉政建设主体责任落到实处。完善内控制度,健全权力运行制约机制。结合学校综合改革、十三五规划、争创一流党建的工作实际,加强对领导干部监督,构建了"有权必有责、有责要担当、有权受监督、失责必追究"的制度体系,构建了不敢腐、不能腐、不想腐的体制机制,为学校的改革、建设和发展营造了风清气正的育人环境和良好的政治生态。此外,各党总支(支部)通过形式多样的志愿者活动,教育和引导学生树立正确的世界观、人生观、价值观,努力使青年学生明辨是非、区别善恶、分清美丑,牢固树立社会主义核心价值观,使青年学子在成长成才阶段,扣好人生的"第一粒扣子"。

(七)立足服务师生、服务社会,建设一流党建品牌

在全面加强和规范学校党建工作的基础上,学校结合实际,不断加大力度,丰富内涵,开拓党建工作新局面,以扎实有效的党建工作,培育和建设一流党建工作品牌,以一流党建成果推动学校各项工作取得新成效。

1. 党建带团建,创建一流青年志愿者服务团队

学校共青团始终紧跟党委中心工作步伐,自觉按照党的基层建设的总体部署,把团建置于党建的总体格局之中,深入开展党建带团建志愿服务活动,组建以党员为主,入党积极分子、共青团员为辅的志愿服务队,"立足校园,服务社会",建立了全方位、多层次的党员志愿服务工作机制。在敬老助老、扶贫帮困、爱心助学、环境保护、医疗卫生等领域,充分发挥党员、团员的先锋模范作用,主动投身于学校的发展和曲靖的各项社会事业,取得了重要的成果。

以社会主义核心价值观为引领,以培养医学生职业道德和职业精神为工作重点,以医学生志愿者精神培育为基础,创设和完善了医学生医学人文精神培育计划——"天使计划",形成了坚持"一条理念"、弘扬"两种精神"、立足"三个层面"、

抓好"四个环节"、建设"五项工程"的志愿服务实践育人工作特色。在实践中锻炼和培养医学生的优秀品格。以大学生暑期"文化、卫生、科技"三下乡活动为载体,深入开展医疗为民志愿行动。利用"五四"青年节、"5.8"世界红十字日、"6.26"国际禁毒日、国庆等重要节点开展集中性服务。逐渐形成了具有医专特色、推进志愿服务常态化的"五项工程",即以关爱农民工子女为主的"花朵工程"、以关爱离退休教职工和孤寡老人为主的"夕阳工程"、以倡导志愿献血和捐献造血干细胞为主的"仁心工程"、以关爱残弱人士为主的"阳光工程"、以帮助"三难"学生为主的"温暖工程"。"奉献、友爱、互助、进步"的青年志愿者精神深深扎根于青年心中。

在青年志愿者精神的感召下,学校先后有五名同学六次成功捐献造血干细胞,挽救了五名白血病患者,以无私的大爱、生命的大勇回报社会。"8·3"云南鲁甸地震发生后,学校一大批志愿者深入地震灾区,全力参加救护工作,受到省内外媒体的关注与报道。毛金凤同学被评为云南省高校大学生年度人物、云南省"三八红旗手",全国无偿捐献造血干细胞奖特别奖,上榜2014"中国好人"。青年志愿者协会被中国造血干细胞捐献者资料库云南省分库授予"先进志愿服务集体",被授予云南省"青年文明号",入选2016年中国红十字青少年社会实践项目(全国50项),被共青团中央评为全国青年社会组织"伙伴计划"示范项目(全国30项),被评为第十届中国青年志愿者优秀组织奖。

2. 党建文化与思想政治教育有机融合,创建一流思想政治理论课党建文化品牌

学校思政部教师党支部按照学校党委《创建一流党建活动实施方案》要求,以提高思想政治理论课教学质量为中心,以建设一流思想政治理论课和一流教学科研团队为目标,紧跟世情、国情、党情新形势,加强理论学习,深化教育教学改革,坚持教学科研并重并行,把思想政治理论融合到学校党建与思想政治工作,发挥思想政治理论课的主渠道、主阵地作用,取得了明显实效。

强化理论学习,提高思想政治理论课教学理论高度。思想政治理论课教师加强理论学习,及时了解把握党和国家大政方针,跟踪学习学科前沿知识,注重把学习成果转化为教学内容,提高理论教学的高度,增强了理论教育的说服力,增强思想政治理论课教学的实效性,提高个人政治思想觉悟,做到始终在思想上政治上

行动上与习近平同志为核心的党中央保持高度一致。结合理论学习,马克思主义学院组织教师参加上级和学校举办理论学习研讨会、学术交流会、征文活动等,近年来,荣获市级以上征文优秀论文奖近 10 项,在省级以上学术会议上作交流 5 人次。

强化教学管理,完善了思想政治理论课教学制度。学校马克思主义学院党支部按照学校要求,完善了部门规章制度,强化教学规范化管理,构建了较为完善的思想政治理论课教学质量保障体系,增强思想政治理论课教师质量意识,思想政治理论建设和教学有了制度保障和经费保障。

强化实践教学,拓展延伸思想政治理论课课堂教学。思想政治理论课教师主动担任学生社团指导教师,充分利用第二课堂,指导学生开展丰富多彩的校园文化活动,打造出了青年志愿者等优秀社团和青春校园等校园文化活动品牌;组织学生开展课内、课外思想政治理论课实践教学活动,突出社会主义核心价值观主题教育,建设好思想政治理论课实践教学基地,发挥实践育人作用;教师主动担任学校党课、团课教育等工作,把党的创新理论教育延伸到入党积极分子、党员发展对象和团学干部培训中,造就一批青年马克思主义者。

强化教学科研,提高思想政治理论课影响力。采取请进来、走出去的方式,不断增强思想政治理论课教师科研意识;鼓励教师积极申报各级各类人文社科课题、项目,不断提高教师科研能力,近年来,马克思主义学院教师党员主持完成 1 门省级精品课程 1 门、3 门校级精品课程,主持市级以上科研项目课题 30 项,荣获云南省思想理论教育教学"五个一""六个一"教学成果奖 21 项,荣获曲靖市哲学社会科学成果奖一等奖 1 项、二等奖 1 项、三等奖 3 项,出版学术专著 3 部,主编、参编教材 9 部,发表论文近 300 篇;教师指导学生参加高校大学生创业创新"挑战杯"学术比赛获得全国二等奖 2 项、三等奖 5 项,云南省金奖、银奖、铜奖共 20 余项,思政部教师党支部被学校党委评为优秀党支部。

现阶段,学校各级党组织坚持思想建党和制度治党相结合,始终突出服务学校中心工作,服务师生群众,精准科学施策,通过开展创建一流党建活动,使学校党委的领导核心作用、系(部)级党组织的政治核心作用和党支部的战斗堡垒作用得到充分发挥,党组织的凝聚力、创造力和战斗力切实增强。除了青年志愿者马克思主义学院这两个品牌外,其他基层党组织在工作中也是硕果累累:医技系党总支多年来坚持爱眼日、爱牙日专题活动,与曲靖市特殊教育学校建立了长期志愿者服务机制。医技系党总志充分发挥战斗堡垒作用,带领教学团队攻坚克难,贯彻"1+1师徒制"的教学特色,加强对集训过程的质量监控与教学管理,在全国比赛中获得优异成绩。教师党员充分发挥先锋模范作用,在教科研取得重大突破,获得专利2项,在建成眼视光省级产教融合及影像专业服务能力提升项目上,起到先锋主力军作用。临床学院党总支的省级课题"服务型党组织"的创建正在进行中。

在今后的工作中,学校各级党组织将深入推进"两学一做"学习教育常态化制度化,严抓"三会一课"等党内生活制度的落实,加强创建一流党建的研究。围绕办学育人中心,突出党建政治功能和服务功能,通过充实队伍、保障经费、搭建平台、细化责任等措施,使各"党总支"(支部)在丰富工作载体中塑造品牌,多形式多载体丰富创建内容,在创建一流党建活动中彰显师生党员的先锋模范作用。以"创一流"为抓手,引导师生党员做讲政治、有信念,讲规矩、有纪律,讲道德、有品行,讲奉献、有作为的"四讲四有"合格党员;教职工党员成为有理想信念、有道德情操、有扎实学识、有仁爱之心"四有"好老师的表率;大学生党员做勤学修德明辨笃实的表率,汇聚起师生党员推动学校发展的强大力量。

四、加强高职院校领导干部作风建设

党的作风建设关系党形象和执政基础。70多年前,中国共产党在全党开展了"反对主观主义以整顿学风,反对宗派主义以整顿党风,反对党八股以整顿文风"的延安"整风运动",使全党在思想上、组织上实现了高度的团结统一,为夺取抗日战争胜利奠定坚实的基础。今天,高职院校要落实好习近平同志为核心的党中央提出的要求,总结借鉴党的作风建设历史经验,反对"四风",加强党党员干部作风建设。

党的十八大提出,要在21世纪中叶实现"两个一百年"奋斗目标,时间紧迫,任务艰巨,能否成功,关键在党,重点看党员干部的作风。习近平总书记指出,坚持党要管党、从严治党,必须坚决反对形式主义、官僚主义、享乐主义和奢靡之风这"四风",必须大力加强党员干部作风建设;作风建设永远在路上,作风建设关系到党的形象和战斗力,关系到中国特色社会主义事业的成败。

(一)弘扬延安整风精神,加强党员干部学风建设

延安整风运动起源于党的建设和中国革命的需要。中国共产党成立以来,党内深受"左"或"右"的错误思想影响。1935 年遵义会议以后,尽管在军事上执行了毛泽东同志提出的正确军事路线,夺取了一个又一个战斗胜利,但是由于没来得及及时总结建党以来思想上、政治上、组织上错误路线,党的凝聚力、战斗力还不强大;抗日战争全面爆发以来,出于革命斗争的需要,党中央要求各级党组织大批发展党员,党员数量剧增,但党员的发展质量得不到保证,出现了集体入党等现象,甚至一些敌特分子也混进了党的队伍,急需对全党进行思想政治教育,加强党的先进性和纯洁性建设。为了对全党进行马克思主义中国化的思想政治教育,从1942 年春天起,中国共产党在全党范围内开展了一次整风运动。这次整风运动的任务是:反对主观主义以整顿学风,反对宗派主义以整顿党风,反对党八股以整顿文风。①

延安整风以整顿学风、党风、文风为主要内容,前提是整顿学风。加强理论学习,不断提高党员干部的理论水平和思想觉悟。永葆党的先进性和纯洁性是中国共产党党建工作成功的历史经验。延安整风首先以反对主观主义整顿党员干部的学风。由于革命斗争任务繁重,广大党员干部用于学习的时间有限,对马克思主义基本理论、方法、立场缺乏系统的学习和把握,部分理论工作者学习理论不注意联系中国的国情和中国革命的实际,机械僵死学习和运用马列主义,把国际共产的指示奉为"圣旨",造成中国革命的挫折和失败,学风上的主观主义表现的教条主义和经验主义,割裂和破坏理论与实践的"结合"。② 整顿学风,其目的是,号召广大党员干部加强马列主义理论学习,联系实际反对主观主义,整顿思想方法和思想作风,使全党接受一次生动而深刻的马克思主义教育;其主要方式是,首先要求党员干部精读文件,领会精神实质,然后是联系实际,根据文件精神,检查自己的思想、工作和历史,开展批评与自我批评,分析错误的根源,提出改正的办法。通过从个人的检查,发展到对自己所在地区和部门的工作检查,实事求是地总结

---

① 胡绳主编．中国共产党的七十年[M]．北京:中央党校出版社,1991:190.
② 陈占安主编．毛泽东思想专题讲座[M]．北京:北京大学出版社,2000:286.

各地区、各部门的经验教训。① 通过整顿学风,消除了主观主义对党员干部的错误影响,在全党形成了理论联系实际的优良学风,大力推进了马克思主义中国化的进程,奠定了毛泽东思想的指导地位,为整顿党风、文风奠定了坚实的思想基础,营造了民主、科学、宽松的氛围。

党的十八大以来,中央把学风建设作为从严治党的一项重要内容。习近平总书记强调,"我们要适应新形势下群众工作的新特点和新要求,深入做好组织群众、宣传群众、教育群众、服务群众的工作,虚心向群众学习,要从人民伟大的实践中汲取智慧和力量"。② 今天的中国共产党人不仅肩负着建设中国特色社会主义的历史使命,还面临着来自党内外的"四大考验"和"四种风险"。加强学风建设,大力倡导马克思主义的学风,用马克思主义中国化的最新理论成果武装全党,有助于坚定党员干部的理想信念,提高党员干部的战斗力、执行力,培养学习型党员干部。

加强学风建设是党员干部主动适应新时代、迎接新挑战的要求。马克思主义政党的先进性首先体现在善于学习和运用新知识、新观点、新方法,做到理论学习与实际运用与时俱进。毛泽东在 1937 年写的哲学著作《实践论》指出,学习和实践,不仅能够帮助我们改造客观世界,还能帮助我们改造主观世界,提高我们的认识和实践能力。1941 年,毛泽东在中共中央党校开学典礼上的演说中指出,学风问题是领导机关、全体干部、全体党员的思想方法问题,是我们对待马克思列宁主义的态度问题,是全党同志的工作态度问题。1942 年,毛泽东在《整顿党内的作风》中强调,全党要学会应用马克思列宁主义的立场、观点和方法,认真研究中国的历史和现状,对每个问题要根据详细的材料加以具体分析,然后引出理论性和结论来。陈云同志指出,学习理论是每个党员的责任。习近平总书记指出,领导干部学习不学习不仅仅是自己的事情,本领大小也不仅仅是自己的事情,而是关乎党和国家事业发展的大事。党员干部,只有加强学习,才能增强工作的科学性、预见性、主动性,才能使领导和决策体现时代性、把握规律性、富有创造性,才能避

---

① 李颖. 从一大到十七大[M]. 北京:中央文献出版社,2007:386.

② 习近平. 紧紧围绕坚持和发展中国特色社会主义学习宣传贯彻党的十八大精神[N]. 人民日报,2012 - 11 - 19.

免陷入少知而迷、不知而盲、无知而乱的困境,才能克服本领不足、本领恐慌、本领落实的问题。

(二)弘扬延安整风精神,加强党员干部党风建设

反对宗派主义以整顿党风是延安整风运动主要内容。遵义会议以后,宗派主义在党内已经不占统治地位,但它的残余依然存在。党内存在的宗派主义表现为山头主义、小团体主义、不团结主义等各种具体形式。毛泽东在《整顿党的作风》中指出了宗派主义的实质是"闹独立性"的问题,强调宗派主义对革命的危害极大。他号召全党反对宗派主义,加强民主集中制建设,建设一个集中统一的党。只有全党步调一致,才能为一个共同目标而奋斗。

宗派主义与党的群众观点、群众路线根本对立的,是与党的全心全意为人民服务的宗旨相悖的。反对宗派主义,必须加强党员干部的群众观点、群众路线教育,必须大力弘扬密切联系群众的优良作风。毛泽东指出,"要得到群众的拥护吗?要群众拿出他们的全力放到战线上去吗?那末,就得和群众在一起,就得去发动群众的积极性,就得关心群众的痛痒,就得真心实意地为群众谋利益,解决群众的生产和生活的问题,盐的问题,米的问题,房子的问题,衣的问题,生小孩的问题,解决群众的一切问题。我们是这样做了么,广大群众就必定拥护我们,把革命当作他们的生命,把革命当作他们的无上的光荣"。①

党的七大特别强调,党的群众路线是党的根本的政治路线和组织路线。党员必须全心全意为中国人民服务,反对脱离群众的命令主义、官僚主义和军阀主义的错误倾向。

反对宗派主义,必须坚持各贯彻党的民主集中制原则,维护党的团结统一。毛泽东指出,党内生活必须坚持民主集中制原则,把党的严格的集中制与广泛的民主制结合起来,把高度的组织性、纪律性和党员的积极性、主动性结合起来。1941年,中共中央政治局通过的《关于增强党性的决定》指出:要把中国共产党进一步建设成为广大群众性的、思想上政治上组织上完全巩固的布尔什维克化的党,以担负起伟大而艰难的革命事业。② 这就要求全体共产党员和党的各个组成

---

① 毛泽东. 毛泽东选集. 第一卷[M]. 北京:人民出版社,1991:138 – 139.
② 罗平汉,卢毅,赵鹏. 中共党史重大争议问题研究[M]. 北京:人民出版社,2013:595.

部分都在统一意志、统一行动和统一纪律下面,团结起来,成为有组织的整体;要求全体党员,尤其是党员干部,更加增强自己的党性锻炼,把个人利益服从于党的利益,把个别党的组成部分的利益服从于全党的利益,使全党团结得像一个人一样。

新中国成立以来,中国共产党执政后的最大危险就是脱离群众。中国共产党是工人阶级的先锋队,同时是中国人民和中华民族的先锋队。中国共产党始终代表中国先进生产力的发展要求,代表中国先进文化的前进方向,代表中国最广大人民群众的根本利益,就必须牢固树立全心全意为人民服务的宗旨意识,大力弘扬密切联系群众的优良党风,坚持立党为公、执政为民,把服务好、维护好、发展好、实现好广大人民的根本利益最为自己的职责所在,做到权为民所用,利为民所谋,情为民所系,把群众对未来美好生活的向往和追求作为党员干部的奋斗目标。习近平总书记强调,今天,衡量一名共产党员、一名领导干部是否具有共产主义远大理想,是有客观标准的,那就要看他是否坚持全心全意为人民服务的根本宗旨,能否吃苦在前、享受在后,能否勤奋工作、廉洁奉公,能否为理想而奋不顾身去拼搏、去奋斗、去献出自己全部的精力乃至生命。

(三)弘扬延安整风精神,加强党员干部文风建设

反对"党八股"以整顿文风是延安整风运动的又一重要内容。1942 年 12 月中旬到 1943 年 3 月中旬,重点是反对党八股以整顿文风。毛泽东指出,"党八股"是主观主义和宗派主义的宣传工具和表现形式,那些教条主义者不论些报告、写文章、发指示,总是空话连篇、言之无物、装腔作势、借以吓人、无的放矢、不看对象,这不断不便于表现革命精神,而且非常容易使革命精神窒息。因此,表现反对党"党八股",才能使主观主义和宗派主义无藏身之地,实事求是、生动活泼的创造性才能发扬,马克思主义才能得到广泛传播和发展。

文风是学风、党风的外在表现。学习不注重理论联系实际,这样的学习势必出现走马观花、搞形式、走过场,达不到学以致用的功效,学到的理论不注意联系实际,用以解决实际问题,必然犯主观主义、教条主义、形式主义的错误。在实际工作中,"文如其人",说明了一个人的文风和他的工作作风存在着必然联系。工作不踏实、不深入群众深入实际,就会出现形象工程、面子工程。为了彻底克服主观主义、教条主义、理论脱离实际的官僚主义作风、形式主义,中央于 1941 年 8

月作了《关于调查研究的决定》和《关于实施调查研究的决定》,为各级党员干部深入社会,正确认识国情,从根本上克服理论脱离实际的主观主义、教条主义、形式主义指出了明确的方向。根据中央决定的精神,各级党政部门领导和干部,大兴调查研究之风,纷纷制订深入社会、深入群众进行调查研究的计划,并付诸实践。延安整风运动使辩证唯物主义的思想路线在全党干部中深深地扎下了根,大力弘扬调查研究、一切从实际出发、实事求是、理论联系实际的优良作风,为党的思想路线的制定奠定了基础。

弘扬延安整风精神,就是要大兴求真务实、敢于批评与自我批评的文风。毛泽东指出,"我们要用马克思主义的积极精神,克服消极的自由主义。一个共产党员,应该襟怀坦白,忠实,积极,以革命利益为第一生命,以个人利益服从革命利益;无论何时何地,坚持正确的原则,同一切不正确的思想和行为作不倦的斗争,用以巩固党的集体生活,巩固党和群众的联系;关心党和群众比关心个人为重,关心他人比关心自己为重。这样才算得一个共产党员"。① 延安整风运动时期,陈云同志指出,我们共产党是言行一致的政党,而且只有共产党才能言行一致;我们共产党内也不允许有对党言行不一致的党员,不允许任何党员对党讲一句假话;我们绝不能像剥削阶级政党那样,党员可以说假话,鬼话连篇,欺骗人民。如果我们的党员也染上了这种恶习,那么,我们党内的互相信任就不可能建立,党的意志的统一和铁的纪律也就不能建立,共产党将不成其为无产阶级有组织的队伍,也决不能被人民信任而成为人民的领袖。改革开放以来,邓小平同志指出,一个党如果只从本本出发,思想僵化,不敢讲真话、实话,这个党就没有生机和活力了。党的十八以来,中央强调要大兴调查研究之风。习近平总书记指出,没有调查就没有发言权和决策权。党员干部要大力弘扬求真务实、批评与自我批评的文风、会风。党员干部要带着问题下去,尽力掌握调研活动的主动权,力求准确、全面、深透地了解情况。

总之,七十多年前的延安整风运动,以大规模的群众运动的形式,在全党深入开展马克思列宁主义的思想教育和批评与自我批评,通过总结经验和整党整风,使党能够克服主观主义、宗派主义以及政治上的"左"倾和右倾错误,并从错误和

---

① 毛泽东. 毛泽东选集. 第二卷[M]. 北京:人民出版社,1991:361.

失败中汲取教训,获得进步,逐步走向成熟。党在长期奋斗中培育和形成了理论联系实际、密切联系群众以及批评与自我批评的优良作风,并把这三大作风作为区别于其他任何政党的显著标志,强调坚持和发扬党的优良作风对实现党的政治任务的重要作用。今天,延安整风运动的做法对于新时期加强党的建设仍然具有借鉴意义。

五、高职院校开展"创先争优"主题教育

先进性是中国共产党的本质属性,争当先锋模范是共产党员的不懈追求。在全党深入开展创先争优活动是中央作出的重大决策和重要部署。按照上级党组织的安排部署,2010 年 6 月,曲靖医学高等专科学校党委启动创先争优活动,成立了创先争优活动领导小组及办公室,制定了实施方案,召开了动员大会;按照"五好五带头"要求,深入开展"公开承诺""领导点评""群众评议""评选表彰"等活动。

学校党委坚持以教育为中心,以深化教育教学改革为主要任务,以提高教学质量和人才培养质量为根本目的,将创先争优活动融入教育教学全过程,密切联系学校实际,结合医学教育特点,拓展活动平台,在开展好"授旗评星""党建示范点""学习型党组织建设""三好一满意""四亮四创四评"党务校务公开、"四群"教育、"跨越发展先锋行动""基层组织建设年"等专题活动的同时,进一步理清发展思路、明确发展目标、夯实发展基础、深化教育教学改革、加强师资队伍建设、提高教育教学质量和人才培养质量、营造良好的育人氛围,充分发挥基层党组织的战斗堡垒作用和共产党员的先锋模范作用,以创先争优活动为重要契机助推学校各项事业改革发展,在滇东大地上再写了曲靖医学教育发展华章。

(一)创先争优理清发展思路目标,夯实发展基础

1. 创先争优理清学校发展思路,明确办学定位和发展目标

学校党委在开展创先争优活动中,按照领导班子"五好"要求,以促进高校科学发展、和谐稳定,培养优秀人才、造就中国特色社会主义建设者和接班人,办人民满意、社会满意的医学教育为宗旨,紧紧围绕"办人民满意的医学类高等专科教育"这一主题,密切结合医疗卫生事业改革和学校实际,进一步理清了办学思路,明确了办学目标和定位。

一是理清发展思路,即:苦练内功,夯实基础,科学规划,走校院(企)合作、工学结合道路,提高教学质量、科研能力、办学水平,凸显办学特色,推进科学发展,增强学校综合实力和核心竞争力。

二是明确了学校发展的类型定位,即国家举办,省、市共建共管,以市为主的医学类高等专科学校;层次定位,即:以医学专科教育为主,中专教育为补充,加强与科研院所和医学本科院校的合作,适度培养高层次医学类紧缺人才。

三是明确了学校的发展目标定位,即实施质量立校、人才强校、科研兴校、依法治校的发展战略,到 2015 年,学校专业总数达到 15 个以上,在校学生规模达到 8000 人以上,教师总数达到 600 人以上,力争把学校建成云南省特色、骨干示范院校。

2. 创先争优改善办学条件,夯实发展基础

作为一所新升格的地方医学高校,曲靖医学高等专科学校发展起点低、基础薄弱。在创先争优活动中,学校党委带领全校教职工一心一意谋发展、聚精会神抓建设,不断改善办学条件,夯实发展基础。学校在完成新校区一期工程建设的基础上,进一步加强基础设施建设。2010 年以来,学校共投资 2000 万元建成 19520 平方米标准田径场一个和 6900 平方米图书馆一幢,投入 1000 余万元改善实验实训条件,新建并逐渐完善校园网络的各项功能。2017 年,学校固定资产总值达到 4.5 亿元,是 2006 年的 22 倍。其中教学科研仪器设备总值 1671.23 万元;图书馆面积 9415.25 平方米(其中新建图书馆面积 6900 平方米),馆藏图书 23.1 万册,生均 63.08 册,电子图书 711GB;百名学生配备教学计算机数 9.74 台;百名学生配备教学和语音实验室座位数 89.27 个。师生的学习、工作和服务等基础设施建设得到了很好的改善,育人环境得到了不断的优化。

(二)创先争优加强师资队伍建设,积淀发展人才

学校党委在创先争优活动中,按照“五带头”要求,广泛设立党员先锋岗、党员科研和后勤服务岗、党员学科带头人、党员示范区,深入开展创建“学习型领导班子”“学习型党组织”,争当“学习型党员”“学为人师、行为世范”优秀党员,“教书育人、管理育人、服务育人”优秀党员,“在党旗下成才、为党旗争辉”优秀党员等主题实践活动,充分发挥党员的作用,不断加强师资队伍建设,为学校发展逐步积淀了丰富的人力资源。

1. 实施名师工程,培养学科教学带头人

学校出台了《曲靖医学高等专科学校专业带头人、教学名师评选及管理办法》,在全校公开选拔培养专业带头人、教学名师、优秀教师。学校先后培养了国家级优秀教师1人,省级优秀教师2人,省级教学名师3人,市级优秀教师8人,市级学科带头人5人,现有云南省优秀教学团队2个,曲靖市有突出贡献优秀专业技术人才2人,校级教学名师8人、专业带头人6人,在专业建设、课程建设、教书育人、师德师风等方面发挥了重要的示范作用。

2. 加强学习培训,提高教师教育教学能力

学校大力支持教师攻读研究生,近年来共选送了教师100余人次到国内外院校进修、培训、深造、访学,同时外请60余名专家到校进行教师培训、学术讲座。学校制定了《曲靖医学高等专科学校青年教师培养方案》,通过实施以老带新的青年教师培养计划、教师国外进修培训、新进教师教学能力培训等措施,提高教师的教育教学水平。

3. 注重理论实践结合,建设"双师型"教师队伍

鼓励教师到医疗卫生机构挂职锻炼、顶岗实习,积累临床工作经验,提高实践教学能力。着力打造一支双师素质的教师队伍,突出"双师"结构,形成专兼结合、优势互补的专业教学团队。有计划地对教师进行职业资格和职业技能培训,学校现有双师素质教师81人,占专任教师总数的43.09%。学校还从曲靖市各大医院聘请专业知识扎实、临床经验丰富,涵盖各个门类、各个学科的兼职教师到校任教,指导实习实验,担任校外教学医院、实习医院兼职实训指导教师,实现了理论教学与临床实践、教学与科研的有机结合。通过内培外引,学校已形成了一支数量基本满足要求、结构相对合理、素质全面、专兼结合的具有"双师型"素质的教师队伍。

(三)创先争优深化教学改革,增添发展活力

曲靖医学高等专科学校党委在创先争优活动中,依据学校党委、党总支、党支部的职责职能,根据领导干部、教职员工和学生党员的不同特点,紧紧围绕《中共云南省委 云南省人民政府关于深化改革大力发展高等教育的决定》的深入贯彻,坚持以教学为中心,以推动教育教学改革为创先争优的主要载体,组织不同层次不同类型的创先争优活动,在把广大教职工团结凝聚在党的周围,不断提高教

育教学质量和科研水平。

1. 实施教学质量工程,引领教育教学改革。质量工程项目具有基础性、引导性作用,在提高学校教学质量方面起着龙头作用,是深化教学改革,提高教学质量的重要战略举措。学校按照国家和云南省质量工程建设规划,全力推进各种质量工程项目申报和建设。经过两年的努力,学校现有省级教学质量工程项目21项,位居全省高职高专前列。

2. 深化教学改革,探索现代教学方法。学校教学部门发挥党员教师的表率作用,带头深化教育教学改革,加强教学研究,推进教学方法改革;学校各党总支、党支部配合系部开展课堂教学竞赛、说课竞赛、教案评选、课件制作竞赛等活动,促使广大教师积极参与教学内容和教学手段改革。近年来,学校教师探索出了"模拟教学法""床旁教学法"(含典型病例示教、教学查房、教学病例讨论等)、"情景教学法""PBL教学法""任务分解法""项目分解法""角色扮演法"等多种教学方法。教师借助动物实验、自制教学模型标本、多媒体听触诊系统,创造性开展实践教学。学校建有全校性的教学资源共享平台,供教师学生浏览、阅读和下载使用。通过生动的多媒体课件、临床教学短片、教学资源网络的应用,丰富了教学内容和手段,使学生能认识和掌握更多的知识和技能,提高学习效率。随着教学改革的深化,教学方法实现了"教、学、做"一体化,推进教学方式由知识传授型向探讨型转变,促进学生的学习方式由接受性学习向探究性学习转变,加强学生自学能力、独立分析和解决问题能力、创新精神和创新能力的培养。

3. 重构实践教学体系,强化实践教学环节。学校从构建合理的知识结构和能力结构出发,理清理论教学和实践教学的关系,制定了《曲靖医学高等专科学校实践教学管理规定》,不断强化实践教学在人才培养过程中的地位和作用,优化实践教学体系。在人才培养方案上,把实践教学纳入课程体系进行整体设置,根据各学科特点大幅加强实践教学内容,密切理论教学与实习、实训、实验、实践的联系,确保理论教学与实践教学之比为1∶1,每届学生毕业前顶岗实习达42周。学校高度重视实践教学管理,制定了严格的专业实习大纲及实习管理办法、学生技能考核办法,明确各专业临床实习的目的与任务、内容与要求、方式与措施、考核及考评,各系根据专业人才培养目标要求,制定各专业临床实习计划。在实习过程中,专职实习教学辅导员对学生的实习工作进行严格管理与实习考核。学校逐步形成了符合学校定位,符合医学行业特色,符合高职高专人才培养方案的新型"六模块"(实验、见习、实训、实习,社会实践和毕业设计)实践教学体系。学校十分注重校内实验实训基地的建设与不断改善,通过整合资源,突出"人无我有、人有我优、资源共享、充分利用"的特色,将原隶属于各系部、教学部门的实验室进行整合重组,打造基础医学实训中心、临床技能实训中心、护理技能实训中心,医学技术实训中心,并重新组建实验教学行政机构——实验中心,统一管理,统筹使用,提高实践教学效率与质量。学校重视校外附属医院、教学医院、实习医院及实践基地建设,将曲靖市第二人民医院建成学校附属医院,把曲靖市第一人民医院等3家医院建成教学医院,同时与74家医院、企业签订校院、校企合作协议。

4. 改革人才培养模式,提高学生就业素质和能力。根据医学培养质量。学校积极推行"双证书"制度,强化学生职业能力培养,成立了职业培训站和云南省190职业技能鉴定所,开设了护理员、保健按摩师、眼镜定配师等近20个工种的培训及10余个工种的鉴定工作,学生的参训和获证率逐渐提高,毕业生获"双证书"的比例达90%以上;2010年以来,我校学生参加全国卫生职业院校护理操作技能大赛,3名同学获三等奖,1名同学获优秀奖,学校获团体二等奖和三等奖;护理学院毕业生参加全国护士执业资格统一考试,通过率达99.%以上;连续三届专科毕业生年终就业率达到95%以上。

(四)创先争优加强医学人文教育,营造发展氛围

在创先争优活动中,学校各级党组织和广大党员以优良党风,正校风、促教风、带学风,弘扬爱国精神、科学精神、人文精神,培育了以社会主义核心价值观为主体的,具有医学教育特色的校园文化;学校坚持"以人为本、立德树人"育人方针,大力加强党员干部廉洁奉公、服务群众工作作风建设,大力加强教职工廉洁从教、教书育人师德建设,大力加强大学生社会主义核心价值观教育,凝练出了"坚定信念,爱国为民;忠诚教育,德学塑人;献身医学,救死扶伤"的教师核心价值观和"爱党爱国,立身做人,钻研医道,立志成才;德技双进,立业为民"的医学生核心价值观;学校大力加强校园文化建设,发挥环境育人功能;学校先后投入100多万元初步建成"大医精诚"、"博通"、"精专"的医学校园文化,成为云南医科院校的一道靓丽风景;校园绿化、美化、亮化工程成效明显,学校被评为市级、省级园林单位;学校积极开展"文明处室"、"文明班级"、"文明宿舍"、"文明家庭"评选活动,

师生重品行、讲文明蔚然成风。

六、高职院校帮扶贫困地区加强基层党建工作

"十三五"期间是我国脱贫攻坚的决战时期。截至 2015 年年底,全国还有 5575 万人没有摆脱贫困,云南省还有 471 万人没有脱贫出列。与其他省市区相比,云南省脱贫任务更艰巨。打好脱贫攻坚战,关键在党的领导。习近平总书记指出,"办好中国的事情,关键在党。中国特色社会主义最本质的特征是中国共产党领导,中国特色社会主义制度的最大优势是中国共产党领导。坚持和完善党的领导,是党和国家的根本所在、命脉所在,是全国各族人民的利益所在、幸福所在"。① 只有在党中央的领导下,发挥好各级党组织,特别是基层党组织的战斗堡垒作用和党员干部的脱贫示范带头作用,才能夺取脱贫攻坚的最后胜利。

打好脱贫攻战的重点和难点在转变贫困地区贫困人口的观念,激发贫困人群的脱贫致富的内生力,把"要我脱贫"转为"我要脱贫",实现由"输血式"扶贫转变为"造血式"脱贫。创新脱贫理念和模式取决于贫困地区基层党的建设工作。卫生职业院校作为高校一个重要组成部分,在脱贫攻坚中不仅要充分发挥卫生职业教育培训等方面的作用,还要动员党员干部,深入到扶贫挂钩点,指导农村基层党建工作,健全基层党组织,加大党员干部培训力度,把农村基层党员干部培养成为带领贫困人口脱贫致富的带头人、引路人,把农村基层党组织建设成为带领群众摆脱贫困、全面建成小康社会的主心骨、领导核心。

(一)摸底调研:找准帮扶农村基层党建工作的切入点

全面建成小康社会的短板是农村贫困人口的脱贫问题。改革开放以来,我国广大农村地区在中央惠农政策的扶持下,在农村基层党组织的带领下,取得了扶贫工作的阶段性胜利。但是,在目前仍然没有摆脱贫困的五千多万人口中,主要分布在革命老区、民族地区、边疆地区和连片特困地区,基础条件差,脱贫难度相当大。

调研中,群众向课题组反映,农村贫困人口能不能脱贫关键看农村基层党组织和党员干部。农村基层党组织建设和党员干部作用的发挥决定着农村经济社

---

① 习近平. 在庆祝中国共产党成立 95 周年大会上的讲话[M]. 北京:人民出版社,2016:22.

会发展和脱贫攻坚任务的完成。近年来,云南省农村基层党组织以党的群众路线教育实践活动开展为契机,以干部队伍、能力、作风"三项建设"为抓手,大力开展服务型党组织建设,从抓党组织队伍、党组织阵地建设,逐步完善服务设施,持续推进"有困难找干部,要办事找干部"的为民服务代理制、院坝说事会、党员干部带头联系帮扶困难群众制度等机制,有效地增强了基层党组织的服务能力。在脱贫工作中,农村基层党组织和党员干部采取了一些行之有效的扶贫措施,取得了明显实效:一是建队伍、明责任,建强村级后备干部队伍,加大村级干部队伍的培训力度,开展好干部综合素质和业务能力培训,落实干部队伍的待遇,提高其为民服务的积极性和主动性;二是建阵地、夯基础,健全保障服务机构,建设村级活动场所,提高基层服务场所吸引力,发挥网络作用,基本实现了村级活动场所无线信号全覆盖;三是抓品牌、求实效,村党组织实事求是、因事制宜推进了党建创新项目,搭建群众问事评事党员干部理事办事的协商对话新平台;四是下基层、结对子,党建帮扶促发展,党员干部帮扶贫困户,给予困难户帮助,想方设法带动他们发展产业,增加就业,致富增收;五是建机制、求长效,抓遍访、治穷根、重组织、严纪律,党组织通过遍访分析民情找准问题挖出穷根,帮助群众摆脱意识贫困和思路贫困,以精准扶贫为契机,进村入户开展精准扶贫工作,按照不脱贫不脱钩的要求打好脱贫攻坚战;六是建立"领导挂点、部门包村、干部帮户"的长效工作机制,组织领导干部和部门挂包一个建档立卡贫困户帮扶方案。

　　课题组在云南一些农村调研基层党建工作时,发现一些基层党组织建设和党员干部在脱贫工作中按照上级要求,动员群众积极投身到发展产业、加强基层设施等脱贫工作,取得了明显成效。同时,还存在一些党组织和党员干部"软弱涣散"和威信不高、示范作用难于发挥等现象:一是队伍老化,后备不足,农村党员队伍的素质状况仍不容乐观,年龄偏大,后备干部难物色的状况并未得到根本的改善,新发展党员受指标等因素影响,总体情况不理想,相当一部分农民党员在群众中"说不起话",群众对党员的信赖程度不高。二是基层党员、干部的素质和能力与新形势、新任务不相适应,一些领导干部和领导班子中存在思想理论水平不高,依法执政能力不强,解决复杂矛盾本领不大,思想作风不端正,工作作风不扎实等问题。三是部分村支委成员带富本领不强,为民服务意识淡薄,部分委员目光短浅,安于现状,不想事,不干事,起不到"火车头"的作用,一些村党支部书记为民服务意识不强。四是党群共同致富组织管理不规范,经济效益不高,一部分组织不按章办事,管理一塌糊涂,分配不合理,透明度不高,不让党员说话,也不让群众做主,在党群共同致富活动中缺少懂经营、跑市场、找销路的产品销售经纪人,市场信息不灵通,产品销售不畅,影响了党群共同致富活动的经济效益。

课题组还发现,在脱贫工作中,一些农村基层党组织和党员干部带领贫困农户脱贫、服务脱贫工作服务意识不强、服务工作不到位,主要表现在:一是服务群众意识不强,部分党员干部对理论培训思想教育不重视,全心全意为人民服务的意识没有入脑入心;二是服务群众能力不够,部分党员干部对中央省市县各项方针政策惠民政策了解不透、把握不全,无法解答群众的来访咨询;三是服务群众方式不当,部分党组织坐等安排和按部就班的现象严重,不主动深入群众访民情解民忧,而是等群众上门来办事,与群众沟通交流少,往往把好事办不好,实事办不实;四是服务工作落实不力,走过场应付差事现象依然存在,部分村级党组织为了应付检查开会走过场,档案资料不真实,导致实事办不实;五是党组织对党员干部服务群众的教育引导不够,服务群众的制度不健全,服务群众的问责未落实。

"要想富,找干部"。农村贫困群众对基层党组织和党员干部寄予厚望。农村基层党组织如何发挥好核心领导作用?党员干部如何起到带头示范作用?这是摆在各级党组织和社会各界面前的一项紧迫而重要的课题。中央文件要求,要深刻领会习近平总书记关于新时期扶贫开发的重要战略思想,系统总结我们党和政府领导亿万人民摆脱贫困的历史经验,要发挥基层党组织战斗堡垒作用,加强贫困乡镇领导班子建设,抓好以村党组织为领导核心的村级组织配套建设,集中整顿软弱涣散村党组织,提高贫困村党组织的创造力、凝聚力、战斗力;要选好配强村级领导班子,突出抓好村党组织带头人队伍建设,充分发挥党员先锋模范作用。卫生职业院校帮扶农村基层党组织加强党建工作,要根据贫困村的实际需求,精准选配第一书记,精准选派驻村工作队,组织党员干部入村指导健全党组织领导的村民自治机制,加大基层党员干部培训力度,以组织建设为抓手,以干部教育为重点,通过干部带动推进脱贫工作,探索在村民小组或自然村开展党组织、党员干部带头示范,催生农村贫困人口的脱贫自觉意识,组织群众自觉广泛参与脱贫致富。

云南省有2万多个农村基层党组织和90多万名党员,这是云南打好脱贫攻坚战的核心力量。省委、省政府动员全省各单位干部"挂包帮"定点定人帮扶农村贫困人口脱贫,在提供技术、资金等物资支持和派驻村干部人力支持的同时,关键是帮助农村建好队伍、转变观念,激发贫困人口脱贫致富的内生力。只有帮助农村基层党组解决好了自身存在的突出问题,才能提高农村党组织领导发展的能力,壮大农村集体经济,扩大农村基层党组织的影响力、凝聚力和号召力,才能转变"等、靠、要"依赖思想,使脱贫攻战取得持久性胜利。因此,帮扶农村基层党组织建设,加强农村党建工作是农村贫困人口脱贫致富的核心和关键。

卫生职业院校帮扶农村贫困人口脱贫致富,要认真贯彻中央关于党要管党、从严治党的要求,始终坚持农村基层党组织领导核心地位不动摇,协助上级党组织深入整顿软弱涣散村党组织,把农村基层党组织建设成坚强的战斗堡垒,不断夯实党在农村基层执政的组织基础;要指导乡村两级党组织班子建设,选好用好管好带头人,向软弱涣散村党组织和贫困村党组织选派第一书记;要深化严以修身、严以用权、严以律己和谋"事要实、创业要实、做人要实"的专题教育,加强农村党员日常教育管理,协助农村基层党组织做好农村发展党员工作,发挥党员先锋模范作用;要按照"学习型、服务型、创新型"要求创新农村基层党建工作,帮助建立县乡村三级便民服务网络,竭尽所能多为群众办实事,贴近群众、团结群众、引导群众、赢得群众,发挥农村基层党组织战斗堡垒作用和党员干部的先锋模范作用,带领群众共同脱贫致富奔小康。

(二)对症下药:确定帮扶农村基层党建工作的着力点

农村基层党建工作千头万绪。卫生职业院校帮扶农村基层党建工作,不仅要找准切入点,还要确定着力点。只有集中人力、物力,集聚、聚焦到农村基层党建工作等薄弱环节,补好脱贫工作的短板,才能达到"四两拨千金"的效果。

卫生职业院校帮扶农村基层党建工作的难点是党员思想教育。课题组在调研中发现贫困地区农村基层党建工作的一个薄弱环节是党员的思想教育弱化,党员的先锋模范意识淡化。一些农村党员干部的思想认识退化、进取精神弱化主要表现在:一是理想信念动摇,价值观取向物化。有的党员对马列主义理论缺乏正确的理解,认为共产主义太遥远,摸不着,看不见,能否实现难以说清;有的党员对政治理论学习兴趣不浓,主动性较差,把学习当作一种负担,理论素质不高;有的党员认为在现实生活中"财大才能气粗",权力是硬的,金钱是实的,理想是空的,理论是虚的,追求眼前利益,什么主义、理想信念、长远目标、全局观念无所谓。二是党员角色意识错位,宗旨观念逐渐淡化。部分党员特别是党员干部急功近利思想较为严重,不惜损害国家和集体的利益,争项目、上等级、争功劳,为了个人和局部利益,损公肥私;受市场经济利益导向驱动,不少党员往往把自己的利益放在第一位,把是否有利于自身利益作为考虑问题的出发点和落脚点,严重地背离了党的宗旨观念和奉献精神。三是部分党员安于守成,创业开拓精神有所退化。有的党员领导干部依赖本部门的特有优势,思想不够解放,不愿开拓进取,缺乏艰苦创业的精神;有些年纪较大的党员,有"船到码头车到站"的思想,精神萎靡不振,暮气沉沉,存在临时观念,被动应付,敷衍塞责;还有的思想抵触大,工作缺乏责任感,对上级分配的任务推三拖四。四是个人主义抬头,局部和自身利益观念明显强化。部分党员的大局意识弱化,少数党员当涉及本部门和个人利益时,则以自我为中心,把国家利益、整体利益和长远利益抛在脑后,过分强调局部利益、部门利益和眼前利益,对上级方针、政策和决定各取所需,合意的执行,不合意的就不执行,甚至有令不行,有禁不止,导致严重的本位主义,少数党员干部不是站在人民群众的立场上分析、观察和处理问题,而是站在小团体利益上想问题、办事情,受市场经济趋利性及等价交换原则的影响。

课题组认为,卫生职业院校帮扶农村基层党建工作,首先要把党员思想教育放在首位。农村基层党组织的脱贫攻坚战斗堡垒作用的发挥首先要匡正服务理念,将宗旨意识、群众观念在理论上内化于心,在实践中外化于行,从而增强基层党组织的战斗力和凝聚力;要提高乡村干部的服务意识,明确自身功能定位,把握好做什么、怎么做等问题;要教育引导农村基层干部将思想认识统一到"服务"这一核心要求上,牢固树立服务发展、服务群众、服务党员的意识;要紧密结合本地的实际,教育引导农村党员干部始终把农村党建工作置于发展中来思考,来把握,来推动,努力实现基层党建工作与科学发展的高度对接,深度融合,把握发展规律,理清发展思路,破解发展难题,使农村党组织真正成为科学发展的组织者、推动者和实践者。

卫生职业院校帮扶农村基层党建工作重点是派好驻村第一书记。农村富不富,关键看支部;支部强不强,全靠领头羊。卫生职业院校帮扶农村基层党建工作,着力选好、派驻第一书记。第一书记是农村基层党组织的一面旗帜,只有选准派强第一书记,加强基层党组织建设,发挥基层党组织的桥头堡作用,才能带动农民群众打赢一场脱贫攻坚战。卫生职业院校派驻农村第一书记要做到心里装着群众、工作依靠群众、一切为了群众,始终带着对农村群众的"鱼水深情"关心民生疾苦,真心实意为群众利益着想,殚精竭虑为群众谋福利;要用脚踏实地的行动,甘做带领群众脱贫致富的"自己人",群众才会用加倍的真情、信赖和拥护来回报,和干部"心往一处想,劲往一处使",在扶贫攻坚的路上紧跟党委政府的步伐,坚定脱贫致富的信心,统一思想,群策群力,共奔小康之路;要弘扬笃行务实的工作作风,牢固树立正确政绩观,坚定在农村"小阵地"干一番"大事业"的决心;要不动摇、不懈怠、不折腾,有自信,有想法,有办法,开拓创新,吃苦耐劳,才能成为一个真干事、能干事、干得成事的干部,推进脱贫攻坚工作扎实开展;要深入基层扎根基层,工作作风求真求实"接地气",要看得了"官文",听得进"土语",通过不断的学习,既要熟知理论政策,做党的政策宣传员,又要熟悉村情民情,紧密联系实际,做党的方针政策的落实者;要入乡随俗,"下得了田头,坐得了炕头",要用农民的语言、农民的方式,与他们"打成一片""融为一体",才能贴近农民、贴近农村,带领农民、发展农村;要"坚定执着追理想",自觉锤炼党性,洗礼思想,真正补足精神之"钙"、筑牢思想之"魂";要始终保持"为民、务实、清廉"的本色,牢记党的宗旨,心系农民群众,始终把带领农民脱贫致富作为自己的崇高使命,以"民忧心头挂,万事民为先;进村首问民事,入户先听民声"的具体行动,用实实在在的行动把政绩写在农民的增收簿上,把政声留在农民的口碑上,把功德刻在农民的心坎上,把鲜红的党旗印在农民心上

卫生职业院校帮扶农村基层党建工作的落脚点在于发挥农村党员的先锋模范作用。要使农村党员带头执行党在农村的基本政策,尤其是要带头执行土地承包、减轻农民负担、脱贫致富等政策;要使农村党员团结带领群众脱贫致富,实现共同富裕;要使农村党员把重点放在扶贫帮困上,采取各种办法,尽心尽力地帮助困难群众,帮扶贫困农户,出色完成扶贫攻坚任务;要使农村党员紧密结合生产实际,带头学习先进实用的农业技术,掌握商品生产、市场营销和经营管理等方面的知识和技能,争当科技示范户,同时帮助困难群众学科技、用科技,促进广大农户增产增收;要使农村党员带头自觉遵守党的纪律和国家的法律,带头发扬社会主义新风尚,做到热爱集体、助人为乐、尊老爱幼、邻里和睦、诚实守信、移风易俗,不

赌博、不重男轻女、不搞宗族派性、不搞封建迷信。

(三)扶助共进:打造帮扶农村基层党建工作的亮点

党建工作是一项系统工程。农村党建工作与城区党建、机关党建、学校党建等各种党建工作密不可分。卫生职业院校在帮扶农村基层党建工作中,不仅要以党建促脱贫,完成脱贫工作任务,还要在脱贫扶贫中加强学校党建工作,打造高职院校党建工作的特色和亮点。

2015年6月18日,习近平总书记在贵州调研时强调,做好扶贫开发工作,基层是基础;要把扶贫开发同基层组织建设有机结合起来,抓好以村党组织为核心的村级组织配套建设,鼓励和选派思想好、作风正、能力强、愿意为群众服务的优秀年轻干部、退伍军人、高校毕业生到贫困村工作,真正把基层党组织建设成带领群众脱贫致富的坚强战斗堡垒。

卫生职业院校帮扶农村基层党建工作,助推贫困群众脱贫致富,密切了党群关系、干群关系。通过帮扶,增进了党员干部与贫困村群众的感情,形成工作合力,形成齐抓共管农村工作的良好氛围,推进了社会主义新农村建设发展;通过帮扶,在村内开展了党员干部与特困家庭一对一结对帮扶活动,进一步加强党员干部的思想作风建设,密切党群、干群关系,树立党员干部在群众中的良好形象,促进社会稳定和经济发展;通过帮扶,发挥了党员干部的表率作用和党组织的战斗堡垒作用,农村党员在发展种养项目上下功夫,在学用科技上做文章,成为致富带头人,党员以自身的致富实践,教育引导贫困群众克服"等、靠、要"的思想,激发困难群众的致富愿望,增强他们加快发展的信心。

卫生职业院校要总结党员结对帮扶成功经验,探索有效帮扶的新路径。要根据联系点党员和群众的具体情况,帮助制定党员结对帮扶方案与帮扶目标,认真组织实施,并根据帮扶开展工作情况,及时改进、完善帮扶措施;要根据党员和帮扶对象的具体情况确定帮扶措施,使党员明确责任、按照要求、切实做好帮扶工作;要加强对党员结对帮扶工作的经常性指导、检查和督促,定期召集党员召开结对帮扶工作会议,听取党员汇报结果;要指导基层党组织定期对党员结对帮扶工作进行检查和考核,及时表彰先进、激励后进,促进结对帮扶工作;要指导农村基层党组织加强信息化建设,通过QQ、微博、微信等媒体对党员结对帮扶工作进行科学化管理,实现党组织、党员干部扶贫工作有效覆盖,更快更有效地为群众服务,发挥新媒体在脱贫工作中特殊作用;要结合实际,不断创新工作理念、方法和机制,强化农村基层党组织服务功能,在维稳组织、农民专业合作社、生产基地、农业园区、产业链条中建立党支部或功能党小组,不断优化组织设置模式;要进一步完善村级组织构架,建立以党组织为核心,村民自治为基础,村务监督为保障,民主议事组织为突破,集体经济组织和农民专业合作组织为纽带,群众组织为补充,各种经济社会组织为支撑的农村扶贫组织体系。

七、高职院校坚持党要管党、从严治党

党的十八大提出,我们党要领导全国各族人民实现"两个一百年"奋斗目标。十八大提出的奋斗目标能否顺利实现,关键在党。新时期,如何加强高职院校党的建设,提高党的执政能力,确保党在中国特色社会主义事业中的领导核心地位。习近平总书记在总结社会主义运动500多年、建党90多年、建国60多年的经验的基础上,强调必须坚持党要管党、从严治党。

(一)增强党要管党、从严治党的紧迫性和重要性

1. 党要管党、从严治党是对各国政党执政经验和教训的总结

纵观世界政党执政情况,那些执政基础牢固、执政时间较长、执政政绩较为突出的政党都与该政党自身建设抓得紧、管得严分不开,即使如美国等发达国家,虽然实行两党或多党轮流执政,政党之间存在相互攻击,但各政党内部组织严明、管理严格、目标一致。而那些丧失执政地位的政党都与管党治党不严有关。苏联共产党在执政初期,党纪严明,党风清正,列宁特别痛恨贪污腐败,主张对党内的腐败分子"必须立即加以逮捕,并押解到莫斯科交革命法庭严加审判"。① 列宁还坚决反对党内搞特殊化,他说,"让党员享有优先权是一种弊端,因为这样做,骗子就会混进党内来。同志们,我们无论现在和将来都要同这种现象斗争"②。可惜,苏共后来的领导者渐渐把列宁的警告抛掷脑后,管党治党不严,出现了一个脱离人民群众的特权官僚集团,党的指导思想多元化,党的历史被篡改或玷污,党的革命领袖被批判,党的威信、权威严重被削弱,党组织的吸引力、凝聚力、号召力、战斗

---

① 列宁全集,第35卷[M]. 北京:人民出版社,1959:336.
② 列宁全集:第36卷[M]. 北京:人民出版社1985:15.

力丧失殆尽,当苏联最后一任总书记戈尔巴乔夫宣布解散苏共时,几乎没有遭到党内有力反对,这让资本主义世界都感到震惊。

2. 党要管党、从严治党是中国共产党几代领导集体积累的宝贵经验

中国共产党是无产阶级政党,党领导人民所取得的成就,靠的就是坚持党要管党,从严治党。党的历代领导集体在坚持党要管党、从严治党方面,探索、积累了丰富的经验。这成为习近平总书记提出党要管党、从严治党重要思想的理论来源。

在革命战争和社会主义建设初期,以毛泽东同志为核心的第一代中央领导集体,把思想建党、作风强党作为从严管党治党的主要举措。以整风运动形式开展了轰轰烈烈作风教育活动,对于违反党纪的党员干部,无论其对革命做出多大功勋,都严惩不贷。1937 年,毛泽东同志支持陕甘宁边区高等法院审判依法处决因逼婚未遂枪杀女学生的红军将领黄克功;1951 年,毛泽东同志下决心处决了贪污公款、公粮的原天津地委书记、石家庄市委副书记刘青山和原天津专区专员张子善。

党的十一届三中全会以来,以邓小平同志为核心的党的第二代中央领导集体,一手抓改革开放,大力解放和发展社会生产力,使国家日益强盛、人民生活水平不断提高;一手抓党建,恢复并重新确立了党的实事求是思想路线,支持开展了真理标准大讨论,对建国以来党的若干重大历史问题进行了客观评价,对毛泽东同志一生功过做出了"七分功、三分过"的历史结论,维护了毛泽东同志作为一名无产阶级革命家、政治家、军事家的历史地位,提出了坚持马列主义、毛泽东思想等四项基本原则,开创了中国特色社会主义。当国际形势发生突变,东欧、苏联发生动乱时,1992 年初,邓小平同志在南方谈话中强调,"中国要出问题,还是出在共产党内部"。他警告全党,必须保持清醒的头脑。

党的十三届四中全会以来,以江泽民同志为核心的党的第三代中央领导集体,坚持党的基本路线,提出了社会主义初级阶段的基本纲领,坚持四项基本原则,旗帜鲜明地反对资产阶级自由化思潮,摆脱了苏联解体、东欧剧变对全党全国的影响,继续把改革开放伟大事业推进 21 世纪;面对复杂多变的国际国内形势,面对发展变化的世情、国情、党情,以江泽民同志为核心的党中央,在总结建党 80多年经验的基础上,提出了"三个代表"重要思想,强调我们党"党的性质、党在国

家和社会生活中所处的地位、党肩负的历史使命,要求我们治国必先治党,治党务必从严。"①

党的十六大以来,以胡锦涛同志为总书记的党中央,高举中国特色社会主义伟大旗帜,克服世界金融危机和国内各种天灾人祸重重困难,加快中国特色社会主义的发展进程,使国家变得更加强大,人民生活水平显著提高。同时,党的建设也遇到了新的考验和风险。胡锦涛同志强调,党要管党,从严治党,要以求真务实精神的强党的建设。

党的十七大以来,习近平同志主抓党的建设工作,他强调,"对我们这样一个拥有八千五百多万党员、在一个十三亿人口大国长期执政的党,管党治党一刻也不能松懈。如果管党不力、治党不严,人民群众反映强烈的党内突出问题得不到解决,那我们党迟早会失去执政资格,不可避免被历史淘汰。这绝不是危言耸听。"②

党的十八大选举出了新一届党的中央领导集体。在党的十八届一中全会会后接见中外新闻媒体时,习近平代表新一届中央领导集体,向全世界宣布,将"坚持党要管党、从严治党,切实解决自身存在的突出问题,切实改进作风,密切联系群众,使我们党始终成为中国特色社会主义事业的坚强领导核心"。③ 新一届中央领导集体颁布了中央八项规定,并带头遵行;开展党的群众路线教育实践活动,集中整治老百姓反映强烈的"四风"问题;加大惩治腐败力度,坚持"苍蝇"、"老虎"一齐打,查处了大批贪官污吏;深化体制机制改革,编织制度的笼子,把权力关进笼子,加强对干部用权的监督;做出依法治国决定,把从严管党治党、建设法治国家、法治政府、法治社会,实施从严治党、依法治国列为本届党和国家治党治国的重要任务,进一步丰富和发展了党的几代领导集体关于党要管党、从严治党的党建理论。

3. 党要管党、从严治党是党的事业永续发展的根本保证

邓小平同志说过,办好中国的事情关键在党。建设中国特色社会主义、全面

---

① 江泽民. 江泽民文选. 第 2 卷[M]. 北京:人民出版社,2006:496.
② 十八大以来重要文献选编. 上[M]. 北京:中央文献出版社,2014:350.
③ 十八大以来重要文献选编. 上[M]. 北京:中央文献出版社,2014:69.

建成小康社会、实现中国民族伟大复兴,是党的几代人梦寐以求的奋斗目标。

今天,国际形势正在发生着深刻变化,要求我们必须做到党要管党、从严治党,才能应对各种风险和挑战。世界经济依然没有摆脱2008年经济危机的阴影,仍然处于低迷徘徊中,各国贸易保护主义有所抬头,对中国的出口贸易影响较大;美国战略东移,制造"中国威胁论",煽动中国周边国家敌视中国,牵制、遏制中国的发展;西亚、北非"颜色革命"波及世界各国,恐怖主义、极端民族主义、宗教极端主义"三股势力"和西方资本主义推行的霸权主义、强权政治威胁着世界的和平与发展;新科技革命浪潮席卷全球,把各国的经济、政治、文化捆绑在一起,世界多极化、经济全球化趋势十分明朗;中国周边国家与中国在海洋权益、领土争端、经济竞争等方面存在的矛盾不断加深,中国发展面临着越来越严峻的国际和周边环境制约。

同时,国内经济社会发展也遭遇了前所未有的困难和矛盾,也要求必须做到党要管党、从严治党,才能领导中国人民攻坚克难,实现党的十八大提出的奋斗目标。国内经济发展进入到一个7%左右的企稳期,短期内难于再达到9%以上的增长速度;资源短缺、石油等物质对外依赖增强、劳动力成本上升、技术创新动力不足、资本难于寻找出路、生态环境恶化等问题更加突出;社会思潮多元化、人民价值取向实用化、社会组织发展迅猛、政治体制改革进展缓慢、反腐倡廉任务艰巨。这些困难和问题考验着党的执政能力。党的十八提出的"两个一百年"奋斗目标能不能如期完成,关键在党。习近平同志指出,历史使命越光荣,奋斗目标越宏伟,执政环境越复杂,我们就越要增强忧患意识,越要从严治党,做到"为之于未有,治之于未乱",使我们党永远立于不败之地,使我们党始终成为中国特色社会主义事业的领导核心,始终成为中国各族人民的主心骨,始终成中华民族的引路人。

(二)党要管党、从严治党要有新思路、新举措

党要管党、从严治党是加强党的建设的有效途径。新时期,我们党面临的执政危机与革命战争年代、改革开放初期已经发生了很大变化。在社会主义市场经济条件下,我们党所面临的党内危机机制表现为"四大风险"和"四种考验"。习近平总书记强调,党要管党、从严治党要有新思路,采取新举措,取得新成效。

1. 坚持党要管党、从严治党,要管好思想意识形态

习近平总书记指出,"事实一再表明,理想信念动摇是最危险的动摇,理想信念滑坡是最危险的滑坡。我一直在想,如果哪天在我们眼前发生'颜色革命'那样的复杂局面,我们的干部是不是都能毅然决然站出来捍卫党的领导、捍卫社会主义制度?"理想信念就是共产党员的精神之钙。共产党员如果没有理想信念,精神就会"缺钙",就会得"软骨病"。共产党员的理想信念来源于马列主义、毛泽东思想和中国特色社会主义理论体系。

坚持党要管党,从严治党,要求高职院校要管好思想意识形态领域。要坚持马克思主义在高校社会意识形态领域的绝对领导地位,决不允许搞指导思想多元化,决不允许封建迷信、资产阶级自由化思想以及各种宗派主义、利己主义侵蚀党员干部的灵魂;必须旗帜鲜明反对各种与马克思主义、社会主义核心价值体系和核心价值观相悖的思想理论和价值观念,永远同各种形式的反马克思主义、反社会主义思想言论做斗争,确保党对意识形态工作的绝对领导。

2. 坚持党要管党、从严治党,要管好党的基层组织

党的基层组织是党的脉管和细胞,是党的战斗力、凝聚力的载体。中央组织部党内统计数据显示,截至 2017 年底,中国共产党党员总数为 8956.4 万名,党的基层组织 457.2 万个。党的基层组织,它们直接管理党员,直接联系群众。党的基层组织的形象关系到党的整体形象,党的基层组织战斗力决定着全党的战斗力。改革开放以来,党员流动性加大,一些基层党组织队伍不稳定,政治核心领导作用和战斗力发挥不够,不同程度存在"软""弱""涣散"等现象,影响到党的先进性和执政能力。江泽民同志曾指出,"党内存在的一些消极腐败现象之所以屡禁不止,有的情况还日趋严重,一个重要的原因,就是相当一些地方和单位的党组织和领导者治党不严,对党员、干部特别是领导干部疏于教育、疏于管理、疏于监督"。①

党要管党,要管好高职院校各级基层组织。习近平同志指出,"贯彻党要管党、从严治党的方针,必须扎实做好抓基层、打基础的工作,使每个基层党组织都

---

① 江泽民. 江泽民文选. 第 2 卷[M]. 北京:人民出版社,2006:497.

成为坚强战斗堡垒"。① 高职院校各级党组织要落实中央提出的使基层党组织达到"有钱办事、有人管事、有地方议事",要督促检查基层党组织"组织生活开没开、党员管理规不规范",要配齐、配好党的基层组织机构、人员,选好、用好党的基层干部;要重视和发挥好党的基层组织战斗堡垒作用,不断巩固党的基层执政基础。

从严治党,高职院校要集中整治党的基层组织中存在的"软""弱""涣散",加强对党的基层组织党建工作的指导和督促检查,有条件的地方要逐步实行乡镇党代会党员代表任期制和党委班子直接选举;要加强党的基层组织对地方政治、经济、社会管理的领导作用,使基层党组织成为坚强核心。

3. 坚持党要管党、从严治党,要管好干部

习近平同志指出,"党要管党,首先是管好干部;从严治党,关键是从严治吏。要把从严管理干部贯彻到干部队伍建设全过程"。② 党的路线、方针、政策能否执行到位,取决于党员干部的执行力。习近平总书记要求"各级党组织要严格管理党员队伍和党的干部队伍,严把入口、加强教育、强化监督,畅通出口"。③ 党要管好干部,要从思想上加强对干部的理想信念教育,用马克思主义的理论武器武装党员干部头脑,使党员干部始终做到践行党的宗旨不背叛人民,坚守党的精神家园不为世俗流弊所困惑,坚持党的先进性敢于担当勇于创新;管好干部,要帮助干部树立正确的政绩观,认真践行党的群众路线,不阳奉阴违,不搞政绩工程、形象工程,坚持立党为公、执政为民,用好手中权;管好干部,要管好干部的嘴、手、脚,不该吃的坚决不吃,不该拿的坚决不拿,不该去的地方坚决不去;管好干部,要督导干部多深入基层搞好调研,多到群众意见大、矛盾集中的地方去,俯下身子倾听群众意见,坚持从群众中来、到群众中去,向群众宣传好党的路线方针政策,做好群众思想政治工作,使群众气顺心舒,自觉贯彻执行党的决议部署,扎扎实实干好本职工作;管好干部,要从严整治干部中存在的"四风"问题,特别是要针对少数干部身上存在的"为官不易""为官不为""不作为""慢作为""乱作为"等新型下大力气整治。

---

① 十八大以来重要文献选编 . 上[M]. 北京:中央文献出版社,2014:351.
② 十八大以来重要文献选编 . 上[M]. 北京:中央文献出版社,2014:350.
③ 十七大以来重要文献选编 . 下[M]. 北京:中央文献出版社,2013:824.

高职院校党员干部要加强自我教育、自我管理。党组织的思想管理、组织管理、制度管理、作风管理只有转化为党员干部的自我教育、自我管理，才能把党要管党、从严治党落到实处、责任到人。党员干部按照习近平同志提出的"一要用科学的理论管好自己,二要用组织原则管好自己,三要用思想武器管好自己,四要用人格魅力管好自己"。①,加强学习,强化实践,在组织的帮助下,通过自身努力,成长为一名信念坚定、为人民服务、勤政务实、敢于担当、清正廉洁的好干部。

4. 坚持党要管党、从严治党,要用制度管党治党

江泽民同志曾指出,从严治党"关键在于建立起一整套便利、管用、有约束力的机制,使全党的各级组织对党员、干部实行有效的管理和监督,及时发现矛盾、解决问题,使党的肌体始终保持健康"。②。90 多年来,我们党已经建立起了比较科学有效的管党治党制度体系。习近平同志指出,"在制度上,党和国家机关基层组织工作条例、高等学校基层组织工作条例、党政领导干部选拔任用工作责任追究办法和防止干部任职年龄层层递减、从严管理干部、领导干部报告个人事项、加强对配偶子女均已移居国(境)外的国家工作人员的管理、加强村级组织运转经费保障制度等文件的修订和出台,有效解决了党的建设和组织工作中遇到的一些新问题"③。用制度管党治党,就是要从制度上确保党要管党、从严治党工作规范化、制度化。要加强党的制度建设,用好的制度管人管事,彻底摈弃"人治"的负面影响,把依法治国与依制管党治党结合起来,从严整治"有令不行、有禁不止"的现象,使各级党组织和党员干部在思想上、政治上、行动上始终与党中央保持高度一致。

高职院校要坚持用制度管党治党,具体要落实到用铁的纪律管党治党上。习近平同志指出,"我们党是靠革命理想和铁的纪律组织起来的马克思主义政党,纪律严明是党的光荣传统和独特优势"④ 他还多次强调,"党要管党、从严治党,靠什么管,凭什么治？就要靠严明的纪律。……干部出问题,都是因为纪律出的突

① 习近平. 干在实处 走在前列——推进浙江新发展的思考与实践[M]. 北京:中共中央党校出版社,2006:461-462.
② 江泽民. 论党的建设[M]. 北京:中央文献出版社,2001:374.
③ 十七大以来重要文献选编. 下[M]. 北京:中央文献出版社,2013:680.
④ 十八大以来重要文献选编. 上[M]. 北京:中央文献出版社,2014:131.

破。必须严明党的纪律,党的各项纪律都要严。遵守党的纪律是无条件的,要说到做到,有纪律必执,有违必查"。① 落实党要管党、从严治党,必须强化各级党组织和党员干部的纪律意识,用铁的纪律来加强党组织建设、管理党员干部,坚持纪律面前人人平等,党内决不允许有不受党纪国法约束,甚至凌驾于党章和党的组织之上的特殊党员;要求党员必须遵守党的纪律,尤其要遵守党的政治纪律,要使全党在政治方向、政治立场、政治言论、政治行为等方面,在指导思想和路线方针政策以及事关全局的重大原则上,始终与党中央保持高度一致,自觉维护中央权威;要求全体党员干部"绝不允许散布违背党的理论和路线方针政策的意见,绝不允许公开发表违背中央决定的言论,绝不允许泄露党和国家秘密,绝不允许参与各种非法组织和非法活动,绝不允许制造、传播政治谣言及丑化党和国家形象的言论"。② 决不允许上有对策、下有对策,有令不行、有禁不止,也决不允许在贯彻执行中央决策部署上打折扣、做选择、搞变通。我们每一个党员、干部,要牢固纪律意识,自觉用党的纪律规范自己的一言一行,在任何情况下都要做到政治信仰不变、政治立场不移、政治方向不偏。

5. 坚持党要管党、从严治党,要全面加强党的建设

落实习近平同志提出的党要管党、从严治党要求,最终要落脚到全面加强党的建设工作上。正如江泽民同志所指出的,"落实从严治党的方针,不是一时一事的要求,必须全面贯穿于党的思想、政治、组织、作风、纪律和制度建设的各个方面工作,切实体现到对各级党组织和广大党员、干部进行教育、管理、监督等各个环节中去"。③ 党要管党,从严治党,要按照"三严三实"要求全面加强党的思想建设、组织建设、作风建设、制度建设、人才队伍建设和反腐倡廉建设。

6. 党要管党、从严治党必须持之以恒,常抓不懈

坚持党要管党,从严治党是加强和改进党的建设一项常抓不懈的工作。党的作风建设没有休止符,党风建设永远在路上。党要管党,从严治党也没有休止符,永远在路上。

---

① 十八大以来重要文献选编. 上[M]. 北京:中央文献出版社,2014:764.

② 十八大以来重要文献选编. 上[M]. 北京:中央文献出版社,2014:132.

③ 江泽民. 江泽民文选. 第2卷[M]. 北京:人民出版社,2006:498.

　　高职院校开展党的群众路线教育实践活动以来，一些党组织、党员干部身上存在的"四风"问题得到了有效整治，党组织的战斗力提高了，党员干部的精神面貌发生了可喜的变化。但是，仍然有少数党员干部顶风违纪，在一些地方"四风"问题以一些新的形式表现出来，如有的地方把高档会所改头换面为干部培训中心，一些地方和部门整治"四风"出现了反弹、回潮，等等。

　　高职院校建立党要管党、从严治党长效机制，要落实治党管党的主体责任和监督责任。习近平同志说："党要管党，首先是党委要管、书记要管。党委书记要在其位、谋其政，履行好第一责任人职责。"①习近平同志要求"各级党委切实要担负起党要管党、从严治党的政治责任，健全和落实党建工作责任制"。② 各级党委是落实党要管党、从严治党的责任主体，各级党组织的主要负责人是第一责任人，各级党组织相关职能部门要各司其职，统筹协调，形成合力；党的各级监督机关是落实党要管党，从严治党要求的监督责任主体，要认真履行监督职能；广大人民群众是落实党要管党、从严治党的见证者、受益者和社会监督者，要让群众评判"党要管党、从严治党"的工作成效。全党要上下齐心，形成一级带一级，一级抓一级，层层抓落实的工作机制。唯有如此，才能把习近平同志提出的"党要管党、从严治党"真正落到实处，才能不断巩固党作为中国特色社会主义事业的领导核心地位，才能更好地发挥党统领全局、协调各方的作用，实现党的十八大提出的"两个一百年"奋斗目标。

八、高职院校标准化基层党组织建设

　　新时期高职院校加强基层党组织建设，要以马列主义、毛泽东思想、邓小平理论、"三个代表"重要思想、科学发展观和习近平新时代中国特色社会主义思想为指导，坚持党要管党，从严治党的方针，全面落实党的基层组织建设的基本任务，围绕中心，服务大局，拓宽领域，强化功能，扩大基层党组织工作的覆盖面，不断提高基层党组织的凝聚力、吸引力和战斗力。

　　高职院校要在学校党委的领导下，以创建标准化基层党组织活动为主要载

---

① 十八大以来重要文献选编．上［M］．北京：中央文献出版社，2014：354.
② 十七大以来重要文献选编．上［M］．北京：中央文献出版社，2009：226.

体,切实加强基层党组织建设,把基层党组织建设成为贯彻党的基本路线的组织者、推动者和实践者,建设成为认真贯彻落实党的方针政策、联系群众、纪律严明、作风严谨、富有战斗力的坚强堡垒。

(一)制定标准化基层党组织建设管理的基本规范

1. 建立标准化基层党组织工作

高职院校要组织全体党员围绕本单位本部门的中心任务开展工作,用改革的精神研究新情况、解决新问题,积极探索和改进基层党组织的活动内容和工作方式,创造性开展基层党组织工作。基层党组织工作有计划、有措施、有总结、有记录、工作效果显著。要按照党章规定和党委统一要求,根据组织原则,按时进行基层党组织换届选举。坚持民主集中制原则,基层党组织书记认真履行工作职责,积极主动开展基层党组织工作;基层党组织支委成员分工明确,各负其责、密切配合。要经常开展基层党组织活动,坚持"三会一课"制度,定期召开基层党组织党员大会、(总)支委会、党小组会,认真上好党课;每半年召开一次民主生活会;经常开展有益于提高党员思想和促进基层党组织建设的各项活动。要遵循"坚持标准、保证质量、改善结构、慎重发展"的方针,进行入党积极分子的培养、教育、培训、考察,经常对入党积极分子的情况进行分析、研究。严格履行发展党员的有关审批手续,增强党组织的纯洁性。按期做好预备党员转正工作。每年要开展一次民主评议党员活动。通过学习教育,自我评价,民主评议,组织考察,表彰等,检查党员先锋模范作用的发挥情况,提高党员素质,保持清醒的政治头脑。

2. 加强基层党组织宣传工作

高职院校宣传和执行党的路线、方针、政策,宣传和执行党中央、上级党组织和学校党委的决议,根据要求按期做好信息上报等各项具体宣传工作。组织党员认真学习马克思列宁主义、毛泽东思想和中国特色社会主义理论体系,学习党的路线、方针、政策及决议,学习党的基本知识,学习科学、文化和业务知识,做到读书有笔记,平时有交流、年终有总结。要密切联系群众,经常了解群众对党员、党的工作的意见和建议,维护群众的正当权利和利益,做好教职工的思想政治工作;积极开展学生的德育教育工作。要加强党员教育管理,增强党员的党性修养,提高党员参加组织生活的自觉性,使党员坚定信念,认真履行义务,正确行使权力,始终保持先进性。要按照政治工作责任制的要求,组织党员开展富有成效的思想政治工作。

3. 加强基层党组织纪检工作

高职院校要严肃党内纪律,继承和发扬党的优良传统,弘扬正气,旗帜鲜明地反对歪风邪气,抵制不健康的思想侵袭,保持党员队伍的先进性和纯洁性,认真执行《中国共产党党员纪律处分条例》。要认真贯彻《中国共产党党内监督条例(试行)》,有效监督党员领导干部履行义务,并保障党员的合法权利不受侵犯。党员领导干部能够按时参加所在党(总)部支活动,全面执行《中国共产党党内监督条例(试行)》。健全党内民主生活。按党风廉政建设责任制要求,加强党(总)支的党风廉政建设。(总)支部党员发生违纪问题,能认真负责开展调查和处理。要重视党风建设,要了解、分析、掌握本(总)支部党风方面存在的问题,提出意见,制定措施,建设新时期的优良党风。

(二)加强对基层党组织建设工作的检查和考评

高职院校创建标准化基层党组织活动在学校党委领导下组织实施,作为党的经常性工作常抓不懈,党委成立由学校党委书记、副书记、党政办成员、组织部、基层党组织书记等组成的考评小组,负责标准化党内考核评议工作。

对基层党组织标准化建设要经常开展检查,检查考评自下而上,上下结合。各(总)支部和党小组要经常搞好自查,党委每半年要集中进行一次全面检查,每季度抽查,为标准化党(总)支部考评、先进党(总)支部评比打好基础。检查中主要采用"听""看""问""查"的方法,即听取工作汇报,看工作实绩和制度落实情况,由党内群众对支部工作和党员工作情况进行评议,查记录,肯定成绩,找出不足,制定改进的具体措施。

学校应根据学校"创标准化党(总)支部"考核标准,考评组每半年对党(总)支部达标情况考评一次。每年一次结合工作总结和民主评议党员活动,进行民主评议党(总)支部工作,在自评基础上,各党(总)支填写《标准化党(总)支部审批表》一式两份,经考评组评议,报学校党委审批。学校党委依据检查结果,对标准化党(总)支部进行命名。对标准化党(总)支部实行动态管理,每年评定、命名、授牌一次。当年评定未达标的原标准化党(总)支部,要予以摘牌。要建立责任制度和奖励机制。当年未达标(总)支部,(总)支部书记不能评为优秀党员或优秀党务工作者。

（三）开展先进基层党组织评比活动

学校应每年进行一次先进基层党组织评比活动。当年被党委考评命名为"标准化基层党组织"且考核分在 90 分以上的基层党组织方具有评选先进党组织的资格。先进基层党组织评选采取基层党组织自己申报、组织评议、党委审批的办法。基层党组织要填写《先进党（总）支部申报表》，准备相关资料；考评组组织考评会，基层党组织陈述申报理由，进行面对面考核评比，评出先进基层党组织，报党委审评；党委审批，并进行授牌、表彰和奖励。

专题七

切实加强高职院校思想政治工作队伍建设

一流的思想政治工作离不开一流的思想政治工作队伍。新形势下,加强和改进高职院校思想政治工作队伍建设,要着力加强干部队伍、思想政治理论课教师队伍、班主任和辅导员队伍建设,培养学习型、服务型、创新型思想政治工作队伍。

党的十八大提出,要建设学习型政党,培养学习型领导干部。在党的群众路线教育实践活动中,习近平总书记指出,反"四风",要大力加强党员干部学风建设。加强党员干部学风建设,践行党的群众路线,党员干部要争做学习型、服务型、创新型干部。

一、培养学习型、服务型、创新型党员干部队伍

(一)加强理论学习,培养学习型干部

党的群众观点之一是虚心向人民群众学习。习近平总书记强调,"我们要适应新形势下群众工作新特点和新要求,深入做好组织群众、宣传群众、教育群众、服务群众工作,虚心向群众学习,要从人民伟大的实践中汲取智慧和力量"。

1. 学习是领导干部适应知识经济时代、信息化社会发展要求的基本能力。习近平总书记指出,在农耕时代,一个人读几年书,就可以用一辈子;在工业经济时代,一个人读十几年书,才够用一辈子;在知识经济时代、信息化社会,一个人必须学习一辈子,才能跟上时代前进的步伐。20 世纪 90 年代以来,人类知识更新的速度已经提高到每 3 至 5 年翻一番。如果我们不努力提高各方面的知识素质,不自觉学习各种科学文化知识,不主动加快知识更新、优化知识结构、拓宽眼界和视野,就不可能增强领导人民的本领,就不可能赢得主动、赢得优势、赢得未来。

2. 学习是领导干部为党和国家、为人民做好工作的职责要求。习总书记强

调,"领导干部学习不学习不仅仅是自己的事情,本领大小也不仅仅是自己的事情,而是关乎党和国家事业发展的大事"。作为领导干部,只有加强学习,才能增强工作的科学性、预见性、主动性,才能使领导和决策体现时代性、把握规律性、富有创造性,才能避免陷入少知而迷、不知而盲、无知而乱的困境,才能克服本领不足、本领恐慌、本领落实的问题。

3. 学习是领导干部转变作风、培养健康情趣的有效途径。列宁说,"少些政治空谈,少发些书生议论,多深入生活,多注意工农群众怎样在日常生活中实际地创造新事物"。习近平指出,有的党员、干部不认真学习党的理论和做好工作需要的知识,学了也是为了应付场面,蜻蜓点水,浅尝辄止,不求甚解,无心也无力在实践中认真运用。抓好学风建设是实现党的作风好转的关键。毛泽东在1937年写的哲学著作《实践论》指出,学习和实践,不仅能够帮助我们改造客观世界,还能帮助我们改造主观世界,提高我们的认识和实践能力。1941年,毛泽东在中共中央党校开学典礼上的演说中指出,学风问题是领导机关、全体干部、全体党员的思想方法问题,是我们对待马克思列宁主义的态度问题,是全党同志的工作态度问题。习近平总书记强调,对一些领导干部来说,除了工作需要以外,少出去应酬,多回家吃饭。省下点时间,多读点书,多思考点问题,油腻的食物少吃一点对身体还有好处。学以成才,学以养德,学以益智,学以修身,通过学习可以不断增强领导干部党自我净化、自我完善、自我革新、自我提高的能力,有助于加强党性锻炼和党性修养,构筑共产党人的精神高地,增强党的肌体的自我免疫力。总之,学习是涵养领导干部精神品格、养成健康生活情趣的有效途径。

4. 培养学习型干部是培养服务型、创新性干部的前提。党的十八提出,要建设学习型、服务型、创新型马克思主义执政党。学习是前提,学习好才能服务好,学习好才有可能进行创新。学习马克思主义基本理论,可以坚定领导干部中国特色社会主义共同理想和共产主义理想信念,践行全心全意为人民服务的宗旨意识;学习前沿科学文化知识,可以提高领导干部谋事布局、领导干事的工作能力,提高立党为公、执政为民的服务能力;学习新思想、新知识、新方法,可以培养领导干部的创新思维,增强创新意识,在实践中大胆实践,勇于开拓创新。

邓小平同志说过,学马列要精、要管用。习总书记教导我们,学习应该是全面的、系统的、富有探索精神的。既要抓住学习重点,也要注意拓展学习领域;既要向书本学习,也要向国外有益经验学习。要坚持学以致用。作为高校领导干部,学习不仅是干部成长的需要,也是教师的基本任务和生活方式。

(二)加强群众路路线教育,培养服务型干部

我们党的宗旨是全心全意为人民服务。习近平总书记强调,"作为党的干部,就是要全心全意为人民服务,就是要诚心诚意为党和人民事业奋斗,就是要讲大公无私、公私分明、先公后私、公而忘私。……作为党的干部,只有一心为公,事事出于公心,才能有正确的是非观、义利观、权力观、事业观,才能把群众装在心里,才能坦荡做人、谨慎用权,才能光明正大、堂堂正正"。①

1. 为人民服务是我们党的执政理念,是领导干部的光荣使命。中国共产党是工人阶级的先锋队,同时是中华民族的先锋队。中国共产党始终代表中国先进生产力的发展要求,代表先进文化的前进方向,代表最广大人民群众的根本利益。我们党要始终做到"三个代表",就必须牢固树立全心全意为人民服务的意识,坚持立党为公、执政为民,把服务好、维护好、发展好、实现好广大人民的根本利益作为自己的职责所在。习近平总书记说,"我们的人民热爱生活,期盼有更好的教育、更稳定的工作、更满意的收入、更可靠的社会保障、更高水平的医疗卫生服务、更舒适的居住条件、更优美的环境,期盼孩子们成长得更好、工作得更好、生活得更好。人民对美好生活的向往,就是我们奋斗的目标"。学校的领导干部要在"教书育人、管理育人、服务育人"方面下功夫,把提高教育教学水平,服务于学生成人成才;把认真履行岗位职责,提高行政管理、后勤服务能力,服务于学生健康向上的校园生活;把搭建学生入团、入党、就业、创业平台,服务于学生素质能力提升,作为自己的工作职责。

2. 服务人民是巩固党执政地位,实现中华民族复兴的力量源泉。我们党来自人民、根植人民、服务人民,党的根基在人民、血脉在人民、力量在人民。如果失去了人民的拥护和支持,党的事业和工作就无从谈起。我们党要继续经受住执政考验、改革开放考验、市场经济考验、外部环境考验,要彻底根除"形式主义、官僚主义、享乐主义、奢靡之风"痼疾,要夺取中国特色社会主义的伟大胜利,要实现中华民族伟大复兴的中国梦,就必须始终密切联系群众,始终坚持立党为公、执政

---

① 习近平.习近平谈治国理政[M].北京:外文出版社,2014:394.

为民。

3. 服务人民是领导干部人生价值的集中体现。马克思主义认为,人生价值主要是个人对社会的贡献。共产党的干部的人生价值就体现在你为人民群众办了多少实事、做了多少好事、给人民群众带来多大实惠。邓小平同志说:"什么叫领导? 领导就是服务。"这就要求我们的党员、干部,要想群众所想、急群众所急,做群众所需,诚心诚意为广大群众谋利益。我们党员、干部的工作做得好不好,不是自己说了算,也不是上级说了算,而是要看人民高兴不高兴、满意不满意、答应不答应。江泽民同志指出,只有人民才是我们工作价值的最高裁决者。习近平总书记强调,今天,衡量一名共产党员、一名领导干部是否具有共产主义远大理想,是有客观标准的,那就要看他是否坚持全心全意为人民服务的根本宗旨,能否吃苦在前、享受在后,能否勤奋工作、廉洁奉公,能否为理想而奋不顾身去拼搏、去奋斗、去献出自己全部的精力乃至生命。

4. 服务人民是党的群众路线教育实践活动的核心。为民务实清廉是开展党的群众路线教育实践活动主题。胡锦涛同志指出,为民就是要坚持立党为公、执政为民,把实现好、维护好、发展好人民群众的根本利益作为自己实现问题和开展工作的根本出发点和落脚点,忠实地贯彻执行党的群众路线,当好人民公仆,做到权为民所用、情为民所系、利为民所谋。开展群众路线教育实践活动,就是要转变工作作风,主动接地气、通下情,想群众所想、急群众所急,解群众所忧,在服务中实现管理,在管理中实现服务,在教学中学会管理,在服务中提高工作效率和质量。习近平总书记强调,开展群众路线教育实践活动,最重要的问题是要引导全党始终坚持全心全意为人民服务的根本宗旨,不断赢得人民群众的信任和拥护,保持同人民群众的血肉联系。

(三)倡导理论实践创新,培养创新型干部

江泽民说,创新是一个民族的灵魂。创新,通俗地讲,就是走前人没有走过的路,说前人没有说过的话,做前人没有做过的事。习近平总书记指出,历史和现实都告诉我们,只有创新型的国家才能实现繁荣富强,只有创新型的民族才能兴旺发达,只有创新型的政党才能永葆先进性。

1. 培养创新型干部是党的性质、宗旨的要求。中国共产党是马克思主义政党,党的性质、宗旨和历史使命决定了党既要敢于和善于在自己领导的伟大事业中不断改革创新,又要敢于和善于以改革创新的精神状态、改革创新的思想作风、改革创新的工作方法全面加强党的各方面建设。中国共产党的先进性要求党必须不断进行理论创新、实践创新、领导创新,党的各级干部是党组织创新的具体承担者,是实施创新的具体推动者。

2. 造就创新型领导干部是党的组织建设和干部队伍建设的要求。中央强调,要以改革创新精神建设高素质领导班子和干部队伍,坚持德才兼备、以德为先,教育和督促领导干部带头讲党性、重品行、作表率,大力培养选拔优秀年轻干部,充分发挥各个年龄段干部的作用;要以改革创新精神积极推进党内民主建设,切实尊重党员主体地位,完善党的代表大会制度,改革党内选举制度,以增强党组织的创造力、凝聚力、战斗力和保持共产党员的先进性为目标扩大基层党组织直接选举范围,加强党委的民主集中制建设;要以改革创新精神深化干部人事制度改革,坚持民主、公开、竞争、择优,树立正确的用人导向,建立健全干部考核评价体系,加强对干部选拔任用工作全过程的监督,提高选人用人公信度。要以改革创新精神推进人才队伍建设,以培养和吸引高层次人才和高技能人才为重点,整体推进创新型人才队伍建设,更好地激发各类人才的创造活力和创业激情。

3. 培养创新型干部是党的作风建设的要求。中央提出,要以改革创新精神加强党的作风建设和反腐倡廉建设,扎实推进惩治和预防腐败体系建设,坚持深化改革和创新体制,强化对权力运行的监督,以优良的党风促政风带民风;要通过以改革创新精神加强党的建设,使党始终成为中国特色社会主义事业的坚强领导核心;要以改革创新的精神加强党员干部作风建设,培养出忠于党、忠于人民,遵纪守法,热心服务,甘于奉献的中国特色社会主义事业的领导者、中坚骨干。

4. 成长为创新型干部是干部自身发展的需要。干部要得到人民群众的信任、信服、支持、尊敬,就必须在思想上、行为上、作风上"高人一筹",就必须在实践中加强学习,注重自我锻炼和提高,就必须用改革创新的精神加强自我修养、自我教育、自我成长成才。实践和实事表明,创新型干部是具有开拓精神、担当责任感、亲民、为民、爱民,能想事、敢干事、干得成事的干部。

二、思想政治理论课教师队伍建设的着力点

作为一名思想政治理论课教师,如何使思想政治理论课达到"教师讲得带劲,

学生听得解渴"？思想政治理论课教师是教学的主体,起着主导作用,加强和改进思想政治理论课教学,提高思想政治理论课教学实效性,思想政治理论课教师应当加强学习,转变教学观念,改进教学方法,不断增强思想政治理论课教学的自觉性和自信心。

(一)思想政治理论课教师要在学习中培养自觉自信

思想政治理论课教学要立足教材,但不能受制于教材。思想政治理论课教师一定要解放教学思想,加强理论学习。讲授马克思主义理论课,如果不了解马克思主义中国化、不了解世界马克思主义发展状况,不跟踪学习学科前沿知识,怎么能讲出新意,怎么能提高学生学习的积极性?

思想政治理论课教师要将所学应用于教学,回答学生普遍关心的"怎样看殖民主义帝国主义对中国的侵略""为什么资本主义改良和资本主义道路在中国行不通""社会主义思潮为什么会在中国兴起并持续地起作用""中国为什么会在新中国成立后走上社会主义道路""怎样看改革开放基本国策与新民主主义社会政策的关系"等重大理论问题。

只有通过不断学习新知识,及时了解和把握理论发展的脉络,才能拓展我们的眼界,丰富我们的知识结构,增强我们进行思想政治理论课理论教学所需背景知识的自觉自信。

(二)思想政治理论课教师要在教学改革中培养自觉自信

教育部社科司原司长徐维凡指出,思想政治理论课教师要努力提高水平,找回教育的尊严;要有自己的高度自觉自信,找到自己安身立命的竞争力。

思想政治理论课教师在教学中,如果教学方法枯燥、死板,讲得绕、散,讲的理论内容空泛、缺乏说服力、没有新鲜感,没有针对性回答学生提出的现实问题。这样的课堂怎么能激发学生学习兴趣,怎么能提高思想政治理论课教学质量、达到思想教育的目的?

思想政治理论课教师授课不能文件、教材怎么讲,就怎么说、念,这不是真正讲理论。思想政治理论课教师要提高理论教学的自觉自信,要讲出理论的自觉自信,讲出课程内容的新意,要根据学生的学习接受能力,根据个人的社会阅历、知识结构,对教学内容进行深入研究,科学设计教学环节,着力思考怎么将政治理论观点让学生真正喜欢,听得懂;要作精彩授课,唱响主旋律,改变教学形象,提高思想政治理论课学生的出勤率、抬头率、点头率、微笑率。

思想政治理论课教师不能只当"教书匠",也要搞科研。教学也应成为科研。思想政治理论课教师要研究教学,研究教学的紧迫问题,要回答现实问题,研究理想信念,研究"三进"工作,直面回答现实问题,抓住教学中的突出问题,有学理性,也要回答现实问题;要打造中国特色的话语体系,深入研究马列主义、毛泽东思想的基本观点;要将基本理论提炼出来进行解释,要有自己的理解,不能用文件、概念、理念解释文件、概念、理念;要把这些理论提炼出来,让学生理解教材理念,要找出理论之间的联系、逻辑关系。

思想政治理论课教师搞科研要在基础理论方面下功夫,可以从思想政治理论课各学科的基本知识中寻找研究项目,也可以对社会重大现实问题加以研究。思想政治理论课教师要倡导研究型教学,创设思想政治理论课研究型教学模式。艾思林教授强调,研究型教学应有一种探讨的意识,就问题进行探讨,达到对一种可共同接受的认识;一个没有经过自己思考的东西永远是外在的,只有内化于心,才能记得住,才能用自己的语言表达出来;研究型教学要有延伸意识,思想政治理论课教师要把课上课下结合起来,给学生更多思考、研究的空间、余地,课上激发学生的求知欲,课下让学生自己去寻找答案。

思想政治理论课教师要深刻理解马克思主义理论的精髓,正确回答时代、实践提出的现实问题;要善于用群众、学生喜闻乐见语言,生动、通俗、深入浅出地阐发思想观点;要能够回答群众、学生关心的现实问题和自身成长中的问题。

提高思想政治理论课教师高度的自觉信心,必须提高思想政治理论课教师的综合素质。思想政治理论课教师可以从以下几方面提高自身素质:一是提高理论研究和把研究成果转化为教学内容的能力,并且努力做到把握理论要彻底;二是要坚持正确的价值导向,既要自觉、坚定,又要"不训政、不媚俗";三是要提高准确、清晰、生动、精炼的语言表达能力;四是要善于学习,不断提高一专多通的知识结构和驾驭知识阐发观点的能力;五是要亲近学生,充满对学生的热爱、喜欢,注意观察学生的表现,不断提高敏锐地把握学生认知活动的状态和实现灵活应变的教学能力;六是要遵守纪律,善于合作,不断提高端庄、儒雅的气质和高度亲和力的人格魅力。

（三）思想政治理论课教师要在研究学生和教学规律中培养自觉自信

社会主义市场经济和实践与生活方式的变化对大学生思想的影响的主导方面是积极、有益的。思想政治理论课教师要看到当代大学生思想认识积极的方面：越来越具有独立思考的意识；更加希望在社会生活中获得平等、公正的对待，以及具有平等、通畅的表达自己的观点和思想的途径；自主、自立意识更强；大学生日益形成了把全面提高自身的整体素质，尤其是能力发展作为自我发展观的核心内容的思想观念；更加关注自身个性发展和个性展示；参政议政意识和社会责任感增强；日益习惯于从全球和人类的角度看问题。

同时，也要看到其消极的一面：个人主义、利己主义成为相当一部分大学生的价值观；市场经济在一定程度上使部分大学生的拜金主义思想认识有所增长；部分大学生不加分析地、盲目推崇西方社会政治制度和价值观，主张全盘西化，对社会主义、共产主义理想、信念产生怀疑和困惑；一些大学生把西方政治学、哲学、心理学等理论看作是解决中国问题的灵丹妙药，主张用它们取代马克思主义理论，对我国坚持以马克思主义为指导思想的必要性产生怀疑；一些大学生在个人主义价值观念有所增强的同时，他们的祖国、人民的意识有所淡化。

学生是思想政治理论课教育教学的对象。思想政治理论课教学效果最终体现在学生学习的效果。当代大学生个性意识、独立意识非常强，学生成长背景不同，竞争意识强烈，不满足于被动接受，只有充分重视这些特点，思想政治理论课教学才能更加切实地化入学生的生活和心灵世界。

为此，思想政治理论课教师在教学和做学生思想政治教育工作时，应有更多与学生平等对话的机会，遵循以下教育规律：一是以知识教育为依托实现科学价值观教育规律；二是以能力培养促进科学价值观的形成和巩固规律；三是教书育人过程中德育主客体交替与互动规律；四是主导价值观教育与鼓励学生个性发展相结合规律；五是"两个课堂"和"两个队伍"相结合的德育规律。

思想政治理论课教学不仅要关注学生思想实际，而且要联系学生思想实际、专业特点等进行教学。清华大学的思想政治理论课教师在教学中联系学生专业进行教学所取得成效。该校马克思主义学院举办的以"人间正道"为主题的第二届清华大学《中国近现代史纲要》课程因材施教学生美术创作作品展，紧紧围绕中共党史、辛亥革命史和清华校史创作了近200幅雕塑、绘画、书法、剪纸、陶瓷、染织、装潢设计、多媒体设计等艺术作品。通过这些活动,学生加深了对校史校情、党史党情、国史国情的了解和认识,更加坚定了在党的领导下走中国特色社会主义道路的信心。这样的活动不仅使直接参与的学生受到了激励、锻炼和教育,思想得到升华,而且它还在校园中营造了一种特殊的人文、科学、艺术合一的氛围,成为校园内一个靓丽的风景点,起到了春风化雨、润物无声的独特作用。

(四)思想政治理论课教师要在掌控教学话语权中培养自觉自信

思想政治理论课教师不能照本宣科进行教学,要努力实现思想政治理论课由教材体系向教学体系的转化。教材体系是理论体系,具有完整性、规范性,教学体系由教师完成,具有灵活性、针对性、现实性。二者存在着根本区别。如果教师不能实现由教材体系向教学体系的成功转化,就会出现课堂教学照本宣科的现象,就必然导致学生对思想政治理论课厌学。

思想政治理论课教师要把教材内容用教师的话语体系转化过来,转化为课堂教学;要深刻理解教材体系,把握教材逻辑结构,把握教材重大问题,在实践中产生灵感,才会有思维习惯,才能在解决大学生思想问题;要对教材重点内容的研究上升到学术层面,吃透教材的理论内容;要广泛深入了解我国社会主义初级阶段的实际,对一些热点难点问题具有独到的见解,能够对一些社会问题作出符合实际的马克思主义的分析和解读;不要回避社会问题,就讲自己的观点,用朴素的道理讲,对实际问题进行调查研究。陈云同志指出,"我们必须下去调查研究,同时也要注意在干部中间进行调查研究。在干部中间多注意听反面的意见,这是调查研究的一种方法。凡是提出一种意见的人,他总是看到了一点东西。即使是错误的意见也不要怕,有错误的意见,可能使正确的意见更加正确。……如果对方提出的不同意见使正确的,那就可以吸收进来,使正确的意见更加完备,采用这种方法,在许多场合都可以进行调查研究"。[①];要处理好基础课与其他思想政治理论课的关系,把握好适用范围;要及时学习党的文件精神,并自觉运用到教学中,向学生进行有说服力的讲解;要积极参加社会实践,亲身体验社会生活,用活生生的社会实例来佐证教学理论,增强学生对理论知识的可信度。

---

① 陈云. 陈云文集. 第三卷[M]. 北京:中央文献出版社,2005:328.

思想政治理论课教师队伍是我国高校一支特别的队伍。他们不仅是党的路线、方针、政策的第一学习者、宣传者、践行者,还担负着学生思想政治教育,培养中国特色社会主义可靠接班人和合格建设者的重任。党和国家给了思想政治理论课教师优先的发展政策,各级部门和学校为思想政治理论课教师创造了良好的发展环境,思想政治理论课教师要勇担重任,不辱使命,真学、真懂、真信、真用,做马列主义、毛泽东思想、中国特色社会主义理论的宣讲者,做社会主义核心价值体系的践行者。

三、加强高职院校辅导员队伍建设

辅导员队伍是高职院校思想政治教育工作队伍的一支重要力量。辅导员在系部的领导下,按照学校党委的要求有步骤地对学生开展思想政治教育。高职高专学生的自主性明显增强,不可能再按照中学或者中专的模式管理学生。班主任与系部之间出现的管理断层只有靠辅导员队伍来填充;加上辅导员身份的特殊性,辅导员成为联系学校、家长和学生之间重要的桥梁和纽带。辅导员队伍是高职高专思想政治教育工作队伍的一支重要力量。辅导员在系部的领导下,按照学校党委的要求有步骤地对学生开展思想政治教育。

教育部关于加强辅导员队伍建设的意见也强调,加强和改进大学生思想政治教育,是新时期一项重大而紧迫的战略任务。而建设一支高水平的辅导员队伍,是深入加强和改进大学生思想政治教育工作的关键之一。加强辅导员队伍建设,是培养社会主义合格建设者和可靠接班人、巩固党的执政基础的战略需要,是维护高校稳定、推动高等教育事业顺利发展的全局需要,是推进素质教育,促进大学生全面发展的时代需要,是解决突出问题,扎实推进工作,全面加强和改进大学生思想政治教育的现实需要。

辅导员的特殊身份和地位,决定了建立辅导员队伍的必要性和重要性。辅导员是联系学生和学校教师、学生管理部门的重要桥梁和纽带。在平时的学习和生活中,辅导员接触学生最多,联系学生最密切,最能全面把握学生的思想、学习、生活动态,及时了解学生发生的变化;同时,辅导员是传递学校对学生管理信息、执行对学生管理的直接指导人、责任人。辅导员工作做得如何,直接体现在学生被教育和管理的如何,体现在校园文化活动氛围、学生纪律学习状况等方面。

高校开放式办学,离不开辅导员对学生实施动态管理。多数高校已经面向社会办学,与社会的联系不断加强,社会对校园、对学生的影响也日益加强。学生的思想政治教育工作、不良行为的矫治工作,学习、生活等方面的日常管理工作,需要专门化、职业化的工作人员进行管理。现代高校辅导员队伍的成立就能满足这一要求。辅导员队伍的建设,越早越好。

(一)高职院校的辅导员队伍建设要切合实际,注意个性化要求。

高职院校大多是三年(或四年)制专科高校,培养的目标侧重于职业教育,专业性很强。在教育教学和学生管理上与本科院校有很大的不同。

首先是学生在校期间比较短,学生的学习基础相对较差。辅导员队伍不可能从高年级学生中挑选,以学生管学生的方式很难适用。高职高专院校没有独立的人事权,不可能直接从社会将毕业生或社会人员录为在编辅导员,专职辅导员队伍的建设在规模上受到限制。

其次,高职院校课程设置专业性很强,对辅导员的专业背景要求较高,辅导员必须具备相关的学科知识背景,才能有针对性地对学生进行学习和就业方面的指导,才能有效地助学生解决在学习方面的遇到的困惑。

最后,高职院校系部规模相对教小,辅导员设置主要按系部来设计。辅导员工作任务重,需要系部管理人员的大力支持。在教学人员资源十分紧缺的情况下,设立专职辅导员的困难比较大,要把精力主要放在兼职辅导员队伍的建设上。

曲靖医学高等专科学校在设置辅导员队伍时,经过广泛征求意见和建议,进一步把党员干部的思想认识统一到中央 16 号文件的精神上来,统一到全国高校辅导员队伍建设工作会议的要求上来,统一到《中共云南省委高校工委、云南省教育厅关于加强高等学校辅导员班主任队伍建设的实施意见》上来。一是成立曲靖医学高等专科学校辅导员队伍建设工作领导小组,并制定了《曲靖医学高等专科学校辅导员队伍建设暂行规定(试行)》。曲靖医学高等专科学校辅导员队伍建设工作领导小组,组长由学校党副委书记担任,副组长由学校党委委员、校长助理担任,成员由学生处、团委、组织部、人事处、教务处、系(部)等部门的主要负责人担任。我校制定的《曲靖医学高等专科学校辅导员队伍建设暂行规定(试行)》根据

《中共中央、国务院关于进一步加强和改进大学生思想政治教育的意见》、教育部《普通高等学校辅导员队伍建设规定》和《中共云南省委高校工委、云南省教育厅关于加强高等学校辅导员班主任队伍建设的实施意见》，结合我校实际，从曲靖医学高等专科学校辅导员队伍建设的指导思想和总体要求、辅导员的地位和职责、辅导员的配备、辅导员的培养与发展、辅导员的管理与考核等方面作了规定，并将在实践中不断修订和完善。

(二)加强高职院校辅导员队伍的管理

高职院校辅导员队伍作为学校思想政治工作队伍的一支重要力量，对辅导员队伍的管理，首先要严格把好选人关，要按照教育部的要求选好人。在辅导员招聘中，可以优先考虑本校有班主任等丰富学生管理经验的教师，或者是教学任务不重的专业教师担任；学校学生处、团委和思想政治理论课教师可以聘为兼职辅导员。

为了与班主任工作协调好，在工作职责上要对辅导员与班主任的职责分别做出规定，处理好班级管理与系部专业指导的关系。要避免部分班主任把一切班级事务推卸到辅导员身上，增加辅导员的工作量和工作难度。

一些高职院校要求辅导员与学生同吃住，经常深入学生学习、生活实际，在实际工作中可能困难较大。辅导员也有自己的个人生活和独立的生活空间。我们学校采取的办法是辅导员参加学校值班，每周有一至两天必须全天在学校，规定辅导员下宿舍、下班最低次数，规定辅导员每周最低找学生谈话人次等。这些做法，从量上对辅导员的工作进行了考核，但在管理的效果和质量方面作用不是很明显。

对辅导员的培训工作，除了派出人员参加上级组织的培训外，还要多组织开展校级的辅导员培训活动。曲靖医学高等专科学校对辅导员的培训与班主任的培训同时进行，每学期安排一次。培训内容主要是知识结构丰富和方法技能指导，并安排辅导员就近参观学习兄弟院校的经验。

要提高辅导员工作的积极性，就必须提高辅导员在学校的地位和待遇，为辅导员的事业发展开辟绿色通道，关心辅导员的学习和生活，帮助他们解决生活上的困难和问题。我校在制定辅导员管理办法的时候，参照教育部和部分高校辅导员队伍建设的要求和做法，在提干、校内福利分配等方面制定了一系列优惠政策，使辅导员认为辅导员的工作还是有发展前途的,辅导员的事业与个人的人生奋斗目标同样是高尚的。

学校党组织要重视辅导员队伍的思想政治工作。要依靠辅导员去培养思想政治合格的社会主义建设者和接班人,辅导员的思想政治觉悟和水平就必须过硬。学校党委、系部党支部要用马克思主义科学理论武装辅导员,要挑选政治合格、作风过硬、社会主义信念坚定的人来担任辅导员。辅导员必须是学校改革、发展、稳定的坚决拥护者和学校政策的执行者。不能让理想信念淡薄、反对四项基本原则、反对社会主义改革、不正确执行党的教育方针政策的人担任辅导员。我校辅导员主要采取从本校教职工中经过自荐和民主推荐的方式初步产生人选,再由学生处、团委、人事处、教务处等部门联合组成的考评组进行笔试和面试,确定聘用人选,提交学校党委审定,最后由学校进行聘用,由学生处进行动态管理;试用半年后由学生处、团委、人事处、教务处等部门联合组成的考核小组进行履职考核,根据考核情况,考核合格的进行正式聘用,聘期3至5年;考核成绩不是很满意的继续试用半年;考核不合格的给予解聘。

(三)进一步明确高职高专辅导员的工作重点

高职院校辅导员首要的工作重点应放在学生的专业思想教育上。由于高职高专院校是高级职业教育,培养的学生要能够直接满足社会的需要。学生主动选择就读高职高专院校,主要动力和目的是为了就业。而入学时由于缺乏对专业的足够认识,在学习过程中因专业选择"失误"而主动要求转专业和退学的学生占总退学学生的80%以上。为了使学生真正尽快熟悉自己所选择的专业和热爱自己将来要从事的职业,加强学生的专业思想教育十分重要。辅导员可以充分利用自己的专业知识背景和亲身学习工作经历来引导学生正确认识专业,坚定专业信念,学好专业基本知识,打好专业基础。

辅导员还要在政治上引导学生树立正确的理想信念和世界观、人生观、价值观和成才观,督促学生养成良好的学习、生活和行为习惯,学会与人沟通与交流,学会调试自己的身心,健全心智。这些工作要求辅导员必须是知识结构完整、掌握各方面技能的"多面手"。

曲靖医学高等专科学校要求辅导员定期带领学生到实习医院进行见习和实习,目的就是为了使辅导员获得更丰富的实践经验,不仅在学校学习上成为学生的引路人,还在真实工作环境中成为学生的指导员。

辅导员要把工作做到实处,多在痕迹管理上下功夫。辅导员的工作与班主任的工作相比是宏观的,但对于学生管理工作而言又是微观的,事事需要细心,时时需要留心。既要注意宏观上的整体控制和把握,又要注意到微观上的个别关注。

(四)抓特色,促进辅导员队伍建设工作稳步发展

在高职院校,辅导员的工作刚刚起步,队伍建设、管理、工作指导等方面还没有形成系统规范,只有在实践中不断探索,及时总结经验和教训,改进不足,才能使辅导员建设稳步前进,才能充分发挥辅导员的作用。在辅导员队伍建设方面,我校在短时间内抓出了特色,抓出了实效。

一是实行住楼辅导员专职化、兼职辅导员系部分工学科化。作为一所医学高等专科学校,根据我校实际,学校做出决定:辅导员队伍的建设要立足实际,专职辅导员今后的设置主要放在住楼辅导员上。住楼辅导员,今后采取社会公开招聘和校内自荐和民主推荐的方式进行聘选。住楼辅导员负责学生宿舍生活区和宿舍自习室的学习、活动等方面管理工作,要求与学生同吃、同住、同学习。在《曲靖医学高等专科学校辅导员队伍建设暂行规定(试行)》中,要求“住楼辅导员与学生同吃同住,负责带领学生会学生检查学生宿舍卫生、午休、晚休情况;负责学生宿舍突发事故的预防、干预及报告、应急处理等工作;负责学生宿舍公共财物的管理和损坏公物的登记、报修等工作;同时要注意调查研究,善于了解和掌握学生的思想状况,并有针对性地开展思想政治教育工作”。兼职辅导员按照系(部)学生数量和工作需要进行配置,原则上兼职辅导员为本系部的专科班班主任或学科教师,这样便于辅导员与学生经常接触,及时发现问题,有针对性地开展工作。

二是要求辅导员要定期带领学生到实习医院进行见习和实习,目的就是为了使辅导员获得更丰富的实践经验,不仅在学校学习上成为学生的引路人,而且还要在实际工作环境中成为学生的指导员。

四、加强高职院校班主任队伍建设

高职院校的班主任是指在学校完成一定教学、教育工作任务的同时,对班级学生进行日常管理教育、指导学生德智体全面发展的教师,是受学校聘任到学生

班级,负责全面贯彻党的教育方针的基层管理者,是学校思想政治教育工作队伍的重要组成部分,是引导学生全面发展的导师。班主任队伍建设是高职院校师资队伍建设的重要组成部分。

(一)班主任工作的基本原则和任务

高职院校班主任工作主要坚持以下六个原则:一是坚持以人为本与德育为先并重的原则;二是坚持就业为重升学深造的原则;三是坚持生活助困与心理助困并重的原则;四是坚持以心换心与以心交友并重的原则;五是坚持以学为主与全面发展并重的原则;六是坚持整体推进与特长培育并重的原则。

高职院校班主任的主要任务是:班主任要站在"今天的在校学生就是明天的国家人才"的高度,贯彻"明责、严管、培养、提高"的工作要求,坚持"育人为本"工作理念,紧紧围绕帮助学生尽快成人、成才两大目标,根据学生特点,把思想政治教育和专业知识的学习有机地结合起来,教育和引导学生逐步确立正确的世界观、人生观和价值观,提高学生学习、生活、组织、管理和从事社会活动的能力;把学生培养成为德、智、体、美等全面发展的优秀学生,切实把学校全新办学理念贯彻到整个学生服务管理工作的全过程。班主任要把学生作为主要的服务对象,帮助学生从"以知识为基础"向"以能力为基础"转变,用心做好学生服务管理、心理健康教育工作,有效帮助学生以学为主、全面发展,争取为国家培育、输送更多能够"下得去,用得上,留得住,上手快"的"四有"医学应用型人才。

(二)班主任工作的基本要求

高职院校班主任做好工作务要扮演好四个角色:一是不仅要成为"人类灵魂工程师",而且要成为教育能手、专家型教育者;二是不仅要成为学校全新办学理念的推行者,而且要成为"三个代表"重要思想、科学发展观和习近平新时代中国特色社会主义思想的践行者,成为肩负做好学生服务管理工作重任的校方委托人;三是不仅要成为学生班级建设的总设计师,而且要成为学生心目中的楷模,成为学生的主心骨;四是不仅要成为学生自信心、责任心和健康人格的恩师和塑造者,而且要成为学生个性发展的榜样和领路人,成为学生成人、成才的导师和引导者。

班主任应当严守的师德规范——要切实做到"三十二字"师德规范:志存高远,教书育人,为人师表,尽心尽责,敬业爱生,以生为本,严谨笃实,与时俱进。班主任在学生工作中应当做到"八要、八不要":要充满信心,不要满不在乎;要充满爱心,不要随意处理;要充满理性,不要盲目蛮干;要充满责任心,不要随意应付;要充满事业心,不要计较得失;要充满鼓励,不要责骂;要充满耐心,不要急躁;要充满真心,不要虚情假意。

(三)班主任工作职责

班主任是高职院校人才培养工作的基层组织者、教育者和指导者,是学校落实教育教学计划和完成教书育人任务的坚强支柱。班主任要认真履行以下工作职责:

1. 要做好学生的思想政治教育工作,正确引导学生学习党团基本知识和公民道德建设实施纲要,自觉加强道德修养,树立正确的世界观、人生观和当代大学生价值观。

2. 要坚持以学生为本,从实际出发,遵循"一切为了学生,为了学生一切,为了一切学生"的办学宗旨,始终围绕学校的教育方针、教育思想开展工作。

3. 要高度关注、真诚关怀贫困学生,切实做好"帮贫助困"工作,在日常工作中,要深入实际,了解实情,细致入微,全方位高度关注贫困生的学习和生活。在新生入学教育时,班主任要向新生详细介绍学校的贫困生资助政策体系,让贫困学生充分了解相关内容,并引导学生针对自身实际情况采取合适的方式和途径,克服和解决在校期间的经济困难。班主任要在学生中进行广泛而深入的宣传、教育,积极发挥班集体的作用,组织开展各种"帮贫助困"活动,努力缓解贫困生自卑、封闭等不良心理,帮助其树立积极、健康的心态,并注重对其进行诚信教育。要认真协助学校或相关部门做好奖、贷、减、免、勤、补、缓等助困工作,确保贫困生资助工作做到公平、公正、公开和合理。同时,要积极努力为本班贫困生争取正规的勤工助学岗位,并做好相关的组织、教育工作。倡导班主任通过各种方式和渠道,切实帮助贫困学生解决实际困难,确保所带班级无学生因为贫困而辍学。

4. 要适时开展就业指导,班主任要适时开展毕业生就业指导服务工作,要采取开展讨论会、辩论会、主题班会等活动的方式对学生进行择业观、就业观、价值观的教育。要积极主动地学习国家就业政策,关注就业情况,掌握就业动态,对就业信息进行收集和整理,并及时反映给学生,帮助学生尽早、尽快、尽好地就业。要认真组织实施"优秀毕业生"等的评比工作,配合校、系(部)做好学生毕业的鉴定和推荐工作,努力确保毕业生文明离校。

5. 要全面推进班级建设,班主任要全面推进班级文化建设,以建立明确的班规,形成良好的班风,创造和谐的氛围。在评优和选拔、推荐团学干部时,要充分发扬民主作风,深入了解情况,广泛听取意见。保证每周组织召开一次班会,对班级工作进行布置、检查考核、分析总结等。针对学生的思想、学习和日常生活中反映出来的各种问题进行讲评,分析研究班级情况,提出改进措施,表扬好人好事,批评不良倾向,帮助学生明确学习目的,端正学习态度,改进学习方法,促进学习质量的提高,培养班级集体荣誉感和团结友爱、艰苦朴素、勤奋好学、文明向上的优良班风。

6. 要重点依靠团学干部。班级的团学干部是班主任与学生进行沟通的重要纽带,班主任要认真做好班级团学干部,特别是班长和团支部书记的选拔、培养工作,充分发挥团支部和班委的作用。在团学干部的选拔上要特别注重学生的责任心、主动性和积极性,选拔具有较强组织和协调能力的学生,通过推荐、竞选、轮流担任等形式让有奉献精神、能主动热心为同学服务的学生担任班干部。班主任要注意对团学干部的教育和培养,经常以召开团学干部会议的方式与团学干部进行沟通,了解团学干部在工作中取得的成绩和遇到的困难,并对团学干部的工作进行指导和帮助,督促并经常参加班委会、团支部会议。同时还要制定一定的激励机制,激发他们工作和学习的积极性,使他们在同学当中真正起到良好的模范带头作用。班主任每学年要根据班级的实际情况着重带领和依靠班长和团支书全力搞好学生自我教育、自我管理、自我服务和自我约束的"四自"工作,使班级的团学干部既能成为班集体的骨干,又能成为班主任的得力助手。

7. 要经常开展谈心工作。班主任要经常与同学谈心,可通过座谈会、书信等方式,了解学生的思想、学习和生活现状。通过谈心对学生进行系列的思想政治教育和理想道德教育,引导学生在思想上、政治上积极要求进步;通过谈心了解学生的身心健康状况,帮助学生培养健康的身心素质;通过谈心,对学习上有困难的学生进行帮助、督促,帮助学生端正学习态度,交流学习经验,改进学习方法,提高学习效率;通过谈心了解学生的生活贫困和心理贫困状况,从而有针对性地开展好贫困生助困工作,全面推动学生成人成才。

8. 要及时反馈同学心声。班主任要认真对待学生对学习、生活以及对学校其他各项工作的意见和建议,并及时将这些意见和建议向学校有关部门反映,对学校做出的决定和采取的措施向学生通告,促进广大同学参与管理学校的积极性。

9. 要定期深入宿舍调研。班主任要经常深入宿舍进行调研,每周至少要深入学生宿舍两次,与学生保持思想上的交流,做学生的知心朋友,主动关心学生的思想、学习、生活和宿舍的精神文明建设,加强对学生宿舍的检查,指导学生安排好课余生活。

10. 要积极参加学生活动。班主任要培养和帮助学生发挥独立自主精神、开拓精神和创造精神,促进学生的智能发展,积极引导、帮助并指导学生开展各种社会实践活动以及课外科技、文体活动。要针对学生的具体情况,在不同的学期阶段开展不同的活动,同时班主任也要鼓励学生积极参加学校和系部组织的各种活动。要积极参加班级组织的各种活动,在充分发挥学生自主性的同时进行必要的指导和帮助。通过开展各种活动不断提高学生的综合素质,不断增强学生的集体荣誉感。

11. 要密切联系学生家长。班主任要负责建立学校、家庭和社会结合的教育网,经常与学生家长以信件、电话等形式进行联系,随时告知学生的在校情况,取得家庭和社会的支持。在学生取得优异成绩、有突出表现时,要及时向学生家长报喜;在学生受到留校察看及以上处分时,必须在一周内向家长反映,以便学校与家长协同解决问题。

12. 要详细记录学生情况。班主任要以班主任工作手册作为有效的载体认真做好记录,全面、详细地掌握班级基本状况,包括学生的自然状况、思想状况、学习成绩、兴趣爱好等。要详细记录学生的奖惩情况,对特殊学生要特别注明,以便对他们进行更多的关注。班主任要注意学生思想动态和学习情况,每学期要对学生的思想动态和学习情况作一次全面调查分析,并向所在系部汇报,学期结束向学生处递交一份班主任工作总结。

（四）加强对班主任的管理

学生工作处作为班主任工作的业务主管部门,加强对班主任工作的指导,了解班主任工作情况,定期搞好新生班主任培训,不定期召开全校班主任会议。各院系负责对本系班主任工作的领导,落实各项工作要求。各院系每周一召开班主任工作会议,汇报检查班级管理情况。各院系(部)对班主任进行直接管理(班主任请假、变更等特殊情况需报学生处审批)。

班主任工作月考核由所在系考评,报学生处审核。班主任工作考评满分为100分,其中实际工作效果(班级综合评估成绩,按百分比计算)占60%,履行班主任工作职责的考评成绩占40%。表彰班主任时,优秀班主任占全校班主任总数的30%。

学校设立班主任工作津贴,津贴等级分为四等,每四周由各院系依据班级综合考评等级和班主任履行工作职责等情况进行考核评定。其中一等占本系班主任数的30%,二等40%,三等25%,四等控制在5%以内。一等班主任津贴拿考核津贴的100%,二等班主任津贴拿考核津贴的90%,三等班主任津贴拿考核津贴的80%,四等班主任津贴拿考核津贴的70%,考核余下金额留学校财务,用于奖励年度优秀班主任班。主任津贴 = 学生人头数(不足50人的班级按照50人计算)×6 + 50元(电话费补贴) + 100元(下班交通费补贴)。连续3次考评为四等的班主任,取消班主任任职资格,并报学校取消当年内参与评定专业技术职称的资格。

如果发现班主任有以下行为,学校解聘班主任的工作:一是工作懈怠,不能及时完成学院相关部门交给的工作任务;二是工作不能深入,班级管理混乱。班风、学风差,学生反响强烈;三是不能及时处理班级事务,造成严重后果;四是不能积极配合学校就业部门有效开展好就业指导和组织工作,造成班级学生一次性就业率较低,学生反映强烈,影响较大;五是连续三次考核为四等。班主任解聘由系领导出具书面材料报学生处,学生处讨论决定后报校主管领导审定予以解聘。

担任班主任是每个教师的基本职责。履职期间不担任班主任工作的教师,学校不受理其教师专业技术职称的评审和聘任。对工作不负责任,不能履行班主任工作职责,并经教育后仍无改进的班主任由系提出意见撤销班主任职务,报学生处备案。对班集体出现重大恶性事件(集体斗殴、非法集会、非法游行、罢课、集体擅自离校等)的班主任工作考核按降一等直至作不合格处理。对玩忽职守造成严重后果的班主任,学校将给予相应的纪律处分。受纪律处分和撤销班主任职务的班主任,两年内不得参与评定专业技术职称,并且不聘为班主任。

专题八

建立健全高职院校思想政治工作机制

加强和改进新形势下高校思想政治工作是当前高校学贯彻落实 2016 年全国和云南省高校思想政治工作会议精神的重要任务。曲靖医学高等专科学校作为一所市属医学高等学校。学校党委始终坚持社会主义的办学方向，按照党委领导、校长负责、专家治学的现代大学管理体制，坚持以人为本、立德树人，把思想政治工作放在学校教育教学工作的首位，贯穿到教育教学全过程，覆盖全体师生，抓理论学习、发挥思想引领作用，抓课堂教学、发挥主阵地作用，抓实践教学活动、发挥实践育人作用，抓教研科研、发挥科研育人作用，抓队伍建设、发挥示范带动作用，抓校园文化建设、发挥环境育人作用，抓制度建设、发挥管理育人作用，全校各部门齐抓共管，构建了强有力的思想政治工作内部协同教育机制，促进了学生健康成长、学校快速发展。

一、全面加强高职院校思想政治工作

（一）抓理论学习，发挥思想引领作用

曲靖医学高等专科学校每年至少召开 8 次党委中心组学习活动和 10 次教职工理论学习活动。党员干部和教职工参加政治理论学习活动，系统学习了党的十八届五中六中全会精神、《习近平总书记系列重要讲话读本（2016 年版）》、中纪委和省委文件精神、全国高校党建与思想政治工作会议精神、云南省高校宣传思想政治工作会议精神等；安排教师参加了省哲学社会科学骨干研修班、曲靖市专题学习培训活动等；组织教职工以部门为单位开展集体学习讨论活动，把理论学习获得的新理论、新思想、新观点、新政策融入学校教育教学工作，把思想政治教育工作贯彻到教育教学全过程，覆盖全体学生。用党的创新理论武装师生头脑，用全国、全省思想政治工作会议精神指导学校党建与思想政治工作,达到了用先进理论武装人、用主流思潮引领学校师生思想的目的。

(二)抓课堂教学,发挥主阵地作用

思想政治理论课是高校思想政治工作的主阵地,是对大学生进行思想政治教育的主渠道。学校党政领导班子高度重视思想政治理论课建设工作,思想政治理论课机构独立设置,系部党政领导班子符合规定,办公条件和专项经费基本满足思想政治理论课教育教学工作,相关职能部门协调有力;思想政治理论课教师讲课富有激情,用心用情投入思想政治理论课教学工作,不断改进教学模式,创新教学形式,提高学生学习积极性;思政部教学规章制度健全,教学档案管理规范齐全,材料制作精细,试卷档案完整,具有强大的视觉冲击力;教学质量监督体系健全,教学质量有保障;思想政治理论课实践教学活动有方案、有主题、有表彰、有汇编成果;教师积极参加各种教学比赛、征文活动,指导学生参加多项省级以上科技学术比赛并取得优异成绩,教师近年来教学科研成果丰硕,服务地方经济社会产生了一定的经济效益和社会效益。2016 年,云南省委高校工委思想政治理论课建设专项督查组到校检查后,总体评价我校思想政治理论课建设和教育教学工作有特色、有看点、有亮点,巩固了省级思想政治理论课建设优秀等级学校创建成果,树立了省内高职院校思想政治理论课建设的一面旗帜。

(三)抓实践教学活动、发挥实践育人作用

学校马克思主义学院、团委、各系部党总支,利用假期就近选择一个农村或城镇社区开展了"打好扶贫攻坚战、同步全面建小康"等主题社会实践活动;组织各班学生代表到沾益玉林公园滇东北革命纪念馆、经开区三元宫等爱国主义教育基地开展实践教学活动;学校团委每周组织青年志愿者到社区、农民工子弟学校、曲靖市特殊教育学校等开展志愿服务活动,打造了曲靖医学高等专科学校青年志愿者服务品牌;各专业课教师在教学中把医德教育放在首位,开展临终关怀体验、分娩体验等实践教学活动,增强了学生呵护生命、关怀弱势群体的爱心。

(四)抓教研科研,发挥科研育人作用

曲靖医学高等专科学校社科研究以思想政治理论课教师为主体,组织教师参加曲靖社科联组织的社科专家基层行活动,到陆良县龙海乡就美丽家园建设进行调研;充分利用省市哲学社会学会平台,组织教师参加云南省哲学学会、马克思主义大众化研究会、高校思想政治理论课教学研究院、高职院校德育研究会等相关学术活动;组织教师参加曲靖市 2015 年《曲靖市 2015—2016 年经济社会发展年度评价报告》调研、撰稿工作;组织教师积极申报省市哲学社会科学项目、课题,2016 年,思政部教师获准立项 15 个课题,其中申报的教育部"高校思想政治理论课教学示范团队"被省教育厅推荐了参加教育部遴选;全校教师在各类刊物发表论文近 500 篇,其中思想政治教育教学类近 70 篇;4 名教师指导学生参加全国和云南省大学生"挑战杯"创业创新创意作品比赛获得二等奖、三等奖和金奖、银奖、铜奖、优秀奖近 10 项。教师把科研成果转化为教学内容,提高了教育教学质量,发挥了科研育人的作用。

(五)抓队伍建设,发挥示范带动作用

曲靖医学高等专科学校安排老师参加教育部组织的高校思想政治理论课骨干教师兰州大学研修班集中培训教育、全国职业院校教育质量诊断与改进培训、云南省高校哲学社会科学骨干教师培训、教育部和省教育厅网络在线培训和集中培训;组织思政部教师参加全省思想政治理论课青年教师教学基本功比赛和观摩教学活动;实施高级职称教师"传帮带"青年教师活动,不断提高教师教学能力和科研水平。教师按照习近平总书记提出的"好老师"标准,在不同的岗位上,做到教书育人、管理育人、服务育人,涌现出一批先进模范和道德标兵,为学生树立学习的榜样,发挥了示范带动作用。

(六)抓校园文化建设,发挥环境育人作用

近年来,曲靖医学高等专科学校投入近 300 万元建立"大医大爱大学大家"医学校园文化;学校实施绿化、美化、亮化工程,校园一年四季花开树绿;学校开展社会主义核心价值观教育活动,提炼的医学院校、医务人员、医学生的核心价值观,被省委高校工委评为全省社会主义核心价值观教育示范学校;学校按照国家级文明单位全力推进精神文明建设工作,被评为曲靖市五星级文明单位、云南省文明单位、云南省园林单位、云南省平安校园等。学校以文化人取得了明显的效果。

(七)抓制度建设,发挥管理育人作用

曲靖医学高等专科学校把 2016 年列为制度建设年,以构建内部质量保证体系为抓手,完善行政管理、教学管理、后勤服务管理规章制度,新制定了内部质量保证体系和教学质量监控体系;坚持用制度管人管事,做到依法办事、有人管事、权责统一;广大师生自觉遵守校纪校规,讲文明、守规矩成为学校常态。各部门目标一致,步调一致,在学校党委的领导下,整合校内外资源,形成了思想政治工作的内部协同机制,促进了学校快速发展、学生健康成长。

二、建立健全思想政治工作机制

进入新世纪,高职院校要深入贯彻落实党的十八大以来党中央关于高校工作的决策部署、全国和全省高校思想政治工作会议精神,牢牢把握学校发展正确方向,为学校改革发展提供政治思想保证;应根据《中共中央　国务院关于加强和改进新形势下高校思想政治工作的意见》(中发〔2016〕31 号),建立健全思想政治工作机制。

(一)准确把握新形势下加强和改进学校思想政治工作的总体要求

1. 深刻认识新形势下加强和改进高校思想政治工作的意重大义。高校肩负着人才培养、科学研究、社会服务、文化传承、国际交流合作的重要使命,是巩固马克思主义指导地位、发展社会意识形态的重要阵地。加强和改进高校思想政治工作,事关办什么样的大学、怎样办大学的根本问题,事关党对高校的领导,事关中国特色社会主义后继有人,是一项重大的政治任务和战略工程。党的十八以来,中央和省委高度重视高校思想政治工作,做出了系列重大决策部署,召开了全国和全省高校思想政治工作会议,出台了《加强高校思想政治工作的意见》和《实施意见》。当前,国际国内形势深刻变化,不同思想文化交流交融交锋,社会思潮多元多样多变。改革开放和社会主义市场经济深入推进,互联网等新媒体迅速发展,在有力促进社会发展进步的同时,也给社会思想文化领域带来复杂影响,学校思想政治工作面临许多新情况新任务新课题。国内外敌对势力加大对高校意识形态的渗透力度,同我争夺阵地、争夺青年、争夺人心的斗争日趋激烈。学校思想政治工作任务艰巨。面对新形势新挑战,我校思想政治工作还存在一些薄弱环节。主要表现在:有的部门和部分师生对学校思想政治工作的重要性认识不足、重视不够、保障不力,学校思想政治工作外部环境有待改善;部分教师存在重智育轻德育、重学术轻思想政治工作、重专业教学轻思想政治理论课教学等现象,领导体制和工作机制有待完善;部分干部职工对思想政治工作规律认识和把握我不够,针对性、实效性有待增强;思想政治理论课教学思想性、吸引力、创新性、实效性有待进一步提高;师德师风建设和思想政治工作队伍建设亟待加强;大思政工作格局,协同育人的合力机制有待完善和加强;校园宣传思想舆论阵地、舆情网络建设管理有待进一步规范;基层党组织战斗堡垒作用和党员先锋模范作用有待进一步发挥。全校党员干部、师生员工要从全局和战略高度,充分认识加强和改进学校思想政治工作的极端重要性和现实紧迫性,进一步增强做好学校思想政治工作的责任感和使命感。

2. 坚持新形势下加强和改进学校思想政治工作的指导思想。加强和改进学校思想政治工作的指导思想是:高举中国特色社会主义伟大旗帜,全面贯彻党的十八大和十八届三中、四中、五中、六中全会精神和十九大精神,以马列主义、毛泽东思想、邓小平理论、"三个代表"重要思想、科学发展观、习近平新时代中国特色社会主义思想为指导,深入学习贯彻党的十九大精神和党中央治国理政新理念新思想新战略,全面贯彻党的教育方针,坚持社会主义办学方向,扎根中国大地办大学,以立德树人为根本,以理想信念教育为核心,以社会主义核心价值观为引领,切实抓好各方面基础性建设和基础性工作,切实加强和改善党的领导,全面提升思想政治工作水平,紧密团结在以习近平同志为核心的党中央周围,牢固树立政治意识、大局意识、核心意识和看齐意识,坚定不移维护党中央权威和党中央集中统一领导,为统筹推进"五位一体"总体布局和协同推进"四个全面"战略布局,实现"两个一百年"奋斗目标、实现中华民族伟大复兴的中国梦、实现学校"十三五"发展规划"专升本"战略目标,服务云南和学校跨越发展,培养又红又专、德才兼备、全面发展的中国特色社会主义合格建设者和可靠接班人。

3. 牢牢把握新形势下加强和改进学校思想政治工作的基本原则。一是要坚持党对高校的领导。坚持党的政治路线、思想路线、组织路线、群众路线,落实全面从严治党要求,把党的建设贯穿始终,着力解决突出问题,把加强和规范党内政治生活、加强党内监督各项任务落到实处,维护党中央权威、保证党的团结统一,牢牢把握党对高校的领导权。二是要坚持社会主义办学方向。坚持马克思主义指导地位,坚持以人民为中心的发展思想,更好为人民服务、为中国共产党治国理政服务、为巩固和发展中国特色社会主义服务、为改革开放和社会主义现代化建设服务。三是要坚持全员全过程全方位育人。把思想价值引领贯穿教育教学全过程和各环节,形成教书育人、科研育人、实践育人、管理育人、服务育人、文化育人、组织育人长效机制。四是要坚持遵循教育规律、思想政治工作规律、学生成长规律。把握师生思想特点和发展需求,注重理论教育和实践活动相结合、普遍要求和分类指导相结合,提高工作科学化精细化水平。五是要坚持改革创新。继承和发扬传统工作优势,适应时代和实践发展新变化,推进理念思路、内容形式、方法手段创新,增强工作的时代感和实效性。

(二)强化思想理论教育和核心价值观引领

1. 加强社会主义、共产主义理想信念教育,强化信念信仰教育。理想信念高于天。着力提升学校师生思想政治素质,扎实推进马列主义、毛泽东思想学习教育,广泛开展中国特色社会主义理论体系学习教育,深入学习习近平新时代中国特色社会主义思想,引导师生坚定中国特色社会主义道路自信、理论自信、制度自信、文化自信,树立中国特色社会主义共同理想和共产主义远大理想,引导师生党员、共青团员、入党积极分子坚定共产主义信仰。严格落实党委中心组学习制度,有计划组织干部职工学习习近平总书记系列重要讲话精神,对全校中层以上领导干部进行全面培训。实施大学生马克思主义自主学习行动计划,更好发挥理论学习骨干的引领作用和学生理论社团带动作用,加强青年马克思主义者培养。深入开展"我的中国梦"等主题教育,引导大学生以实际行动实现人生理想。

2. 培育和践行社会主义核心价值观,强化核心价值观引领。坚持把社会主义核心价值观体现到学校办学育人全过程。实施社会主义核心价值观建设工程,巩固社会主义核心价值观示范学校成果,开展好培育和践行社会主义核心价值观教育系列活动,总结活动经验,汇编活动成果。加强国家意识、法治意识、社会责任意识教育,将民族团结进步教育、国家安全教育、科学精神教育纳入日常课程体系。加强社会公德、职业道德、家庭美德、个人品德教育。健全诚信教育和约束机制,建立健全学生诚信档案,作为推优入党、奖助学金评定、就业推荐的重要依据。组织先进模范进校园巡讲,开展优秀教师、优秀党员、优秀团员、"三好学生"等评选表彰,发挥榜样群体的示范引领作用。深入开展文明校园、平安校园创建工作,强化校训校歌校史育人功能,组织开展丰富多彩、积极向上的校园文化活动,提升校园文明程度,引导大学生勤学、修德、明辨、笃实。进一步加强校风教风学风建设,积极申报云南省校风教风学风建设示范学校。

3. 弘扬中华优秀传统文化和革命文化、社会主义先进文化,强化以文化人。

积极参与中华文化传承工程,推进中华优秀传统文化融入教育教学,尝试开设中华优秀传统文化选修课,组织大学生学习中华文化重要典籍。在思想政治理论课和公共课中,增加中华优秀传统文化内容。加强中华优秀传统文化相关学科建设,重视保护和发展具有重要文艺价值和传承意义的"绝学"、冷门学科。推进民族文化传承和创新示范专业点建设。推进落实校园文化建设工程,评选推广校园文化建设优秀成果,组织开展校园文化节系列活动。组织开展礼敬中华优秀传统文化、非物质文化遗产传承等进校园进课堂。加强革命文化和社会主义先进文化教育,深化党史、国史、改革开放史和社会主义发展史的学习教育。充分利用我国我省我市改革发展的伟大成就、重大历史事件纪念活动、爱国主义教育基地、国家公祭仪式等组织开展主题教育,弘扬以爱国主义为核心的民族精神和以改革创新为核心的时代精神。组织师生到博物馆、纪念馆、陈列馆等爱国主义教育基开展教育活动。

4. 进一步办好思想政治理论课,强化理论育人。深入实施高校思想政治理论课建设体系创新计划,严格落实思想政治理论课建设标准,规范使用教材,提高教师素质,创新教学方法,增强教学的吸引力、说服力、感染力。合理设置教学规模,严格落实课时规定。以课堂教学为主体,以实践教学和网络教学为两翼,深化思想政治理论课教学改革。注重以问题为导向开展专题式教学,坚持开展集体备课和名师引领,实施教学攻关行动,组织青年教师参加全省思想政治理论课青年教学基本功大赛,参加全省高校思想政治理论课教育教学"六个一"评选活动。开展公开课、示范课观摩教学。推进学校思想政治理论课精品课程建设,尝试建设微课、慕课等新课程资源。积极参加"双百双进"活动和思想政治理论课"手拉手"共建计划。进一步规范思想政治理论课实践教学基地建设,建立一批相对稳定的实践教学基地。每年组织思想政治理论课教师和部分学生到省内外开展实践教学活动。制定实行思想政治理论课教师培训规划,重点培养若干名思想政治理论课教学名师、省市优秀骨干教师。大力支持思想政治理论课教师外出学习培训,参加各级思想政治教育学术活动。聘请具有较高理论素养和丰富实践经验的党政干部、社科理论界研究人员等参与思想政治理论课教学,定期到校作专题讲座和指导思想政治理论课教学科研工作。学校党委书记、校长和各系部党总支书记每学期至少要为学生讲授一次思想政治理论课或形势政策课。

5. 加强学校马克思主义学院建设,强化组织机构。完成思政部更名为马克思主义学院工作,打造马克思主义理论教学、研究、宣传和人才培养的坚强阵地。依据高校马克思主义学院建设标准,积极申报云南省和国家教育部马克思主义学院重点建设项目,发挥思想政治理论课教学研究的引领带动作用。支持党政部门与学校共建马克思主义学院,加强教学科研交流,切实提高马克思主义学院建设标准。

(三)加强哲学社会科学建设,发挥哲学社会科学育人功能

1. 按照本科院校标准,加强哲学社会科学学科体系建设。按照本科院校学科建设规划,强化马克思主义理论学科引领作用,优化学科布局,以马克思主义哲学、政治经济学、科学社会主义等相关学科为支撑,不断完善马克思主义学科体系。把马克思主义理论学科列入重点学科建设规划,加强马克思主义理论重点学科建设,培养一批学科带头人和学术骨干。实施高校马克思主义理论人才支持培养计划,加大各学科专业中马克思主义理论课程建设和教育教学力度。整合校内外优质资源,发挥各级哲学社会科学基金等的重要作用,建立 1 个市级医学教育智库和研究基地。

2. 严格执行中央、省委文件要求,规范哲学社会科学教材选用工作。按照高校哲学社会科学学科专业核心课程教材目录,统一使用由国家统一编写、统一审查的意识形态属性较强的教材和涉及国家主权、安全以及民族、宗教等内容的教材。将重点教材使用纳入相关专业人才培养方案和教学计划,落实重点教材任课教师全员培训制度。执行引进教材和选用教材的备案制度和审读制度,不折不扣执行教育部和教育厅规定。成立由党委书记、校长牵头,分管领导、教务处、思政部负责人参加的工作机构,负责本校"马工程"重点教材统一使用工作。学校党委对哲学社会科学教材进行导向和质量把关,规范教材选用,加强对教材选用工作的监督检查和违规处理。

3. 规范学术活动,严格遵循学术评价体系和评价标准。坚持政治标准和学术标准相统一,建立科学权威、公开透明的哲学社会科学成果体系,确立质量第一的评价导向。严格遵循哲学社会科学学科学术评价标准,确保正确的政治方向、价值取向、学术导向。健全校级科研成果评价办法,规范学术评价方法,实施科学系统的分类评价,切实解决学术评价中模糊正确价值取向、淡化社会主义意识形态

的倾向。提高学校学术委员建设水平,把政治立场和思想政治表现作为遴选成员的底线要求,在学校党委领导下,发挥好学术委员会的作用。

4. 立足医学教育,推动哲学社会科学发荣发展。办好学校各类哲学社会科学讲座活动,组织教师开展社科专家基层行活动。组织开展学校教学名师、校外专家进行校园、进社区等活动,创新对外宣传方式,增强对外影响力。组织思想政治理论课教师、党务工作人员参加哲学社会科学教学科研骨干研修,实施哲学社会科学人才培养计划,不断提高学校思想政治工作人员能力和水平。鼓励教师立足医学教育,开展学术研究活动,积极申报各级各类社科课题项目,主动承担上级科研项目,加强与地方社科联、高校交流合作,为繁荣发展地方哲学社会科学工作做出积极贡献。

(四)加强课堂和思想文化阵地建设管理,发挥好主渠道主阵地作用

1. 加强对课堂教学的建设管理,发挥主渠道作用。落实高校课程体系和教育教学创新计划,面向全体学生开设提高思想品德、人文素养、认知能力的哲学社会科学课程,充分挖掘和运用各学科蕴含的双师型政治教育资源。健全落实课堂教学管理办法,完善课程设置管理制度,建立课程标准审核和教案评价制度,落实校领导和教学督导听课制度。强化教学纪律约束机制,坚持课堂讲授守纪律、公开言论守规矩,对教育教学活动中出现违背党和国家大政方针、违背宪法法律、危害国家安全、破坏民族团结等言论的,依纪依法严肃处理。

2. 加强校园网络安全管理,发挥新媒体正面宣传作用。实施网络舆情引导工程。落实校园网络使用实名登记制度和用网责任制度。规范师生自媒体管理,提高网络舆情收集研判、监测预警和应急处理能力。做好重大活动和热点问题、突发事件的网上舆论引导。加强师生的网络安全与法治宣传教育,引导师生坚守"底线"意识。建立一支由党团干部、思想政治理论课教师、辅导员班主任、青年教师和学生会骨干组成的网络宣传员和网络评论员队伍。完善网上信息发布和舆论引导工作规章,汇集研判网上师生思想动态,加强网络舆论突发事件的应对,及时发现处置网上不良信息。

3. 坚决防范和抵御校园传教,维护学校教育教学正常秩序。维护学校和谐稳定,坚持教育与宗教相分离的原则,严禁在学校传播宗教、发展教徒,严禁在学校设立宗教活动场所、建立宗教组织、举行宗教活动、散发宗教类出版物及宣传品。

学校保卫处、学生处要积极配合公安部门依法取缔校园周边非法宗教活动场所和聚会点，坚决阻断利用宗教对学校渗透和传播的渠道。在思想政治理论课教学和思想政治教育活动中要把马克思主义无神论教育融入教育教学活动。完善学校防范和抵御校园传教工作机制。警惕境外非政府组织在学校的活动，坚决防范和抵御境外非政府组织利用讲学、邀请访问、学术交流、培训、资助、项目合作等名义进行意识形态和宗教渗透活动。加强校园反邪教工作，坚决防范各种邪教，坚决打击"传教、传销、黄赌毒"等违法行为。

（五）加强师资队伍和专门力量建设，发挥好示范带头作用

1. 加强教师思想政治工作，发挥引领示范作用。推进教师思想政治工作、师德建设、法治教育、心理健康教育的有机结合，努力培养造就有理想、有道德情操、有渊博学识、有仁爱之心的好老师。健全教师政治理论学习制度，建立中青年教师社会实践和校外挂职制度，引导广大教师带头践行社会主义核心价值观，增进对中国特色社会主义的思想认同、理论认同、情感认同。加强师德示范建设，组织开展宣传师德典型、深化学术诚信教育等活动，引导教师成为学高为师、身正为范的践行者，推动形成崇尚精品、严谨治学、注重诚信、讲求责任的学术品格和优良学风。强化青年教师理想信念教育，加强岗前培训和在职培训，注重教师的传帮带，增强青年教师教书育人的责任担当。加强教师教育管理和纪律约束，对违反法律法规、校规校纪的，要依法依规及时处理。

2. 完善教师职称评聘和考核机制，实行师德"一票否决制"。教师职称评聘，把政治标准放在首位，严格教师资格和准入制度，探索教师定期注册制度。完善外聘教师使用管理办法。学校党委书记、各系部书记主任对新入职教师的思想政治、品德学风进行综合考察和把关。完善教师评聘考核体系，在教师年度考核、职称评聘、评优奖励中，把思想政治表现和课堂教学质量作为首要标准。增加课堂教学权重，引导教师将更多精力投入到课堂教学上。完善教师职业道德规范，把师德规范要求融入人才引进、课题申报、职称评聘、推优表彰等评聘和考核各环节，实施师德"一票否决"。依法依规加大对各类违反师德和学术不断行为的查处力度。

3. 按标准配齐建强思想政治工作队伍和党务工作队伍。实施思想政治工作队伍建设工程。学校将思想政治队伍和党务工作队伍纳入人才队伍建设，完善选

拔、培养、激励机制,形成一支专职为主、专兼结合、数量充足、素质优良的工作力量。专职思想工作人员和党务工作人员不低于全校师生人数的1%,每个系部党总支至少配备1至2名专职组织员。按师生比不低于1∶200的比例设置辅导员岗位,师生比不低于1∶350的额比例设置专职思想政治理论课教师岗位,师生比不低于1∶4000的比例设置专职心理健康教育教师岗位。新进教师或35岁以下青年教师晋升初级、中级职称,至少有一年担任辅导员或班主任工作经历并考核合格。选聘校内名师兼职担任辅导员或班主任。推动学校思想政治工作队伍和党务工作队伍专业化、职业化建设,探索职务职级"双线"晋升办法和保障激励机制,逐步实行职称评审单列计划、单设标准、单独评审。实施学校思想政治工作队伍和党务工作队伍培训计划,每年至少集中培训1次。选聘党政机关和企事业单位的领导干部、专家学者以及老干部、老战士、老专家、老教师、老模范到校兼任思想政治工作或党务工作兼职教师或指导工作。

(六)推进学校思想政治工作改革创新,构建大思政工作格局

1. 改进思想政治工作方式,注重贴近师生思想实际开展工作。实施大学生思想政治教育质量提升工程,建立健全校领导、系部领导联系师生、谈心谈话制度,主动为师生解疑释惑。定期开展全校师生思想政治状况滚动调查,及时了解师生思想状况和具体诉求,使思想政治工作接地气、入人心。持续开展"共筑中国梦同绘彩云南"形势政策报告会。创建一流思想政治工作品牌,选树典型。发挥学生的主体作用,多采用启发式、体验式、互动式的方法,在平等沟通、民主讨论、互动交流中进行思想引导。根据学生的不同特点、有的放矢、生动活泼地开展工作。发挥师德楷模、名师大家、学术带头人等的示范引领作用,用他们的人格修为、修养学识影响带动学生。用好开学典礼和毕业典礼等重要仪式,增强思想政治教育的严肃性和庄重感。加强青年教师工作,注重以理服人、以情动人,多做沟通、协商、谈心的工作,多同各类代表性人物交朋友,充分信任知识分子,放手让他们把才华和能力充分释放出来。做好学校党外人士工作,健全联谊交友、征求意见等制度,加强思想引导和团结教育,巩固共同思想政治基础。

2. 加强学习借鉴,创新网络思想政治工作。实施网络思想政治过创新工程,树立互联网思维,加强互联网思想政治教育载体健全,推动思想政治工作传统优势与信息技术高度融合。积极推动互联网＋思想政治工作。实施"易班"推广行

动计划和大学生在线引领工程,建设学校新媒体中心和大学生网络文化工作室。加强学校主题教育网站、专业学术网站和"两微一端"等建设,推进校园官方微博、微信公众账号、辅导员微信微博、思想政治理论课教师微信微博和团学工作微信微博等平台建设。制作传播贴近大学生特点的新媒体内容产品,运用大学生喜欢的表达方式开展思想政治教育。将有效网络文化成果纳入学校科研成果统计、职称评聘和评奖评优范围。以青年教师和学生骨干为主体,壮大网络舆论引导力量,唱响网上主旋律。

3. 组织开展实践教学活动,强化社会实践育人。推进实践育人过程,系统设计实践育人教学体系,分类制定实践教学标准,提高实践教学比重,组织师生参加社会实践活动,了解体验国情民情。组织学生参与科研活动中的社会调研,参与产业化科研项目,完善科教融合、校企融合等协同育人模式。将学生参加社会调查、生产劳动、志愿服务、公益活动等社会实践活动量化为实践学分,并作为评优奖励、毕业就业的参考依据。加强实践教学基地建设,促进教学和科研紧密结合、学校和社会密切合作。落实大学生就业创业优惠政策。构建创新创业教育服务机制,完善创新创业教育课程体系。积极推进创新创业实践育人基地建设。开展职业生涯规划大赛和大学生创业计划大赛,培养大学生创新创业精神和能力。增强军事训练实效,强化学生国防意识。建立健全学雷锋志愿服务制度,广泛开展社会公益活动,把志愿服务纳入学分。

3. 强化服务意识,在服务中引导加强思想政治教育。实施服务暖心工程,坚持把解决思想问题与解决实际问题结合起来,与服务管理结合起来,依法依规建章立制,切实落实教育法律法规和各项规章制度。加强学生就业指导,帮助大学生顺利完成学业,引导和鼓励毕业生到城乡基层、艰苦边远地区、中小微企业以及省外就业。深入实施毕业生就业创业促进计划,鼓励大学生参军入伍、积极参加大学生村干部、"三支一扶"计划、志愿服务西部计划等专门项目。加强心理健康教育与咨询示范中心建设。健全学生心理危机预防和干预体系,加强人文关怀和心理疏导,促进大学生身心和人格健康发展。加强对家庭经济困难学生的资助工作,进一步完善国家助学金、国家助学贷款、学校奖助金、勤工助学、学费减免等多种方式的资助体系。全面落实各项人才政策,保障教师合法权益,积极帮助解决教师在户籍、住房、社会保障、子女教育等方面的合理诉求,让他们共享改革发展成果,使他们有更多获得感。

4. 加强民族观教育,着力加强民族团结进步工作。全面正确贯彻党的民族政策,加强师生马克思主义民族观、党的民族政策以及有关法律法规宣传教育。建立民族团结教育常态化机制,积极参与民族团结进步示范区建设。引导各族师生不断强化"五个认同"和"三个离不开"思想,尊重少数民族风俗习惯,促进各民族交往交流交融。要加强本校藏区少数民族学生的教育管理服务工作,切实加大关爱力度,关心他们的思想、学习、生活,帮助他们解决学习、工作、生活、心理、就业等方面的遇到的困难和问题。全面推广国家语言文字,确保少数民族学生掌握和使用国家通用语言文字。建立本校藏区少数民族学生和人口较少民族学生精准帮扶机制。对家庭经济困难学生,通过国家和省政府奖助学金、学校专项资助、勤工俭学等多种形式,解决后顾之忧。建立就业创业帮助常态化机制,通过系部推荐、精准提供就业创业信息等方式,不断提高少数民族毕业生离校前就业率。

5. 落实党建团带团建工,发挥共青团、学生会组织和学生社团作用。切实加强学校共青团建设,将思想政治引领贯穿共青团各项工作和活动,创新组织动员团员青年的载体和方式,推进服务型团组织建设。加强学生会自身建设,促进自律与他律结合,充分发挥其在自我教育、自我服务、自我管理、自我发展的重要作用。加强学生社团管理、引导、服务和联系,支持学生社团开展主题鲜明、健康有益、丰富多彩的课外活动。实行大学生社团登记和年检制度。

6. 完善学校思想政治工作评价机制,健全学校思想政治工作评价体系。研究制定内容全面、指标合理、方法科学的评价体系,坚持定性分析和定量分析相结合、工作评价和效果相结合,推动学校思想政治工作制度化。认真贯彻落实党委意识形态工作责任制,建立健全问题清单、任务清单、责任清单,推动各项工作落实。加强对学校各级党组织和领导干部贯彻执行党的路线方针政策、遵守党章党规党纪情况的监督检查。实行校、系党组织书记抓思想政治工作和党的纪律情况的监督检查范围,对履行责任不力、思想政治和党的建设长期薄弱的,追究党组织和党员领导干部的立体责任、监督责任和领导责任。制定教师思想政治工作和综合育人考核评价办法。根据国家《大学生思想政治教育工作测评体系(试行)》,做好大学生思想政治教育评价工作,运用好测评结果。

（七）加强和改善党对高校的领导,牢牢把握学校思想政治工作领导权和话语权

1. 加强党对思想政治工作的领导,完善党委领导下的校长负责制。坚持和完善高校党委领导下的校长负责制,学校党委对本校工作实行全面领导,对学校党的建设全面负责,履行管党治党、办学治校的主体责任,严格执行和维护政治纪律和政治规矩,落实党建工作责任制,把方向、管大局、作决策、促落实,切实发挥领导核心作用。坚持党管干部、党管人才,落实"三重一大"决策制度,重要干部任免、重要人才使用、重要阵地建设、重大发展规划、重大项目安排、重大资金使用、重大评价评奖活动等要经党委集体研究决定。认真落实《关于进一步加强高等学校领导班子建设的意见》,按照社会主义政治家、教育家的标准,把思想政治素质摆在首位,把教学科研和学校管理能力作为重要条件,选好配强学校各级领导班子。学校党委书记作为主要负责人,主持党委全面工作,对党委工作负主要责任,履行高校思想政治工作和党的建设第一责任人的职责;校长是学校的法人代表,在党委领导下组织实施党委有关决议,行使高等教育法等规定的各项职权,全面负责教学、科研、行政管理工作。其他党委班子成员履行"一岗双责",结合业务分工抓好思想政治工作和党的建设工作。加强党对群团工作的领导,坚持党建带团建、带群建,把党的工作融入群团活动中,发挥他们联系服务、团结凝聚师生的桥梁和纽带作用。

2. 完善校、院(系)两级管理机制,强化系部基层党的领导。健全和万完善学校系部党政联席会议制度,进一步发挥系部党总支、党支部的政治核心作用,履行政治责任,保证监督党的路线方针政策及上级党组织决定贯彻执行,把握好教学科研管理等重大事项中的政治原则、政治立场、政治方向,在干部队伍、教师队伍建设中发挥主导作用,把好政治关,进一步加强系部党组织班子建设,按照政治强、业务好、在师生中有威望的要求,选配院(系)党总支、党支部书记和主任。推行院(系)党政班子交叉任职,党员院校(系)主任同时兼任党总支、党支部副书记,党员副主任一般应进入党总支、党支部领导班子。党总支院(系)主任一肩挑的,可配备1面专职副书记,院(系)规模大、党员人数多的,也可配备1名专职副书记。认真执行民主集中制原则,通过院(系)党政联席会议讨论和决定本单位重要事项,进一步明确党总支和党支部书记和院(系)主任的工作职责,规范完善院

(系)党总支党支部会议,健全系部集体领导、党政分工合作、协同运行的工作机制,提升班子整体功能和议事决策水平。负起学校思想政治工作党政领导班子的共同责任,学校党委加强对院(系)党组织和班子从严履行思想政治工作职责的情况开展检查,及时总结经验,发现问题,切实整改。

3. 加强院(系)基层党建工作,强化教师党支部、学生党支部建设。优化党支部设置,在按照系部内教学科研机构设置教师党支部、按年级或班级设置学生党支部的基础上,可结合实际需要,探索一套重大项目组织、课题组和学生公寓、社区、社团、校外实习实训点等建立党组织。优先配强教师、学生党支部书记。实施教师党支部书记"双带头人"培育工程,注重从优秀辅导员、优秀大学生党员中选拔学生党支部书记,学校党委每年全员轮训一遍党总支、党支部支委,强化党的基本知识、纪律规矩和党建工作方法学习培训。严格和规范党内政治生活,严格落实"三会一课"、民主生活会、组织生活会、谈心谈话、民主评议党员等制度。用好批评和自我批评这个武器,严格党员领导干部参加双重组织生活制度,健全主题党员日活动制度;落实换届提醒和延期换届报告制度,督促指导院(系)党总支、党支部按期换届。高度重视思想政治建设,把坚定理想信念作为开展党内政治生活的首要任务,坚持不懈抓好理论武装,定期开展集体学习和集中学习;突出经常性教育深化"学"这个基础,对照党员标准深化"做"这个关键,推动"两学一做"学习教育常态化制度化。积极探索"互联网 + 基层党组织、院(系)教育管理服务"新模式。把政治标准放在首位,注重政治合格、持续培养,端正入党动机,严把党员入口关;重视在青年教师、海外归国教师中发展党员,落实优秀学科学术带头人、优秀党员教师"双培养"制度。认真做好在学生中发展党员工作,将"推荐优秀团员作为入党积极分子人选"作为重要渠道,重视发展少数民族学生入党。加强党员日常管理监督,定期开展党员党性分析,抓好党员固定活动日、党费日、党员积分制管理等制度落实,规范党员尤其是毕业生党员的组织关系转接,健全防止党员失联的长效机制,及时稳妥处置不合格党员。建立基层党组织基础党务台账清单,全面加强党支部规范化建设。切实加强对软弱涣散党支部整顿,每年进行摸底排查,对班子不强、长期不过组织生活、不发挥作用的,要限期整顿转化,促进组织功能和服务功能的有机统一,充分发挥基层党组织的战斗堡垒作用。

4. 加强思想政治工作制度建设,健全党委抓思想政治工作的制度。把思想政治工作摆在重要位置,切实加强政治领导和工作指导。学校党委每年至少研究一次思想政治工作,学校成立由党委书记任组长、党委副书记为副组长、党政领导班子成员和各职能部门、党总支书记、直属党支部书记为成员的思想政治工作领导小组。学校思想政治工作领导小组每学期召开一次专题会议,听取汇报,研究部署学校思想政治工作。实行合力育人工程,学校各部门按照分工合作的要求,加强协调沟通,形成全校齐抓共管的内部思想政治工作协同机制;加强学校与学生家庭、社会"三结合"教育体系建设,形成学校教育、家庭教育、社会教育相互配合、协同育人的工作合力。学校设立思想政治工作专项经费,加强经费的使用管理,做到专款专用。建立学校思想政治工作活动场所,加强活动场所的管理。

5. 加强思想政治工作督查检查,健全完善思想政治工作督查机制。学校纪委、组织部要把各部门、党员干部贯彻执行上级和学校思想政治工作文件情况作为贯彻执行党的路线方针政策、遵守党章党规党纪情况的重要内容,定期开展检查督查。学校将院(系)、处室党政领导班子履行思想政治工作情况列入年度综合目标责任考核,加大对思想政治工作的奖惩力度。

三、建立和完善思想政治工作责任制

思想政治工作是我党的优良传统和政治优势,对加强党的基层组织建设、发挥"三个作用"、凝聚人心、鼓舞士气、促进学校整体工作具有决定作用。高职院校应按照中央、省市委要求,建立与社会主义市场经济体制和高校现代化管理制度相适应、目标明确、责权分明、关系协调、渠道畅通的思想政治工作管理体制、运行机制、领导责任制和目标责任制,形成党委统一领导、党政共同负责、党政工团齐抓共管、职工群众共同参与的思想政治工作生动局面。

要明确党委书记是学校落实思想政治工作责任制的第一责任人,其他领导成员也必须按照各自分工,明确任务,负起职责。校级领导分工负责所分管和联系的处(室)、系部,要深入群众,解决他们的实际困难,为群众办实事。各职能部门是思想政治工作的具体实施者,部门的主要负责人是本部门思想政治工作的第一责任人。各处(室)、系部负责人,负责各自区域的思想政治工作和德育工作,要分片划区,责任到人。各(总)支部党员负责本支部所在部门的入党积极分子和群众,负责与党外群众加强联系,定期分析与研究群众的思想状况,有针对性地开展

工作。其他部门职工,要把思想政治工作与本职工作结合起来,在日常工作中,处处发挥思想政治工作的作用。

(一)明确职能部门思想政治工作责任制

思想政治工作的目标,就是要营造一种既团结又紧张、既严肃又活泼、既民主又集中、既有组织纪律又有个人心情舒畅的积极向上的局面,从而调动一切积极因素,完成培养社会主义建设者和接班人的根本任务。

各党(总)支部的责任是:党(总)支部要负责(总)支部范围内的理论学习及组织生活,保证党的路线、方针、政策及学校重大举措能及时传达到师生员工,并顺利执行;加强法纪教育、勤政廉政教育,保证在责任区内无违法违纪现象;积极开展标准化党(总)支部创建活动,保证(总)支部年年达标;充分发挥党(总)支部的战斗堡垒作用和党员的先锋模范作用,教育党员在工作中以身作则,勇挑重担,树立党员形象和(总)支部威信;全面负责学生的入党教育培养发展、思想政治教育、日常管理工作和就业指导工作,(总)支部书记是第一责任人;通过德育工作、文体活动,加强素质教育,减少和杜绝本系部学生违纪现象;密切联系群众,倾听群众呼声,反映群众意见,做群众的知心人;做好组织发展工作。通过开展创先争优评比活动,凝聚人心、树立正气。

宣传统战部门的责任是:用主旋律占领宣传阵地,把握时代特征和时代脉搏,充分利用广播、橱窗、板报等宣传媒介,及时宣传党的路线、方针、政策,及时宣传学校的改革举措,及时宣传好人好事及典型人物,在做好校内宣传的同时,做好对外宣传工作;加强对校园舆情的监控,在师生员工中开展好"划清四个界限"教育工作,增强政治敏锐感,高度警惕国内外敌对势力"西化"、"分化"或进行宗教传播煽动活动,维护校园稳定;把用中国特色社会主义理论体系武装全党、教育干部和群众作为一项长期的首要的任务来抓;广泛进行爱国主义、集体主义、社会主义的理想信念教育;抓好全校师生的理论学习,学习分为四个层次:中心组、党员、教工、学生。理论学习做到有计划、有措施、有检查、有落实;协助组织部加强党的基层组织建设和党员先进性教育,协助学校德育领导小组,落实《公民道德建设实施纲要》,把德育工作落到实处;抓好学校精神文明建设工作,积极创建文明单位和文明学校;协助业余党校,抓好入党积极分子教育培训工作,使党校成为宣传党的路线、方针、政策,进行思想政治工作的主阵地;协助老龄委抓好离退休干部的教育和管理工作,关心他们的疾苦,及时向他们通报工作情况,落实政治待遇;做好非党教职工统战工作,倾听他们的意见和建议,及时向学校领导反映他们的合理诉求。

组织部门的职责是:抓好党员、干部政治理论、政策集中学习量化考核工作。做好全校性干部、教职工会议、活动的考勤工作;加强对党(总)支部目标责任考核和指导标准化党(总)支部建设和考核工作,抓好党员先进性教育工作,加强党员日常管理工作;抓好入党积极分子教育培养发展工作,确保发展质量,加大学生党员发展力度;坚持开展"先进党(总)支部"、"优秀党员"评选表彰活动,树立学校基层党组织、共产党员学习典型;加强干部廉政思想教育,抓好干部作风建设,促进校风、教风、学风建设。

党政办公室的职责是:制定党委中心学习组、党(总)支部教职工政治学习组政治理论学习计划,加强对政治理论学习活动的检查;协调党务部门,落实好学校思想政治教育工作制度,加强对部门思想政治工作责任制执行情况的督察;及时将领导班子、主要领导做出的决定、决议和意图贯彻到各部门和全校师生员工,提高贯彻力和执行力;认真落实上级部门思想政治工作文件、领导讲话精神,及时上报相关材料;做好学校思想政治工作荣誉、重要资料的存档、管理工作;与保卫处等部门,及时处理校园突发事件、群体性事件和群众上访工作,共同维护校园稳定。

工会的职责是:发挥四项职能,积极发挥民主管理、民主监督、民主参与作用。要通过自身的工作,在群众中树立起形象;积极开展群众性精神文明创建活动,把它作为思想政治工作的重要载体,以活动来塑造人、激励人。有计划有组织地开展如创先争优、文明家庭评比、岗位竞赛、文体活动等;每年要办几件作用大、影响大、群众欢迎的实事,使职工在参与中受到教育、得到提高;通过开展社会公德、职业道德、家庭美德教育活动,树立良好的社会风气;关心群众疾苦,适时走访群众,把好事办实、实事办好,把温暖送到群众心坎上,真正把工会建设成"职工之家";开展教职工职业技能竞赛等活动,提高教职工业余活动参与积极性,全面提高教职工整体素质。

保卫处的职责是:做好法纪教育和维护稳定教育。通过采取专题讲座、橱窗宣传等方式进行法纪教育;做好帮扶人员的教育工作及调解工作,防患于未然;配合社区公安、城管等部门,做好老校区内及新校区临街商铺的治安工作,深入持久地开展"扫黄打非"斗争,为师生营造一个良好的学习、工作、生活环境,用解决实际问题、为群众办实事来做好思想政治工作;开展"四防"宣传教育。加强校园巡查,积极预防"抢"、"盗"、"损"、"毁"案件发生,确保学校公物和师生人身、财产安全。

学生处的职责是:按照《学生手册》对学生的要求,做好学生的日常教育和管理工作;积极探索、实施校系两级管理办法,使两级管理职能真正落到实处,发挥最大作用;做好班主任的管理、指导工作,探索班主任工作量化考核方法;通过调研,深入研究现阶段学生的心理特点、行为特征、情感需求及思维方式,有针对性地抓好学生思想教育工作,塑造曲医青年新形象;抓好学生日常行为规范及礼貌礼节的养成教育,真正把"文明形象"工程落实起来;以"三生教育"为主要途径,落实"三生教育"进班级、进宿舍、进学生头脑工作,加强学生的生命观、生存意识、健康生活方式养成教育,积极开展第二课堂活动,以活动来团结人、塑造人;认真落实各级奖助政策,建立激励机制,加强学生自立自强教育。

共青团组织的职责是:抓好校园文化建设工作,充分发挥文化的社会教育功能;做好青年团员的教育工作,在他们中培养积极分子,做好"推优"工作;起好桥梁纽带作用,动员、带领青年学生积极参与到学校双文明建设工作中;每年举办三、四次学生喜爱的文体活动,活跃学生生活;加强对学生社团、学生会的领导和指导,发挥学生组织自我教育、自我管理作用,支持学生组织开展志愿服务、卫生下乡等社会实践活动;抓好团员教育评议活动、增强团员意识,教育青年团员起好模范带头作用,落实学校党政领导安排的其他思想政治教育工作任务。

马克思主义学院的职责是:研究新形势下的德育工作,改革思想政治理论课教学模式和教学方式,在创新二字上下功夫,使思想政治理论课更有吸引力,更能发挥教育作用、导向作用;深入开展马列主义、毛泽东思想和中国特色社会主义理论体系教育,落实"三进"要求,在"精"和"管用"上下功夫;结合学生专业学习,把医德医风教育、医护职业道德教育与国家医改政策法规融入思想政治理论课教学中,提高思想政治理论课教学的针对性;配合招生就业处做好毕业生的就业、创业指导教育工作,使学生树立正确的择业观、就业观,增强创业意识;每年举办四、五次形势与政策专题讲座,进行爱国主义、集体主义、社会主义和艰苦创业教育;落实省教育厅和学校关于思想政治理论课建设的要求。

（二）抓好思想政治工作责任制的实施

高职院校领导干部和各部门要提高认识，增强思想政治工作的紧迫感和责任感。思想政治工作要形成"党委—中层干部、党（总）支部委员—党员（教工）—学生"自上而下的工作机制，形成齐抓共管的工作格局。高职院校思想政治工作要以社会主义核心价值体系和社会主义核心价值观教育为核心，通过党的基本路线、爱国主义、社会主义、集体主义、社会主义核心价值体系的教育，使师生树立正确的世界观、人生观、价值观。当前思想政治工作的重点，是充分调动全校教职工的积极性，把全校教职工的力量凝聚到实现学校跨越式发展"三大战略"上。

高职院校思想政治教育要同解决职工实际问题相结合，把群众性精神文明创建活动作为思想政治工作的重要载体，注意运用先进典型影响带动群众。做到学有榜样、赶有目标。要把思想政治工作责任制的落实情况与干部晋升、部门及个人先进评比、工资晋级、职称评定、年终奖发放等挂钩，实行思想政治工作一票否决制。学校党委应一年至少召开一次党建工作、思想政治工作及德育工作会议，在总结的基础上，表彰思想政治工作先进个人和单位，激励先进，形成一个全校重视和加强思想政治工作的良好氛围。要在党委的领导下，充分调动各方面的积极性，形成职责明确、齐抓共管、覆盖全校的工作网络。

参考书目

1. 列宁全集. 第35卷[M]. 北京:人民出版社,1959.

2. 列宁全集. 第36卷[M]. 北京:人民出版社,1985.

3. 毛泽东选集. 第一卷[M]. 北京:人民出版社出版,1991.

4. 毛泽东选集. 第二卷[M]. 北京:人民出版社,1991.

5. 毛泽东文集. 第七卷[M]. 北京:人民出版社,1999.

6. 陈云文集. 第三卷[M]. 北京:中央文献出版社,2005.

7. 邓小平文选. 第三卷[M]. 北京:人民出版社,1993.

8. 江泽民. 论党的建设[M]. 北京:中央文献出版社,2001.

9. 江泽民文选. 第二卷[M]. 人民出版社,2006.

10. 毛泽东邓小平江泽民论青少年工作[M]. 中国青年出版社,中央文献出版社,2000.

11. 胡耀邦文选[M]. 北京:人民出版社,2015.

12. 胡锦涛文选. 第一卷[M]. 北京:人民出版社,2016.

13. 胡锦涛文选. 第二卷[M]. 北京:人民出版社,2016.

14. 胡锦涛文选. 第三卷[M]. 北京:人民出版社,2016.

15. 习近平谈治国理政[M]. 北京:外文出版社,2014.

16. 习近平. 干在实处　走在前列——推进浙江新发展的思考与实践[M]. 北京:中共中央党校出版社,2006.

17. 习近平. 在庆祝中国共产党成立95周年大会上的讲话[M]. 北京:人民出版社,2016.

18. 十七大以来重要文献选编．下[M]．北京:中央文献出版社,2013.

19. 十八大以来重要文献选编．上[M]．北京:中央文献出版社,2014.

20. 中共中央办公厅印发《关于培育和践行社会主义核心价值观的意见》[M]．北京:人民出版社,2013.

21. 胡绳主编．中国共产党的七十年[M]．北京:中央党校出版社,1991.

22. 陈占安主编．毛泽东思想专题讲座[M]．北京:北京大学出版社,2000.

23. 李颖．从一大到十七大[M]．北京:中央文献出版社,2007.

24. 王展飞．六十年马克思主义理论教育的实践与探索[M]．人民出版社,2009.

25. 罗平汉,卢毅,赵鹏．中共党史重大争议问题研究[M]．北京:人民出版社,2013.

26. 陈少峰．中国伦理学史．下[M]．北京:北京大学出版社,1997.